本书获 | 教育部哲学社会科学研究重大课题攻关项目“我国城镇住房保障体系及运行机制研究”（13JZD009）以及上海市哲学社会科学规划课题“进一步健全上海房地产业健康发展长效机制研究”（2017XAF003）资助

中国特色
城镇住房保障体系研究

姚玲珍　刘霞　王芳／著

中国财经出版传媒集团

经济科学出版社
Economic Science Press

图书在版编目（CIP）数据

中国特色城镇住房保障体系研究/姚玲珍，刘霞，王芳著.—北京：经济科学出版社，2017.12
ISBN 978-7-5141-8906-3

Ⅰ.①中… Ⅱ.①姚…②刘…③王… Ⅲ.①住宅-社会保障制度-研究-中国 Ⅳ.①D632.1

中国版本图书馆 CIP 数据核字（2017）第 321932 号

责任编辑：杜 鹏 张 燕
责任校对：隗立娜
责任印制：邱 天

中国特色城镇住房保障体系研究
姚玲珍 刘 霞 王 芳 著
经济科学出版社出版、发行 新华书店经销
社址：北京市海淀区阜成路甲 28 号 邮编：100142
总编部电话：010-88191217 发行部电话：010-88191522
网址：www.esp.com.cn
电子邮箱：eps_bj@163.com
天猫网店：经济科学出版社旗舰店
网址：http://jjkxcbs.tmall.com
固安华明印业有限公司印装
710×1000 16 开 16.5 印张 290000 万字
2017 年 12 月第 1 版 2017 年 12 月第 1 次印刷
ISBN 978-7-5141-8906-3 定价：58.00 元
（图书出现印装问题，本社负责调换。电话：010-88191502）

前　言

住房保障是政府保障中低收入阶层的基本居住需求，并以提升该群体租房、购房能力为目标的一项社会福利制度。城镇居民住房保障，关乎全面建成小康社会宏伟目标和“中国梦”美好愿景的实现，关乎新型城镇化战略的顺利推进，关乎中国经济的可持续发展，关乎社会和谐和政治稳定。本书从理论定位和实践总结入手，探讨具有时代特征、中国特色的城镇住房保障体系。

世界各国的住房保障格局迥异，美国、英国、澳大利亚等国实施救济型住房保障制度；德国、新加坡等国的住房保障范围较为宽泛，采取福利型住房保障模式。公共住房在供应主体（政府与社会机构）、供应方式（出租与出售）、住房补贴提供方式（出租方与承租方）等方面均存在明显差异。但是，各国住房保障体系演变也具有一定规律性，发达国家都走过了一个从政府直接提供公共住房、发展到补贴公共住房开发商、再到补贴最终租房和购房消费者的过程（即从直接提供住房、到补贴供应者、再到补贴消费者，或称为从“砖头”补贴到“人头”补贴），主要手段包括提供住房、实施住房补贴、发展住房金融等。一般在住房供应绝对短缺问题解决之后，政府管理都从直接干预转为间接干预，保障面由宽变窄，方式也向房租补贴转变。

本书研究团队在对住建部和住房保障典型城市进行深入调研的基础上，分析了中国住房保障的实践经验及存在的问题。研究发现，我国住房保障思想全国统一，但各城市的住房保障实践存在显著差异。在准入方面，对居民户籍要求在租赁型和出售型住房保障、特大城市和大中城市之间差异明显；住房困难标准较为统一，占各城市人均住房建筑面积的比例在36%～48%之间；但是否设定租赁型住房保障的收入标准存在严重分歧。本书将我国各城市的住房保障模式划分为三类：（1）以重庆、黄石为代表的“租—售”递进模式；（2）以西安、北京、上海为代表的“租—售”并举模式；（3）以常州为代表的全面货币化模式。

具有时代特征、中国特色的城镇住房保障体系，是系统解决居民住房问题的“一揽子”方案，需要聚焦我国住房发展目标，结合社会经济发展赋予住房保障的历史使命，根据居民住房需求和政府财力，并契合各地实际而设计。本书从功能定位、覆盖范围和发展模式三个方面对该体系进行顶层设计，进而结合各城市特点进行住房保障体系的分类制定。

分析中国住房保障定位的历史演进，可以发现，目前我国住房保障的功能定位为社会型住房保障。政府的角色，一方面是照顾那些无力自行解决住房的人群，即低收入住房困难群体；另一方面强调商品住房市场在满足居民居住需求时的重要性，采用适度的激励政策鼓励中低收入家庭购买自用住房，属于“市场经济体制下的社会型住房保障”。

从保障的广度与深度两个维度考量住房保障覆盖范围，我国城镇住房保障覆盖广度应包括行政区划内除本地农村户籍人口以外的城镇常住人口，从户籍性质看包括本地非农户籍人口、外地农村户籍人口和外地非农户籍人口。在外地户籍人口的保障中，应考虑其在户籍地已享受的住房保障（如宅基地、房改房等），以及其暂时性的居住需求特征，适当区别对待。根据保证居民基本居住权的住房保障目标，支付能力是住房保障覆盖深度的确定依据。各城市应在其住房保障的定位下确定住房困难的标准，考虑当地住房市场状况（租金水平、房价水平），在合理的住房可支付性（即收入与住房支出的关系）设定下，推算当地当时住房保障的收入标准。因此，收入高低不是确定住房保障范围的依据；收入与房租、房价的关系即支付能力才是确定住房保障准入标准的设定依据。或者说，确定住房保障深度的两个标准——住房困难和经济困难并存且是相对的。

住房保障模式的选择，应从供求两个层面、四个维度去考虑。根据供给效率在政府与市场间界定供给主体；依据区域住房供求总量均衡程度在增量与存量间选择供给方式；考虑城市政府保障能力在实物与货币之间确定保障手段；分析住房保障需求性质在配租与配售之间抉择分配方式。在保障模式设计思路上，强调以保障需求为导向，考虑城市政府保障能力和区域房地产市场供求状况，以保持商品住房市场价格平稳和不牺牲市场效率为代价，科学设计保障方式。依据该思路，研究选择了以上三方面五个具体指标，针对我国35个重点城市进行聚类分析，将其归属于住房保障的三大类型（见图1），并针对性地选择其住房保障的合理模式。

政府是住房保障的责任主体，负有建立健全并实施住房保障体系的责任。政府需坚持以人为本的基本理念，突出公共服务均等化、公民权利平等化，强化目标到位、主体到位和责任到位，把建好住房保障体系作为检验自身承担公共服务职能的重要指标。基于中国各地区的发展差异和各级政府的财政收支不同，需要按照“央地协同、分级管理、属地负责”的原则，构建财权与事权一致、责任界定清晰的中央与地方政府联合工作机制。当前阶段，尽管社会力量在政府主导下的定位为配角，但在住房供求基本均衡的城市，政府应逐步从“主导”转为“引导”，进而充分发挥社会力量的作用，特别在参加保障性住房供给、稳定市场化住房价格、参与保障性住房管理等领域。深化政府和社会力量在整个住房保障体系的互动，最终实现体系、供给、管理、创新四个方面的合作。

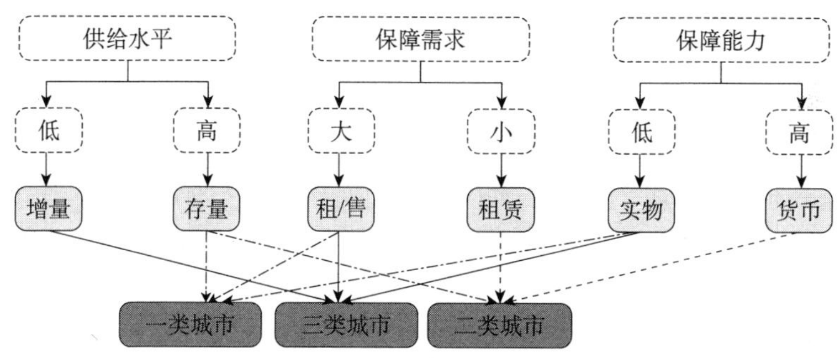

图1　住房保障的三大类型

保障对象的认定包含两大基本要件：住房贫困且住房支付能力不足。我国城镇居民住房保障应以消除住房绝对贫困、缓解住房相对贫困为目标。测算表明，参照城镇居民住房租赁支付能力现状和住房消费收入比不高于25%的国际标准，租赁补贴对象的收入准入线约等于地区低收入标准；根据城镇居民住房购买支付能力现状和房价收入比6倍的国际标准，购房支持对象的收入准入线约等于地区中等收入标准。在住房价格偏高的一、二类城市，可适当提高收入准入线。财产准入线则以家庭所持财产可支付该家庭5年的租房开支为基本思想进行设计。

保障标准分析表明，当前我国城镇住房保障水平是适度的。2010～2015年我国年均住房保障支出占GDP的比重为0.73%，与国际经验相符，但受经济下行影响，保障水平后续扩容的能力有限。因而建议：①严格保障对象。继续保持我国当前城镇住房保障范围的目标边界，覆盖中低收入、存在住房困难的城镇常住家庭。②保障基本水平。按照住房困难程度，优先保障基本租赁需求，再扩展至支持购房需求。③分类施策保障，即对保障对象进行分类，并提供方式和程度不同的保障。

我国住房保障供给体系的改革历经三个阶段：经济适用住房供给为主导

（1999～2008年）、租售并举供给体系形成（2009～2015年）、货币补贴保障方式改革探索（2016年至今）。从前期供给总量看，表现出以产权形式的实物补贴为主特征，极大缓解了住房保障需求，但在实践中的弊端逐渐显现。基于对各种供给方式绩效的理论及实证分析，住房保障供给体系的建设应以发挥市场作用、建立动态调整机制和推行分类保障为原则，故我国住房保障供给体系的理想模式建议为：以货币补贴为主、实物补贴为辅，租售并举，现阶段以租为主，随着保障压力的缓和，逐步提高产权保障的比重。当前保障供需的地区差异性显著，各地在考虑要素约束的前提下，需妥善安排"租""售""补""改"的比例关系。一类城市"租""补""改"并重，辅以"售"，即大力推进公租房的实物筹措，加大对户籍保障对象的租赁补贴，加大棚户区改造力度，适当增加实物配售；二类城市"租""补""改"并重，完全摒弃"售"，一些热点二类城市的人口流入较多，因而公租房的实物筹措是必要的，考虑部分二类城市的市场库存，地方政府应积极推进把存量房转为公租房和安置房；三类城市实施"租""售""改"并重，适当筹措增量房源提供实物保障。

在2009～2015年的巨量保障性安居工程建设中，政府主要采用行政手段确保土地、资金、房源等住房保障要素的获取，具体体现为：发挥城市土地的国有制优势，大多以划拨方式供应保障性用地，较少采用市场化方式；建设资金则以财政资金投入为主，社会资金的作用微乎其微。这一行政配给模式，短期能调动大量土地与资金要素，完成保障房建设，但政府负担过重，且在一定程度上影响资源的配置效率。为使住房保障事业持续良性发展，必须在政府主导转为政府引导的基本思想下，有效发挥政府有形之手和市场无形之手的作用，系统设计住房保障要素筹措体系和运行机制，重塑住房保障机制的内在造血功能，多元筹措住房保障各类要素。

为保证中国住房保障体系的良好可持续运行，亟须建立现代化的住房保障管理制度。首先，需要在全国层面制定法律，以明确公民的住房权利，通过法律与法规搭建和构建完整的住房保障管理运行架构。其次，完善住房保障管理的组织结构，使其侧重良好的住房保障服务的提供与住房资产的有效运营。最后，推进住房管理体系结构从行政化向现代化转变。

本书分为十章，各个章节的研究与写作分工如下：第一、第三、第四章，姚玲珍、唐旭君；第二章，王芳；第五章，韩国栋；第六、第七、第八章，姚玲珍、刘霞；第九、第十章，姚玲珍、宫兵；各章专题，王芳。全书由姚玲珍总纂，刘霞、王芳协助统稿。出版勘校过程中王芳、宫兵、徐俊杰付出了辛勤劳动。本书得到教育部哲学社会科学研究重大课题攻关项目"我国城镇住房保障体系及运行机制研究”（13JZD009）以及上海市哲学社会科学规划课题“进一步健全上海房地产业健康发展长效机制研究”（2017XAF003）的共同资助。

由于知识和水平有限，缺点和错误在所难免，敬请各位同行和读者朋友提出批评意见和建议，我们不胜感激！

姚玲珍　刘霞　王芳
2017 年 10 月

目　录

第一章

总　论

第一节　研究意义

一、现实意义

城镇居民住房保障问题无疑已经成为当前我国政府必须认真研究解决的重大经济问题、民生问题和社会政治问题。通过本书研究，探索完善住房保障体系和可持续运行机制的思路，对实现全面建成小康社会的宏伟目标和“中国梦”的美好愿景，推进新型城镇化战略的顺利实施，促进中国经济的可持续发展，确保社会和谐、政治稳定，具有重大现实意义。

1. 建立完善的住房保障体系和可持续的运行机制，事关党中央和国务院提出的全面建成小康社会宏伟目标和“中国梦”美好愿景的实现

2012 年 11 月 29 日，中共中央总书记习近平提出了“中国梦”的宏大愿景；2013 年 3 月 17 日，在十二届全国人大一次会议闭幕会上，习近平总书记将“中国梦”的本质内涵定义为“实现国家富强、民族复兴、人民幸福、社会和谐，……在学有所教、劳有所得、病有所医、老有所养、住有所居上持续取得新进展，不断实现好、维护好、发展好最广大人民的根本利益，使发展成果更多更公平惠及全体人民”。习总书记提出的“中国梦”，其本质内涵与全面建成小康社会的战略目标是一致的，它体现了政府对人民利益的高度关切。住有所居是关系到人民生活质量的重大民生问题，自然也是全面建成小康社会和实现“中国梦”的重要方面。建立完善的住房保障体系和可持续的住房保障运行机制，对实现全面建成小康社会的宏伟目标和“中国梦”至关重要。

2. 建立完善的住房保障体系和可持续的住房保障运行机制，有助于推进“新型城镇化”战略的顺利实施

党的十八大报告提出的走中国特色新型城镇化道路，是中国共产党站在新的历史起点上，审时度势，谋划未来，推进中国现代化进程的重大战略选择。推进城镇化的核心是人的城镇化，目的是造福百姓（李克强，2013）。目前，我国推行新型城镇化的主要难点在于，如何让城镇新增人口享受市民化的待遇、享受住房保障方面的市民待遇。很多新移民进了城却留不下来，主要原因是没有住房。住房已成为农民工市民化的制约因素，也是我国进一步推进城镇化的重要障碍①

从一些城市的实践来看，住房保障对城镇化进程有明显的推动效应②。建立完善的住房保障体系和可持续的住房保障运行机制，把覆盖全体常住人口的住房保障作为政府的重要职责承担起来，实质上也是为工业化、城镇化的顺利推进以及为经济的腾飞和走出“中等收入陷阱”扫清障碍。

3. 建立完善的住房保障体系和可持续的住房保障运行机制，是我国经济可持续发展的重要保障

住房保障体系不完善，必然会有不少中低收入家庭被迫求助于商品房市场，住房需求的增加将推动商品房市场价格的更快上涨，加剧房地产业的不健康发展。而商品房价格持续快速上涨，又需要政府扩大实施住房保障的居民群体规模。同时，高昂的房价、不完善的住房保障体系，不仅加大了企业的商务成本，影响了劳动力的流动和企业的选址③，影响实体经济发展和城镇化的进程，而且还对居民正常消费产生强烈的挤出效应。建立完善的、可持续运行的住房保障体系，确保满足居民正常的基本住房需求，不仅可以促进商品房市场健康运行和房地产业的可持续发展，而且可通过降低企业商务成本吸引劳动力流入④

---

① 唐晓旺：《房地产供给侧改革与农民工市民化》，载于《中州学刊》2017年第2期，第30～34页。

② 陈章喜、林子毅、刘炫好：《住房保障影响城镇化进程的实证分析》，载于《西安财经学院学报》2013年第5期，第120～124页。

③ 高波、陈建、邹琳华：《区域房价差异、劳动力流动与产业升级》，载于《经济研究》2012年第1期，第66～79页；张传勇：《房价对地区经济收敛的影响及其机制研究》，载于《统计研究》2017年第3期，第65～75页。

④ 郑思齐、张英杰：《“十二五”期间保障房建设如何“保障”》，载于《探索与争鸣》2013年第4期，第66～71页。

和资本积聚①，以支持实体经济的可持续发展。

4. 建立完善的住房保障体系和可持续的住房保障运行机制，事关中国社会和谐和政治稳定

居住权是人权的重要内容，世界上任何一个国家的政府都有责任和义务为居民提供基本的居住条件。在社会主义中国，保障居民基本居住需求不仅是党和政府的当然责任，更是实现社会和谐的基本前提。建立完善的住房保障体系，实质是对社会经济发展成果的再次分配，是把部分财富以保障房的形式转移到中低收入者手中，消除人民分享经济发展成果方面的障碍，有利于缩小正在加大的收入与财富分配的差距，化解社会不和谐因素。不仅如此，保障性住房的公平分配对政府的公信力和执政力都是重要考验（李克强，2012）。探索有中国特色的住房保障体系和可持续运行机制，具有重大的政治意义与社会意义。

5. 建立完善的住房保障体系和可持续的住房保障运行机制，有利于提高保障性住房资源配置的效率，实现公共财政资源配置效率的最大化

我国保障性住房的投入、生产、分配与管理也是一项经济行为，和其他经济活动一样，必须高度重视效率问题。近年来，随着保障性住房地位的确立，政府投入的资源庞大：2009 年中央财政安排下拨保障性安居工程补助资金 551 亿元，2010 年 811 亿元，2011 年 1709 亿元，2012 年达到 2332. 61 亿元，到 2016 年，达到 4390. 87 亿元，平均年增长率为 34. 5%；各级地方政府投入的资源规模更大。面对如此大规模的资源投入，无论是从提高公共财政支出绩效，还是最大幅度地发挥资源效益的角度，都迫切需要系统地研究探寻效用更高的保障方式、效率更高的资源配置方式。尤其是我国地域广阔，各地经济发展水平、房地产市场供求关系、居民住房基础等差异极大，政府的财力有限。建立完善的住房保障体系和可持续的住房保障运行机制，对提高公共资源利用绩效、实现更大范围的公平有重要的现实意义。

二、学术价值

本书从对选题的深刻理解，到研究整体规划、理论框架设计、核心观点的提炼，体现了学科前沿热点、理论创新与政策应用价值。总体来看，本书的学

① 黄大志、亚得列、雅蒲：《新加坡：从普遍提供公共住房到满足日益增长的私人住房需求》，载于《经济社会体制比较》2013 年第 4 期，第 94 ~ 108 页。

术价值主要体现在以下两个方面。

1. 探索住房保障的“中国模式”，丰富住房保障理论，为发展中国家和转型经济体的住房保障研究与住房保障体系建设树立一个重要标杆

目前，比较成熟的住房保障模式多以经济发达国家为背景，这些国家早已完成工业化、度过了城镇化加速期而进入后工业化时期、城镇化成熟期。由于后发国家工业化、城镇化的当前环境已发生了巨大变化，其构建住房保障体系所面临的问题与先发国家已经有很大不同。本书将基于国际经验进行比较研究，特别是结合中国实际，系统提出具有中国特色的住房保障及运行机制体系，包括：保障责任体系、准入与保障标准体系、供给和配置体系、要素资源投入保证体系、管理体系等，对保障边界、住房贫困的界定、保障方式优化、社会住房、共有产权制度等将作出系统的理论研究，这些成果将丰富住房保障理论，也为发展中国家和转型经济体的住房保障模式研究与住房保障体系建设树立一个重要标杆。

2. 采用聚类分析方法，为中央提出的“分类保障”方针提供理论依据和实施办法，同时丰富了我国住房保障体系研究的深度和内涵

分类保障是近年来国家提出的住房保障重要思路，但对于如何实施分类保障则缺乏理论依据和具体指导。本书对我国住房保障的“分类分层”保障思想进行了深化。基于各类保障模式的适用条件，本书从供给水平、需求特征和保障能力三个层面，构建住房保障模式的适用性评价指标体系。基于数据的有限性，研究对中国35个重点城市运用人均住房面积、出清周期、房价收入比、户籍人口比例和人均地方财政收入五个指标进行住房保障的聚类分析，将35个全国重点城市分为三个大类。根据每类城市在以上三个方面的特征水平，设计其各自具有中国特色的住房保障模式，为中央提出的分类保障方针提供理论依据和实施办法，也进一步丰富了我国住房保障体系研究的深度和内涵。

第二节　研究范围

一、基本概念

（一）住房保障

所谓住房保障，指的是由政府肩负起解决住房困难群体的责任，以确保社会成员住有所居（贾康和刘军民，2008；马黎明，2009；北京天则经济研究所，2011）。由政府承担住房保障的责任主体，在理论、实践层面均已形成共识（杨红旭，2009；冯俊，2010）。但对于住房保障对象的界定，却存在较大分歧。

（1）狭义的住房保障观，认为应定位为救助性保障，主要解决最需要帮助的住房困难群体的居住问题（余凌志、屠梅曾，2007；刘琳，2009），是政府对小部分人的短暂性救济，是特定经济发展阶段下弥补住房市场失灵的办法（陈杰，2009）。

（2）广义的住房保障观，认为应该面向全体社会成员满足其基本住房需要。依靠市场无法解决所有人尤其是中低收入家庭的住房问题，因而政府需要对住房建设及供应特别是低收入居民的住房提供各种方式的支持（张勇，2007；马黎明，2009；彭岩，2009；贾生华，2012）。陈淮（2009）认为，完整的住房保障应包含救助性保障、援助性保障、互助性保障以及自助性保障四个层次，各层次之间做到无缝对接与交叉覆盖，方能实现人人享有适当住房的目标。

（二）保障性住房

保障性住房是相对于普通商品住房而言的，是具有一定社会福利性质与社会保障功能的居民房屋，由政府直接或间接投资，以低于市场水平的价格出租或出售给低收入住房困难家庭。关于我国保障性住房的认定主要有以下两种观点。

一种观点认为，保障性住房与政策性商品住房存在区别。其中，保障性住房的供应对象、建设标准、销售价格或租金标准由政府做出限定，具有社会保障性质的住房，包括经济适用房、公共租赁住房等。政策性商品住房具有一定的商品特性，其土地供给、建设、定价机制基于市场机制，同时政府通过给予补贴或限定价格的方式，使其具有一定的保障性功能，以满足中低收入购房者的需求。如“两限房”“自住型商品房”就属于政策性商品住房的范畴。

另一种观点认为，我国保障性住房的界定，包括经济适用住房、限价商品住房、廉租住房和公共租赁住房四种形式。这种观点认为，“自住型商品房”采用“限房价、竞地价”的方式建设，实质上是政府通过让渡土地和税收收益，间接供应低价住房。以北京为例，“销售均价原则上按照比同地段、同品质的商品住房价格低 30% 左右”，体现了低价供应的原则；从准入资格上看，北京市户籍无房家庭、经济适用住房、限价商品住房轮候家庭优先购买，限定其主要面向中低收入家庭销售。根据对保障性住房性质的研究，认为“自住型商品房”符合保障性住房的特征，属于保障性住房的范畴（李程伟，2014）。

（三）住房保障体系

从词义上讲，体系（system）泛指一定范围内或同类的事物按照一定的秩序和内部联系组合而成的整体。尽管政界、学界都在普遍使用住房保障体系一词，但什么是住房保障体系？住房保障体系包含哪些内容？查阅大量文献尚未见给出明确的界定。百度百科对我国住房保障体系的定义是：主要包括四个部分——经济适用房、廉租房、限价房和公共租赁房。上海市住房保障和房屋管理局局长刘海生（2012）将由廉租住房、共有产权保障房、公共租赁住房、动迁安置住房组成的“四位一体，租售并举”作为上海住房保障体系。这些都偏向于从供给或保障方式来定义住房保障体系。从学者们对我国住房保障体系存在的问题分析，如覆盖面不够广、保障方式单一、保障方式之间缺乏衔接、政策体系不完善、管理体系不健全等，可以看出住房保障体系不应只局限于供应体系。

城镇住房保障体系是指国家或政府依据法律规定，通过各种方式对城镇中低收入家庭的住房困难问题进行扶持和救助的一系列政策措施的总和。城镇住房保障体系实际上是国家或政府在住房领域提供的社会保障，实质是国家利用财政手段在住房领域进行国民收入的再分配，目标在于保障中低收入家庭的基本住房权益，维护社会安定与和谐。城镇住房保障体系的内容包括保障对象、保障水平、保障方式、供应体系、分配方式、经营管理办法、准入与退出制度等。

二、研究范围

依据本书的选题，关于研究的具体范围，还有两个值得讨论的问题。

（一）农村住房保障与城镇住房保障

我国实行的是土地二元体制。1982 年《中华人民共和国宪法》规定，城市土地以及矿藏、水流、海域、森林、山岭、草原、荒地、滩涂等自然资源属于国家所有，除法律规定属于国家所有以外的农村和城市郊区土地、宅基地和自留地、自留山，以及法律规定归集体所有的土地和森林、山岭、草原、荒地、滩涂，属于集体所有。从此，我国确立了城市土地国有制和农村土地集体所有制并存的土地所有制架构。基于这样的土地制度，农村住房保障无法与城镇住房保障纳入同一个体系进行分析。因此，本书所涉及的只是城镇范围内的住房保障。

但是，还有一个相关问题需予以明确。此处不研究农村的住房保障，但不代表不研究农民（即农村户籍人群）的住房保障。“农民工”是一个特殊的群体，关于“农民工”这一概念的理解有广义和狭义之分。广义的农民工，是指从事非农产业的农民，即户籍为农村但从事非农产业的劳动者。狭义的农民工，特指从农村到城市被雇佣为工人的农民，即农民工是指户籍关系在农村而主要在城镇从事非农产业、依靠工资收入或者经营性收入生活的外出务工人员。农民工是我国改革开放以来，在工业化、城镇化以及农村人口非农化未同步发展情形下形成的独特社会群体，对中国特色城镇化发展起到了重要推动作用。据《2016 年全国农民工监测调查报告》，2016 年农民工总量已达到 2.82 亿人，其中，外出农民工 1.69 亿人，外出进城农民工 1.36 亿人，城里租房居住的农民工占 62.4%。目前，农民工已在城镇常住人口中占有 1/4 的比重。在我国城镇化快速发展过程中，由于受到城乡分割的户籍制度影响，数量庞大的农民工及其随迁家属无法在就业、保障性住房等领域享受与城镇居民相一致的基本公共服务。大量农业转移人口融入城市社会较为困难，市民化进程滞后。因此，在城镇范围内长期居住的农村户籍务工人员（即狭义的农民工）的住房保障问题，属于本书的研究范围。

（二）棚户区改造与住房保障

近年来，我国政府高度重视棚户区改造，把其作为住房保障的有机组成部分。但是从理论研究和现实状况看，棚户区改造和住房保障有以下区别：（1）理论基础。住房保障以社会保障为其理论基础，讲求的是社会公平；而棚户区改造是以契约精神为基础的，着重于交易公平。从学术研究看，基本将这两个问题分开进行研究。（2）政策目的。棚户区改造是国家为了改善民生，抑制房价过快上涨，解决和改善低收入群体住房困难的宏观政策和重要措施。棚户区改造是协调城市布局，优化城市功能分区，促进城市更新的必要途径。而住房保障的主要目的只有一个，即改善城市低收入群体的住房困难。可见，棚户区改造虽然在一定程度上实现了住房保障的功能，但其政策目的要更加广泛。（3）政策实施。从调研中发现，我国大多数城市的棚户区改造与住房保障的实施部门是相互独立设置的，两者依据的政策法规、办事程序都有明显差别。

因此，本书中的城镇住房保障不包含棚户区改造这一特定领域。

第三节 理论基础

一、共同富裕——社会主义原理

共同富裕原理是实施住房保障政策的理论基础。中国传统文化中的“大同”思想和马克思主义经典作家对共同富裕的论断及实践，为中国的共同富裕思想提供了思想渊源和理论依据。邓小平同志曾说：“社会主义的本质，是解放生产力，消灭剥削、消除两极分化，最终达到共同富裕。”① 共同富裕就是全体人民通过辛勤劳动和相互帮助，最终达到丰衣足食的生活水平，也就是在消除两极分化和贫穷基础上的普遍富裕。这一原理是我们进行社会主义建设、发展市场经济的理论依据，是一切行动的准则，也是住房保障政策设计的准则。为了实现共同富裕，政府就必须实施积极的住房保障制度，以帮助在住房市场化进程中必然会出现的中低收入阶层住房困难问题。也就是说，住房保障政策正是共同富裕原理在解决住房问题中的具体应用。

党的十八大报告首次提出“全面建成小康社会”，这既是“两个一百年”奋斗目标的第一步，更是走向共同富裕的阶段性具体指标。“全面建成小康社会”的核心在于“全面”，难点也在“全面”。“全面”不仅仅指不把贫困人口带入“十四五”规划，而且涉及居民生活质量的各个方面，衣、吃、住、行、健康等基本要素均要达到小康水平。如果居民“居无定所”或“没有相对体面的住房”，不能算小康。因此，现阶段是全面建成小康社会的关键时期，解决好城镇居民的住房问题首当其冲。

总之，通过住房保障政策的实施，实现全体人民“住有所居”，是社会主义共同富裕理论的贯彻。

二、社会保障理论

住房保障是社会保障的重要组成部分。因此，社会保障理论是住房保障制

---

① 1992年初，邓小平在“南方谈话”中提出：“社会主义的本质，是解放生产力，发展生产力，消灭剥削、消除两极分化，最终达到共同富裕。”

度产生与运转的重要理论依据。现代社会保障理论源于福利经济学。英国经济学家庇古在《福利经济学》著作中系统阐述了福利经济学理论，认为具有收入再分配性质的社会保障政策可以扩大一国的“经济福利”，这是由于穷人在再分配过程中得到效用的增加要大于富人效用的损失，社会总效用得以增加（庇古，1920）。他主张通过向富人征税补贴穷人，建立各种社会服务设施、住房供给、养老金、教育、失业和医疗保险等各种方式。20 世纪 30 年代以后，凯恩斯主义经济学以需求管理为核心建立了社会保障经济理论，认为社会保障对宏观经济具有积极效应。1942 年，社会保障史上具有划时代意义的《贝弗里奇报告》发表，明确提出了社会保障的“3U”原则（universality、unity、uniformity），即普遍性、统一性和均等性原则。其中，普遍性原则要求社会保障作为公民的一项基本权利，由全体公民普遍享有；统一性原则要求有关政策和社会保险的缴费标准、待遇支付要按照统一规定执行；均等性原则要求向那些处于不利地位的人提供更多的资源和可能性，尽量使所有的人获得更为均等的机会。在这些思想影响下，住房保障作为社会的“安全网”和“减震器”应运而生。20 世纪 70 年代，新剑桥学派主张改变分配结构，给低收入者补助，加强社会福利等社会保障措施以解决收入分配问题（褚超孚，2005）。

20 世纪 80 年代以后，新社会保障经济理论注重从社会保险和资本积累的关系上来论证社会保障对宏观经济均衡的影响。1991 年，美国学者迈克尔·谢若登在《资产与穷人》一书中首次提出的“以资产为本的社会政策”，成为美国的一项新福利政策。其主张福利政策应该由资产而非收入来衡量。以储蓄、投资和不动产为代表的财富具有收入、支出、消费等所不能替代的资产效应，可以确保通过资产的建设促使福利政策对象进行未来规划，完成自我激励，走出贫困陷阱。他呼吁在传统的收入再分配政策中引入资产社会政策，使其逐渐成为一项具有发展性、可持续性的反贫困政策。这一政策经过美国《联邦独立资产法》确认，很快由政策议题上升为基本法律。资产社会政策已经在全球范围内得到重视与运用，反映出各国福利政策实践者们都在以重视资产的眼光重新审视社会福利的供给。

1991 年，我国学者高鉴国、展敏等对《资产与穷人》一书进行翻译，将资产建设理论引入中国，引起了热烈反响。同年，中国社会科学院主持的题为“资产建设与社会发展”“以资产为本：世纪社会政策新理念”的国际学术研讨会，使得资产建设理论的影响得以扩大。并且在杨团、孙炳耀、唐钧等学者的大力推广下，资产建设理论逐渐得到国内学界的普遍重视，并被尝试在各个领域运用与展开，如社会保障的构建（杨团，2005；唐钧，2007）、建立新型农村社会养老保险（张时杰，2005；刘振杰，2011）、实现失地农民的可持续发展（姜丽美，2010）、应对城市低保的负向激励（钟玉英，2011）等。住房作为最主要的资产项目之一，在国外历来被视为资产建设理论运用的重点领域，但在国内却鲜有在该视野下审视住房及住房政策，尤其是在住房保障中的运用尤为不足。为此，我们试图将资产建设与我国住房保障联系起来，进而推动我国住房保障体系的完善。

三、公平与效率理论

公平与效率是住房保障理论永恒的主题。奥肯（2010）在《平等与效率：重大抉择》一书中指出，公平和效率都应受到重视；在两者发生冲突的场合，应当达成妥协。公平与效率，牺牲任何一项，必须以得到更多另一项为代价。美国哈佛大学哲学教授罗尔斯（2009）在《正义论》一书中提出了以下的公平原则："将社会及经济的不平等加以特别安排，以便使处于劣势者能获得最大的利益，并且使所有的人能获得平等的机会。"城镇住房制度改革是要通过市场化体制提高住房生产效率，同时通过住房保障控制过度的贫富分化（陈钊等，2008；陈佩云，2008）。

住房保障公平理论分为垂直公平和水平公平理论。垂直公平是指收入较高的家庭获得住房补贴应少于收入较低的家庭，但经济条件处在下一级的居民获得保障后的住房福利状况不应超越上一级居民（彭晓华，2007；马光红、田一淋，2010）。水平公平是指同等经济收入条件的居民，获得住房保障的机会应该相等，同级别同待遇（郭玉坤，2006；李进涛，2009；郭玉坤，2010）。

住房保障效率理论包括宏观效率和微观效率理论两方面。住房保障宏观效率主要研究住房保障对商品房市场的挤出效应最小化，充分发挥住房保障支出的最大经济效应，从而有效促进经济增长和改善民生（Swan，1973；Sinai and Waldfogel，2005；张跃松和连宇，2011；金剑，2013；曹勇，2013；虞晓芬和曾辉等，2015）。若政府住房保障仅仅替代本应由市场提供的等量低价住房，未能有效增加总投资和总供给，则此时住房保障是无效或低效率的（Swan，1973；Eriksen and Rosenthal，2008；张跃松和连宇，2011）。住房保障微观效率理论，则侧重研究包括对微观保障对象采取有效的保障方式等。主流研究认为，为实现同等水平的住房保障效果，运用需求方补贴的效率要高于供给方补贴。需求方补贴的优点是减轻政府的债务负担和额外支出（Brian and Ludwig，2008）和给低收入家庭最大自由度去选择住房（Vitoria and MaiThi，2010），缺点是刺激房租上涨（Susin，2002；Schwartz，2011）、申请补助的高失败率（Grigsby and Bourassa，2004）和难以对住房数量和质量产生影响（HUD，2006）。因此，尽管自20世纪70年代以来，在新自由主义思想影响下，有偏向需求方政策的趋势，但大多数国家仍然采取了混合的保障方式。

四、住房梯度消费理论

住房梯度消费理论以过滤论和互换论为基础。该理论认为，住宅市场的消费呈现出梯级消费规律。随着社会经济的快速发展与城市化进程的加快，购房者对住房的要求越来越高，新建住房由于其品质高、户型结构合理、区位优越吸引着高收入阶层购买，而腾空的住房将由相对低收入家庭迁入，由此住房消费市场形成了长长的消费链（Park et al.，1925；Ohls，1975；Arnott et al.，1999；奥沙利文，2003）。如果把住房的不同价格构成比作一座“金字塔”，同时把消费者不同的收入水平比作另一座“金字塔”，那么消费者的住房消费应该是在其中某一个相对应的住房层面上进行的（褚超孚，2005）。然而，低端住房市场通常存在着原有住房品质下降或房屋拆除等问题，而低收入家庭又难以通过自身力量去改善住房条件，造成住房梯级消费过程缓慢或中断，此时需要政府的住房干预，通过公共住房政策来实现住房消费公平和改善住房福利。

1925年，巴基斯（Burgess）在解释芝加哥住房规划布局时最早提出“住房过滤”（Filtering）一词。1997年，麦克唐纳德（McDonald）提出了著名的“三市场过滤模型”，他将住房市场划分为低等级、中等级、高等级三个子市场，并进行了五个理论假设：“一是所有住房按照消费质量高低在高等级市场、中等级市场和低等级市场中分布；二是住房消费质量等级与居民的收入呈正相关关系，即高收入者居住在高档住房内，以此类推；三是住房市场自发将不同收入水平的居民分配到相应质量的住房中，并决定合理的房价或租金水平；四是不同等级市场之间没有边界限制，在特定条件下市场中的住房可以相互替代；五是高档住房随着折旧逐渐向低等级市场过滤，直至报废拆毁。”政府无论是直接投资建设保障性住房还是补贴开发商建设，都会让住房市场的正常过滤机制难以顺利运行。关于市场过滤机制与政府住房保障的关系，绝大多数学者认为住房过滤效果是建立在住房市场商品化基础之上，商品化水平越高，过滤效果越好，

"在一个以住房商品化为基础的完备市场中，住房过滤顺畅，中低收入家庭的住房问题相对较轻。但并不意味着完全由市场自行调节住房供求矛盾，而是应以市场机制为主导，以政府调控政策和住房保障政策为必要补充"（解海，2013）。也就是说，在市场经济条件下，过度依赖于政府的保障来解决中低收入家庭的住房问题是较为困难的，建立并维护一个完备的、商品化的住房市场是满足全社会住房需求的基础。政府的住房保障作为市场过滤机制的补充，应致力于为处于"过滤机制"之外的且无法凭借自身能力在低等级市场上获得住房的人群，为其提供保障性住房满足其基本住房需求，同时应尽力避免这种非市场化的干预行为对过滤机制产生影响。

五、社会排斥理论

住房特征、居住区的特征不仅仅影响居民生活质量，更重要的是对居民的态度、行为、就业、子女教育等方面产生重大影响。最为典型的是位于城市中的贫民窟，简陋的住宅不仅会降低邻近房产的价值，还会容易滋生吸毒、酗酒、抢劫等犯罪问题①，形成社会排斥。

社会排斥（social exclusion）起源于20世纪70年代的法国。自1974年法国学者勒内·勒努瓦（Rene Lenoir）首次提出"社会排斥"的概念以来，现已成为权衡社会公正和社会流动的核心概念。通常意义上的社会排斥是指个人和群体的生活方式由于受到来自社会结构的压力而发生改变，用于衡量出于社会基础性变迁以及社会的快速瓦解而带来的一系列社会问题。而现阶段最主流的含义，指的是某类不幸的人不单在劳动力市场中遭受到排斥，甚至在社会保障领域内也无法得到接受。

社会排斥有四个关键特征：第一，集中性。社会贫困集中在城市的某些特定地区，在这些地区，弱势群体与主流社会相隔离，成为社会排斥的一部分。第二，持久性。长期面临贫困和社会剥夺，将会面临社会排斥。第三，混合性。通过"贫困陷阱"或者由于社会服务与住房供给的质量较差强化了社会排斥的持久性。第四，僵持性。传统的政策解决方案不再有效，因为福利体系缺乏足够的灵活性进行灵敏反应②。

---

① Weicher, J. "Urban Housing Policy." in: Mieszkowski P., Stroszheim M. (eds.), Current Issues in Urban Economics, John's Hopkins, 1979: 469-508.

② Room, G. "Poverty in Europe: Competing paradigms of analysis." Policy & Politics 23.2 (1995): 103-113.

居住空间是引起社会排斥的重要原因。普遍意义上来看，居住水平往往与收入能力成正比。在不同层次的居住区之间，存在着社会分层，甚至在贫民区内部也会出现社会分层现象。1995 年，李和缪里（Lee and Murie，1995）开始对住房与社会排斥之间的关系展开研究①。学者巴尔与哈罗提出，每个社会都具有一类“住房供给结构”，该结构自身存在强烈的社会排斥性。进一步而言，商品住房和公共住房之间存在不同的社会排斥方式，前者进入的途径是收入和财富，低收入者只能望洋兴叹；后者的进入途径是需求和等待的能力。在国外，一般来说，公共住房小区低收入、低学历人群集聚，配套社会服务、社会治安差，形成恶性循环，进一步排斥这些弱势群体接受好的教育和更加充分地参与社会的机会，造成贫困阶层长期性贫困。而在中国，宋伟轩（2011）发现，集中建设保障房将加剧中国城市居住空间的分异与隔离②。陈宏胜、李志刚（2015）发现，广州保障性住房社区居民融合度低，与周边居民特别是商品房居民有较为显著的隔离情况。这种分化与隔离，通过住房的邻里效应降低了人力资本与社会资本积累的可能性③。

---

① Lee. P.，Murie，A. “The Price of Social Exclusion.”，National Federation of Housing Association (London) 1995

② 宋伟轩：《大城市保障性住房空间布局的社会问题与治理途径》，载于《城市发展研究》2011 年第 8 期，第 103 ~ 108 页。

③ 陈宏胜、李志刚：《中国大城市保障房社区的社会融合研究》，载于《城市规划》2015 年第 9 期，第 33 ~ 39 页。

第二章

住房保障的国际经验

一个国家（或地区）的住房保障模式选择，应根据该国的政治制度、经济发展水平、文化背景、法律规范以及市场与政府的职责分配来确定。而且，适宜的住房保障模式也应与本国（或地区）的社会福利政策紧密相关。西方学者研究了社会福利类型与住房保障制度的匹配关系，不同的社会福利形式直接影响着住房保障制度的取向。因此，本章以艾斯平·安德森[①]（Gosta Esping-Andersen，2003）福利体制划分方式[②]为基础，分别探讨自由主义福利国家、保守合作主义福利国家、社会民主主义福利国家的住房保障实践，为我国住房保障发展提供经验借鉴。

其中，自由主义福利国家主要向贫困阶层提供住房保障，并侧重于由市场进行资源配置，典型代表有美国、新西兰等；保守合作主义福利国家的住房保障不仅强调市场在住房供应中的基础性作用，而且也重视政府在住房保障体系中的指导性作用，代表国家有德国、法国等；社会民主主义福利国家的住房保障，主要通过政府配置住房资源，并且制定了全方位的保障政策，以新加坡、英国为代表。

第一节　自由主义福利国家的住房保障

一、美国住房保障

（一）美国住房保障的发展历程

从20世纪30年代开始，美国政府就致力于解决低收入家庭的住房问题。

---

① 艾斯平·安德森：《福利资本主义国家的三个世界》，法律出版社2003年版，第69页。

② 艾斯平·安德森将福利资本主义划分为自由主义（liberal regime）、保守主义（conservative regime）以及社会民主主义体制（social democratic regime）三种福利体制。

1937 年，美国设立了最早的低收入住房项目——公共住房，标志着美国现代住房保障制度的确立和初步发展。公共住房项目建设初期进展缓慢，随后在“二战”期间被迫中断。在 1949 年颁布的《住宅法案》中公共住房项目获得了重新启动，公共住房建设计划逐渐成为美国住房保障的核心。至 50 年代末，美国住房短缺问题得到了缓解，公共住房项目随之削减，其在住房保障中的核心地位开始弱化。

20 世纪 60 年代中期起，美国大多数城市陷入财政危机，已无法继续资助大规模的公共住房建设，在此情况下政府对住房政策进行改革，新的住房补贴计划出台。1965 年和 1968 年分别推出的“房租援助计划”和“补贴住房建设计划”，在一定程度上减轻了政府的财政负担。从 20 世纪 70 年代开始，美国减少直接建房，转而支持私人机构开发建设可支付住宅向低收入家庭供应①。然而，随着低收入阶层所付房租占收入比重过大的矛盾日益突出，1974 年联邦政府通过《住房与社区发展法》终止了公共住房计划，实现住房补贴对象从住房供应者向住房需求者的转变。这种转变标志着美国住房市场结构发生了重要变化，针对低收入阶层的住房政策开始以房租补贴为主，使得低收入阶层直接获益，住房保障体系也逐渐走向成熟。

从 20 世纪 80 年代以来，美国联邦政府延续了以房租补贴为主的住房保障方式。1984 年，里根政府提出了“租金优惠券计划”，规定具有相关资格条件的低收入住户可以从地方政府手中领取住房优惠券。在此期间，布什政府 1990 年出台了《国民可承担住宅法案》，提出充分利用现存住宅，实现住宅自有化。2002 年联邦政府首次实施“美国首付计划”，并于次年出台了《补助低收入无房户买房法案》，该法案采取对购房首付款给予直接补贴的方式，来提高中低收入家庭，特别是新参加工作的年轻人的住房购买能力。② 经历长期的发展过程之后，美国住房市场形成了较完善、多层次的住房保障体系。

（二）美国住房保障的主要内容

1. 面向低收入人群的保障范围

美国政府将其住房保障职责定位于照顾难以在自有房屋市场中满足住房需求的低收入人群，对高收入人群的住房需求则利用市场解决。联邦法律规定，

---

① 廖俊平、高堃：《我国经济适用房与美国可支付住宅的政策比较》，载于《经济社会体制比较》2007 年第 1 期，第 138 ~ 141 页。

② 姚玲珍：《中国公共住房政策模式研究》，上海财经大学出版社 2009 年版，第 48 页。

应将解决低收入家庭的住房问题作为住房政策的落脚点和住房管理部门的主要任务，历届政府将其作为社会福利体系的重点予以关注。

例如，公共住房项目设立之初就将目标对象定位于低收入家庭。1998 年颁布的《公共住房改革法案》规定，在公共住房的所有租户中，收入低于地区平均家庭收入 30% 的家庭应在 40% 以上。与公共住房租户相似，在参与租房券项目的所有家庭中，超过 75% 为收入极低的家庭，并且很多还是老年人或残疾人。另外，在税收补贴开发项目中，大部分住房都面向低收入住户，所有项目开发的住房中超过 80% 由低收入家庭居住，只有 3% 的项目将一半以上的住房提供给高收入住户。

2. 多样化的住房保障方式

美国联邦层面的住房保障方式主要有四种：联邦政府直接投资的公共住房、联邦政府扶持下的私有租赁住房、税收补贴下的低收入住房以及租房券。在资助规模上，租房券是目前最大的直接资助项目，而公共住房居于最后。

（1）联邦政府直接投资的公共住房。公共住房是由联邦政府直接投资建设，归于各地方公共住房管理局管理，但其运营成本由租户支付。在项目设立后的近 40 年里，公共住房规模逐渐扩大，并于 1994 年达到顶峰，表 2－1 展示了 1949～2008 年公共住房总量的变化情况。如今大部分质量较差的公共住房已被拆除，并由收入混合型①、分布较稀疏、设计标准高的住房替代，改变了以往公共住房位于极度贫困社区的局面。

表 2－1　　1949～2008 年美国公共住房总量的变化情况

年份	公共住房总量（套）	与上一年相比公共住房总量的变化	
		变化的数量（套）	所占百分比（%）
1949	170436		
1959	422451	252015	147.9
1969	792228	369777	87.5
1980	1192000	399772	50.5
1990	1404870	212870	17.9
1994	1409455	4585	0.3
1996	1388746	(20709)	－1.5
1998	1295437	(93309)	－6.7
1999	1273500	(21937)	－1.7

① 鉴于美国公共住房的失败与集中管理贫困人口的社会成本过高，美国住房政策开始转向将低收入家庭混入富裕社区。见孙斌栋、刘学良：《美国混合居住政策及其效应的研究述评》，载入《城市规划学刊》2009 年第 1 期，第 90～97 页。

续表

年份	公共住房总量（套）	与上一年相比公共住房总量的变化	
		变化的数量（套）	所占百分比（%）
2000	1266980	(6520)	-0.5
2004	1188649	(78331)	-6.7
2005	1177337	(11312)	-7.1
2006	1172204	(5133)	-1.4
2007	1155377	(33272)	-2.8
2008	1140294	(15083)	-1.3
1949～1979		1021564	599.4
1979～1994		217455	18.2
1994～2008		(269161)	-19.1

注："( )"表示该年公共住房总量变化是下降的，为负值。

资料来源：阿列克斯·施瓦兹，《美国住房政策》，中国社会科学出版社，2012 年。

（2）联邦政府扶持下的私有租赁住房。政府与私人机构达成补贴协议，政府提供一定的利息或运营成本补贴，要求私人机构以特定租金水平为中低收入家庭提供保障房源，这是政府与市场共同运作保障性租赁住房模式。与公共住房相比，该租赁住房由私有的营利性和非营利性机构持有，联邦政府只给予一段时间的资助，确保中低收入家庭能够持续居住是该租赁住房面临的最大挑战。

（3）税收补贴下的低收入住房。该项目是在联邦税制的安排下，私人机构出于经济目的自行投资建设的保障性租赁住房。具体税收补贴的数额取决于住房开发项目的成本、地理位置和项目中低收入住户的比例。如图 2－1 所示，截至 2010 年，低收入住房税收补贴项目共资助了 33168 个低收入住房工程，约开发了 201 万套住房。

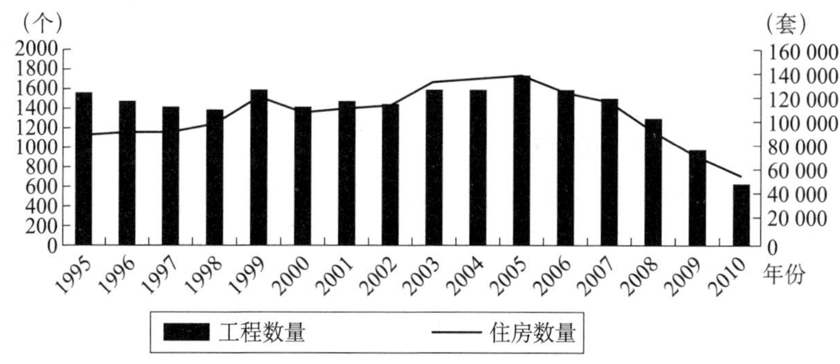

图 2－1　1995～2010 年低收入住房税收补贴每年援助状况

数据来源：Department of Housing and Urban Development (http://www.huduser.gov/portal/Datasets/lihtc/tables9510.pdf).

（4）租房券。租房券是面向低收入群体、规模最大的住房补贴计划，不仅成本低，而且能够帮助低收入家庭在自由市场上获得住房。但是，获得租房券的低收入家庭并不意味着一定能够享受到补贴，这是由于对低收入家庭所选择的公寓有一定的限定条件：一是租金不能超过租房券计划所规定的最高限额；二是公寓的建筑质量应当符合计划设定的标准；三是住房拥有者必须愿意参与租房券计划。

3. 人人拥有适当的居住标准

确保人人拥有适当的居住标准，维持合理、稳定的住房居住费用，是美国住房补贴以及住房政策的总体目标。现阶段，美国的住房补贴政策主要采取直接补贴的形式，直接减轻了低收入阶层的住房消费负担，从而达到政府提出的最低住房消费水平。表 2－2 展示了 2009 年租房券持有者所居住的住房情况，35% 的租房券持有者是单身住户，两人住户占 22%，三人以上家庭占 43%。在住房大小方面，两间卧室的住房占到 36%，三间卧室以上的住房占比 37%，这基本上与家庭规模比例相协调，能够保障人们拥有合适的居住条件。

表 2－2　　2009 年租房券持有者居住住房情况

收入水平	占比（%）	家庭规模	占比（%）	住房大小	占比（%）
0	4	1 人	35	无卧室	2
1～5000 美元	10	2 人	22	1 间卧室	24
5001～10000 美元	32	3 人	19	2 间卧室	36
10001～15000 美元	24	4 人	13	3 间卧室	30
15001～20000 美元	14	>5 人	11	4 间卧室	6
20001～25000 美元	7	—	—	>5 间卧室	1
>25000 美元	9	—	—	—	—

资料来源：阿列克斯·施瓦兹著，陈立中译，《美国住房政策》，中国社会科学出版社 2012 年版。

4. 分工明确的住房保障管理

在美国，对住房保障的管理分工明确。在公共住房方面，联邦政府不直接承担公共住房建设和管理，但提供财政援助。而公共住房的规划、建设是由地方政府主导，地方政府拥有公共住房的征地权、选址权和开发权。地方政府设有地方公共住房管理局，具体负责公共住房相关事宜，如公共住房的申请与退出。在租房券方面，租房券由住房与城市发展部主管，制定租房券的发放与运作规则等，而具体申请受理、使用规则执行与监管由地方公共住房管理局负责。

（三）美国住房保障的主要特点

1. 充分发挥政府和社会力量在住房保障中的作用

在住房保障建设过程中，联邦政府发挥了不可或缺的作用。美国政府一直以来对住房市场仅实施间接性的干预，崇尚市场效率。但为了解决低收入家庭的住房问题，政府采取了积极的干预政策，保障低收入家庭的基本住房权益。同时，以市场机制为基础，通过市场机制下的价格补贴、利息补贴、税收减免等经济补偿形式，鼓励社会力量在政府主导下共同参与建设和管理住房保障。

2. 依据经济形势与供需状况优化保障方式

美国的住房保障方式是随着经济形势和房地产市场供需状况的变化而不断调整优化的。在工业化以及城市化快速发展阶段，由于面临着大量的住房需求，同时现有住房供应又十分短缺，主要采取政府直接投资建设和补贴建设公共住房的方式，在短时间内实现了住房数量的迅速增加。而在城市化后期，住房供需基本均衡下，实施住房补贴的方式更利于满足低收入家庭的个性化住房需求。

3. 住房保障相关措施的落实具有法律保障

美国主要通过立法形式来保证住房保障措施的落实，先后颁布了《住房法》《国民住宅法》《住房与城市发展法》等法规。经过长期实践，美国形成了较为完善的住房保障立法体系，涉及公共住房补贴、房租补贴、消除贫民窟等方面，使得住房保障政策的实施有法可依，确保了政策的合法性、权威性和有效性。

4. 具备发达的多层次房地产金融体系

美国具有发达的多层次房地产金融体系，住房金融工具都是与住房政策或保障房计划相配套的。住房保障的金融工具形式多元化，具有创新性，如联邦低息贷款、住房抵押贷款、房租补贴、购房补贴、税收返还、住房贷款支持债券、房屋资产证券化等，有效地配合了保障房政策的实施，增进了美国住房保障体系的运行效率和自由度。

二、新西兰住房保障

（一）新西兰住房保障的发展历程

新西兰住房保障政策很大程度上受到政党政治的影响。随着政党轮替不断变化，经历百年的发展后，形成了较为完善的住房保障体系。具体而言，新西兰的住房保障建设主要经历了以下四个阶段。

第一阶段，自由党领导下的最初探索阶段（1905～1934 年）。19 世纪 60 年代的淘金热与 70 年代的大规模公共基础建设，使新西兰各大城市的工人剧增。由于无力购买房屋或负担市场租金费用，大部分工人居住在非常拥挤、设施简陋的贫民窟住房，条件极其恶劣。随着城市规模的不断扩大，这些问题越来越严重。对此，自由党政府尝试利用郊区公共土地吸引工人修筑房屋，但该政策随之因为交通不便、缺乏贷款支持以及所有权争议等问题的出现而失败。

第二阶段，福利国家下的全面发展（1935～1990 年）。这一阶段，由工党政府通过推行低息房屋贷款政策和恢复国家住房建设来改善民众的住房状况。国家工党执政期间只允许低收入者承租国家住房。1949 年，国家党执政，开始对住房租金制度进行改革，大幅提升国家住房租金。1950 年 8 月，国家党政府提出立法议案，允许租户购买国家住房，并设立了宽松的购房条件，但要求居住者必须居住，并且 3 年内不能再申请其他国家住房。

第三阶段，国家党引导的市场化改革（1991～1998 年）。该阶段国家党对国家住房进一步改革，推出市场化出租和住房补贴。在市场化出租方面，政府废除与收入挂钩的租房机制，引入市场化租金机制，即国家住房租金与同类房屋市场出租的价格水平相一致，向国家住房租户收取市场租金，促使国家住房能更适宜于个人的需求，并缓解政府财政压力。在住房补贴方面，主要是向难以承担市场新租金的低收入者提供补助，即作为市场化出租的补充措施确保低收入者的居住权益。这些改革确实缓解了新西兰政府的财政压力，却给居民带来了一定的生活压力，直接增加了居民的住房负担。

第四阶段，福利与市场的协调（1999～2008 年）。该阶段为第五届工党政府执政期间，其住房保障政策转向多元化与现实化，重视福利与市场的协调。实施的住房保障政策具体有：一是取消市场化租金机制，恢复与收入挂钩的租金机制，同时保留某些国家党执政时期的“消费刺激”机制；二是停止国家住房出售；三是成立新西兰住房公司管理国家住房。

自 2008 年起，新西兰政府开始鼓励引导中央政府以外的力量参与住房保障的制度建设，开启了多元参与住房保障建设的时代，推动了住房保障的可持续建设。

（二）新西兰住房保障的主要内容

1. 针对低收入群体的保障范围

新西兰的住房保障主要是面向住房困难的低收入群体。社会住房供应中的国家住房仅用于出租给低收入者，并将申请者的需求程度分为四个等级，即处境危险、严重住房需求、中度需求以及低度需求或无需求。只有处境危险与严重住房需求等级的申请者才有资格获得国家住房，其他两个等级的可以获得非国家住房。

2. 实物保障与货币保障相结合的保障方式

新西兰住房保障方式主要包括两类：一类是社会住房供应；另一类是租房补贴。

（1）社会住房供应。新西兰的保障性住房统称为"社会住房"，主要包括国家住房、非国家住房类社会住房，均面向低收入群体或某些特定群体出租。其中，国家住房是由中央政府负责提供，由新西兰住房公司（Housing New Zealand Corporation，HNZC）管理；非国家类社会住房是由地方政府或第三部门修建并持有，具体结构如图 2－2 所示。到 2011 年，新西兰住房公司共管理 6.9 万多套国家住房，在社会住房中占到 78.4%，地方政府与第三部门共持有 1.9 万多套社会住房。[①]

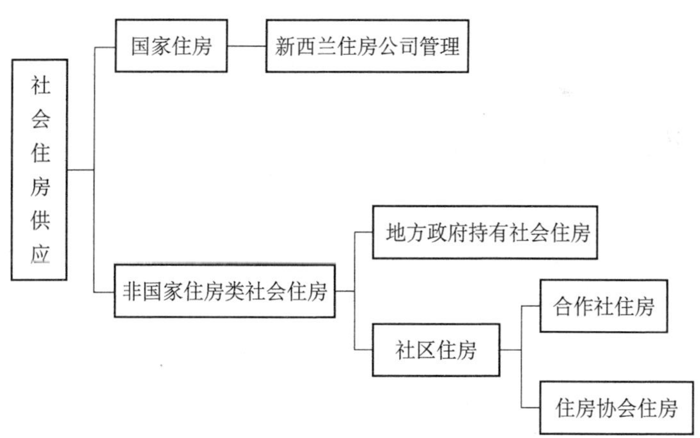

图 2－2　新西兰社会住房供应结构

（2）租房补贴。新西兰政府向因市场化出租而难以支付新租金的低收入者提供租房补贴。当租金超过低收入者收入的 25% 时，无论租住何种社会住房其租住者均可以申请该租房补贴。

3. 针对不同人群类别的保障标准

在住房政策中，新西兰政府将居民分成了高收入家庭、低收入家庭、租户、

---

① 潘晓娟、吕洪业等：《外国住房保障制度》，国家行政学院出版社 2014 年版，第 310 页。

毛利人（新西兰土著居民）、移民等9类，并针对不同类别的居民实施相应的住房保障政策，让不同需求的居民享受满意的住房。① 例如，新西兰的毛利人具有高生育率和土著特色的大家族生活模式等特征，该类居民会更加渴望面积较大的房屋，因此，在为其进行住房保障时需要考虑提供面积较大的住房。②

4. 全方位的住房保障管理

新西兰政府通过动态的居民可支付性水平情况，向居民提供具有针对性的置业建议，进而提高国家住房的使用效率。在受保障前，对居民的可支付性水平状况进行分析，如果是现阶段社会住房需求不迫切的居民，则向其提出不建议申请社会住房的建议；而对符合条件的居民家庭按照需求分配国家住房。政府对获得保障后的居民家庭，也要借助可支付性水平来判断是否应退出国家住房。此外，新西兰政府还提供了购买选择，居民家庭在有能力的情况下可以选择购买租住的社会住房，价格应按照当时的市场价格计算。

（三）新西兰住房保障的主要特点

1. 各级政府分工明确

在新西兰，中央政府和地方政府及其各职能部门对各自在住房保障领域的分工和职责十分明确，有效避免了业务重叠和不必要的冲突。在明确各自职责的同时，双方又相互合作，大大提高了工作效率，有利于住房保障资源的高效配置。

2. 科学的评估机制确保公平分配

新西兰政府构建了一套健全的住房需求评估机制，对住房申请者进行全面评估，包括居住状况、住房支付能力以及获得政府救济必要性等方面，从而确保社会住房提供给真正需要帮助的低收入者，实现公平分配。此外，新西兰建立了优先分配机制，优先解决严重而紧急的住房保障需求，促进了有效率的公平形成。

3. 具有人性化的住房保障

新西兰住房保障考虑了宜居性和合适性，提供的社会住房适应了居民的生活需要。比如国家住房综合考虑了居住者的生活环境、教育、健康等方面的需求。社会住房在增加公众福利的同时，也提升了公众幸福感。

---

①② 张跃松、肖雪：《新西兰公共住房实践：创新与启示》，载于《工程管理学报》2015年第4期，第133~137页。

第二节　保守合作主义福利国家的住房保障

一、德国住房保障

（一）德国住房保障的发展历程

长期以来，德国住房保障体系以提升社会福利为目标，随着经济社会的变革不断进行调整。德国的住房保障建设最早可以追溯到产业革命时期，当时产业工人逐渐聚集到城市，城市化进程开始加快，贫困居民住房困难问题逐渐突出。1847 年，德国开始建立住房保障体系，但是，这一时期的保障性住房居住环境脏、乱并且拥挤，居住功能较差。1929 年，经济危机席卷全球，德国也未能幸免，大量失业者流落街头。为了解决大量失业者的住房问题，德国政府扩大保障范围，将失业者纳入住房保障体系。在这一时期，德国出现了“住房合作社”的浪潮，并一直延续至今。

“二战”后，德国城市受到重创，首都柏林几乎被夷为平地，许多城市 50% ~90% 的住宅区被摧毁，加之资金匮乏，德国出现了严重的住房紧缺。在该情形下，德国政府制定了福利性公共住房制度，由政府出资，非营利建筑公司或居民自治团体建造，确保低收入者、多子女家庭和残疾人为主的困难群体的住房需求。① 福利性公共住房只租不售，向居住者收取少量租金。除了政府出资外，大中型企业也可自行建造职工住宅，德国政府在企业税收上给予优惠。

20 世纪 90 年代以来，德国住房短缺问题得到明显缓解，德国政府每年开发的福利性公共住宅已经大为减少，仅为 20 世纪中期的 1/5，部分保障房开始转变为普通商品房投入市场。2005 年，保障房转商品房的数量便达 15 万套。目前，德国的保障性住房的来源也更加多元，除了传统的政府主导，依靠联邦、州、行政区政府的住房建设基金建造公共福利住房之外，还引进市场资金建设公共福利住房。② 德国政府规定，地产商或个人自由资金达到公共福利住房项

① 高新、唐永忠：《美德两国住房保障制度之异同及其对我国的启示》，载于《北京交通大学学报》（社会科学版）2013 年第 2 期，第 59 ~62 页。

② 黄清：《德国低收入家庭及公务员的住房保障政策》，载于《城乡建设》2009 年第 4 期，第 73 ~74 页。

目投资额的15%以上时，可为项目申请免息或低息贷款。[①]

（二）德国住房保障的主要内容

1. 极为广泛的保障范围

在德国，住房保障政策的目标群体极为广泛，覆盖了绝大部分住房困难群体。德国住房保障政策的目标不仅是帮助贫困人群解决居住问题，也包括满足中低收入家庭居住的生活需求。据不完全统计，德国超过3/4的人口有权享有社会住房并获得政府住房补贴。这种住房保障模式已经不仅仅服务于“住房困难公民”，而且扩大为“一般公民”。

具体而言，德国住房保障对象主要包括低收入群体，特殊人群如老人、残疾人、怀孕妇女，以及关键工作者如公务员、教师、医生等。一般要求申请家庭没有自己的住房，收入在国家规定的水平以下，并且在申请城市工作或居住一定年限，保障房的租金一般为市价的50%～60%。当保障对象收入增加超过政府规定水平时，政府允许继续居住但要提高租金标准或以市场价格收取租金，从而实现不同阶层在居住空间上的融合。

2. 颇具特色的保障方式

德国主要采取了社会福利住房、房租补贴以及住宅储蓄等住房保障方式，其中，住房储蓄制度是德国住房保障的一大特色。

（1）社会福利住房。该住房由国家支持建造的租金较低的住宅，所以被称为“福利住房”。德国社会福利住房主要分为两种：一种是由市政住房公司、公共住房公司、私营住房公司等非营利机构建设的社会福利住房；另一种是由住房合作社建设的合作社住房。由于社会福利住房的建设标准制定得很高，造成租金处于较高水平，只能满足贫困群体中的相对“高收入群体”。目前，在福利房租住家庭中，大约14%的家庭已经不属于福利房供应对象，转为按照市场租金交纳房租。

（2）房租补贴。德国政府通过“房租补贴”政策，对缺乏经济能力而无法满足个人或者家庭基本住房标准的目标群体直接给予支持（直接补贴）。目前，房租补贴成为了德国对低收入居民住房保障的主要方式。具体来看，政府依据各家庭的人口数量、收入状况、房租支出水平等来给予适当补贴，让每个家庭

---

① 汤勃、张炯：《国外住房保障制度之比较研究》，载于《法制与社会》2011年第9期，第177～178页。

都能拥有足够的住房支付能力。截至 2011 年底，德国已有 90.3 万户家庭获得了住房补贴，约占德国家庭总数的 2.2%①。

（3）住房储蓄。住房储蓄制度通过专门成立的住房储蓄银行来实现，具有先储蓄、后贷款、自助性、稳定性等特点。一般而言，储户可根据自身住房需要及经济能力在住房保障银行进行存款，当存款满足一定要求之后，即可获得规定的贷款权，该贷款可用来购买住宅，利率固定并且低于商业贷款利率（如图 2－3 所示）。

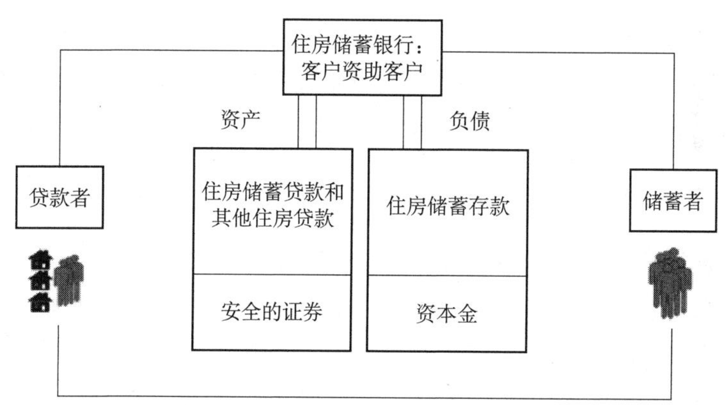

图 2－3　住房储蓄：用于购房的贷款来源与客户自己的储蓄

除了住房补贴制度、住房储蓄制度外，德国住房保障体系在中低收入者购买房屋方面也有一定的税收优惠政策。

3. 以租房家庭为主的保障标准设计

在德国，1/2 以上的家庭成员选择租房居住。对低收入者进行租房保障时，通过申请人的收入（法规详细规定的收入及进入计算公式比例）、申请人所在地的租金水平（由德国联邦统计局的数据作为参考依据）、申请人家庭符合申请标准的人数等要素界定准入标准，从而制定了根据不同家庭成员数目以及当地住房水平的租金补助水平与住房标准（见表 2－3）。

表 2－3　德国低收入线标准和住房保障标准

家庭成员数（人）	低收入线标准（欧元/月）	住房保障面积（套内面积，平方米）
1	830	50
2	1140	60

① 陈洪波、蔡喜洋：《全球房地产启示录之稳定的德国》，经济管理出版社 2015 年版，第 175～176 页。

续表

家庭成员数（人）	低收入线标准（欧元/月）	住房保障面积（套内面积，平方米）
3	1390	75
4	1830	90

资料来源：黄清，《德国低收入家庭及公务员住房保障政策情况和启示》，载于《中国房地产金融》2010年第3期。

4. 法律制度支持下的住房保障管理

德国注重保障性住房管理的立法工作，切实保护承租人的合法权益。为了保障性住房制度的规范运作，《德国联邦住宅法》对保障性住房做出了详细规定，如供应对象（租户）、租金及保障面积等。另外，德国通过《租房法》，对住房租赁合同的签订、期限、解除以及出租人和承租人的权利与义务等方面进行全面规定，核心在于强调对承租人权利的保护。

（三）德国住房保障的主要特点

1. 社会福利住房的建设和运营融入市场机制

在德国，主要强调政府的引导作用，将政府定位为市场监管者，而不是参与者。[①] 通过市场来解决住房的建设、出售、出租活动，仅在“二战”后住房紧张时期，德国政府主张直接主导建设社会福利住房外，其他时期都是运用市场机制，借助财政政策、金融政策等手段解决。同时，德国政府也积极鼓励非营利私人住房公司、住房合作社等主体参与社会福利住房的建设、运营和管理，充分发挥了社会力量的积极性，确保了社会住房的持续供应。

2. 实行单一化住房租赁市场体系

德国实施单一化的住房租赁体系，即社会福利住房和其他租赁性质的住房都受政府的统一监管，并得到充分竞争，在一定条件下社会住房和其他租赁住房可以相互转化。德国住房租赁市场供应主体多元化，包括私人和私营住宅公司、住房合作社和政府房产公司。其中，私人和私营住宅公司提供的租赁住房占租赁住房总量的70%左右，住房合作社和政府房产公司的社会福利住房供应量分别占9.7%和8.1%。这种住房租赁市场体系有利于积极发挥市场机制的作用，保持租赁市场的稳定。

3. 完善的住房金融服务制度

德国有效地发挥了住房金融储蓄制度在保障性住房建设过程中的作用。对

① 杨瑛：《借鉴德国经验　加快建设以公租房为主的住房保障体系》，载于《城市发展研究》2014年第2期，第77～82页。

于参与住房金融储蓄制度的相关金融机构进行了严格的限制。例如，《住房储蓄法》明确规定了住房储蓄银行所吸纳的资金及储户的还款必须专款专用，不得用于风险交易，以保证住房储蓄银行安全运营，提高中低收入群体抵抗宏观经济风险的能力。①

二、法国住房保障

（一）法国住房保障的发展历程

从19世纪中期开始，法国各级政府便开始对低收入居民的住房问题予以关注，“居者有其屋”是法国住房保障体系中的核心理念。政府依据社会经济发展状况、市场供需、政治变迁等因素的变化，不断调整住房政策，法国住房保障的建设大致经历了三个发展阶段，即初始阶段（19世纪中后期至1944年）、“二战”后重建阶段（1945～1976年）以及社会混合目标实施阶段（1977年至今）。

在初始阶段，法国为了解决工业革命后城市化进程加快带来的低收入群体住房问题，通过了一系列法律规定。其中，比较重要的法律规定有：（1）1894年的《施格弗莱德法》。该法建立了廉价住房制度，提出以工人集资的方式建设集合式住房，缓解劳工阶层住房问题；还提出在政府建设廉价住房的同时，允许公益组织或个人建设廉价住房，并给予一定的财政补贴和税收优惠等。（2）1908年政府出台的《里波法》。该法规将财政优惠政策范围覆盖至中低收入家庭。（3）1912年颁布的《保诺维法》。该法规设立了负责工人住房规划建设的专门机构（市镇和省廉价住房公共办事处），致力于改善已有的工人居住区的条件，这标志着法国住房保障体系开始形成。②

“二战”期间法国大量房屋遭到毁坏，战后农村人口大规模进入城市，住房需求急剧增加，住房供给严重不足，对此法国政府开始加大对住房建设的支持力度。在战后重建阶段，一方面，政府创设了“住房补贴制度”，对人口较多的家庭发放住房补贴。另一方面，地方政府受“低租金住房制度”（原“廉价住房制度”）的强制要求，建造了一定比例的低租金住房，出租给低收入居

① 薛德升、苏迪德、李俊夫、李志刚：《德国住房保障体系及其对我国的启示》，载于《国家城市规划》2012年第4期，第23～27页。

② 潘晓娟、吕洪业等：《外国住房保障制度》，国家行政学院出版社2014年版，第34页。

民，并进行房屋的日常维修和管理。低租金住房成为法国保障性住房的重要组成部分。以大巴黎地区为例，1958～1969年大巴黎地区建设的21个优先城市化地区中的6个位于近郊区，15个位于远郊区，但都采用大型集合住宅的形式建造。[①] 在这一时期，法国政府还成立了以储蓄金为基础的住房投资机构，希望通过完善金融市场的方式来鼓励住房建设。

随着住房短缺问题的解决，政府放缓了低租金住房建设，开始根据居民家庭特征提供不同形式、不同规模的住房资助，努力改善居民的居住条件。一方面，政府对贫困家庭直接发放货币补贴，从而减少他们的住房支出；另一方面，对于有一定经济实力的家庭，政府主要提供低息贷款，鼓励他们购买住房。

20世纪80年代，由于受到经济危机的影响，法国经济发展速度明显放缓，失业率也随之上升，贫困家庭大幅增加，这造成了城郊贫困集中现象加重，出现居住隔离现象。法国政府深刻意识到居住隔离问题的严重性，开始注重"社会混居"，法国进入了社会混合目标实施阶段。1990年颁布的《博松法》将贫困人口的重新分布、社会公正和社会混合三项目标予以整合，强调法国政府对住房市场的干预与调控。地方政府则根据本地区的社会发展和人口的特点，确定住房建设数量及空间分布，借助这种规划的手段来实现社会混居的目标。

（二）法国住房保障的主要内容

1. 面向各类群体的保障范围

法国住房政策注重鼓励中高收入家庭购房，帮助低收入家庭租房，使不同收入类型的群体都能够获取相应的住房。其中，低租金住房面向的人群较广，只要属于合法居留，且收入不超过政府每年公布的收入限额，均可以向居住所在地的相关部门申请低租金住房。但是，资格审查和住房分配严格按照法定程序进行。

2. 多种手段相结合的保障方式

法国政府主要通过低租金住房、住房补贴以及税收减免等方式来解决住房困难群体的住房问题。

---

① 王一、张尚武：《法国〈社会团结与城市更新法〉对中国保障性住房建设的启示》，载于《国际城市规划》2015年第1期，第43～38页以及第61页。

（1）低租金住房。法国低租金住房是各类保障性住房中最基本的部分，2009 年其数量占全国居住房总量的 18.9%，与其他发达国家相比占比较高。在《建筑与住房法典》中明确 10 年以上的低租金住房可以出售，由租户或其他个人、组织购买，已有人居住的低租金住房只能出售给租户，空置的低租金住房可以公开出售。

（2）住房补贴。法国政府还采取住房补贴的方式对低收入家庭提供帮助。根据相关规定，当住房租金超过家庭收入的 20%～30%，承租者可以向政府申请住房补贴。

（3）税收减免。在法国，税收减免主要体现在对住房储蓄存款利息收入免征所得税，住房贷款利息可以从所得税税基中扣除，对低收入者自建住房免除建筑税等。

3. 多指标综合确定保障标准

低租金住房是按照申请人的年龄、收入、健康状况、家庭人口结构等指标进行综合评估，依据评估的结果确定住房的分配时间、住房地段和住房面积。在租金收取方面，是从申请家庭收入的高低和人口的多少两个方面来考虑的。具体而言，不同地区的租金有所差异，城市地区高于郊区，大城市高于小城市。入住后，租户每年需要提交家庭收入证明，租房租金将随收入的变化而变化。表 2－4 为 2009 年法国巴黎四口之家的租金标准。

表 2－4　　2009 年巴黎四口之家的租金标准

家庭月收入	住房租金（欧元/平方米）
低于 2691 欧元	6
2691～4892 欧元	8
4892～6359 欧元	12

资料来源：潘晓娟、吕洪业等，《外国住房保障制度》，国家行政学院出版社，2014 年版，第 44 页。

4. 住房保障管理

在法国，低租金住房机构主要负责住房保障政策的执行，而中央政府设立专门的监管机构给予规范。[①] 低租金住房机构承担了低租金住房的建设、运营、管理以及相关住房服务等责任。中央政府层面的监管机构的主要职责是确保住房补贴、税收减免、贷款等优惠政策落实。法国还成立了国家住房信息中心，专门向公众免费提供住房信息及咨询服务，在全国设有分支机构，并且已实现全国联网。

① 潘晓娟、吕洪业等：《外国住房保障制度》，国家行政学院出版社 2014 年版，第 52 页。

（三）法国住房保障的主要特点

1. 住房贷款、保险、担保相结合的金融支持

法国政府注重通过金融市场为购房者，尤其是中低收入购房者提供资金支持，提高居民购买力，确保住房市场持续稳定发展。法国政府针对不同群体提供了不同的贷款方案，有面向低收入群体的 PLA－I 贷款、有面向中低收入群体的 PLS 贷款等。为了降低住房贷款中存在的风险，法国政府创新金融方式，将人寿保险引入住房金融领域，借款人在申请住房贷款时，必须购买人寿保险，从而减轻住房金融风险。此外，法国实行住房贷款担保政策，为无法获得住房贷款的低收入者提供担保，帮助该部分人群获得住房。

2. 完善的住房保障法律体系

法国关于住房保障方面的立法十分完善。在过去百余年的发展过程中，相当部分的早期颁布的法律仍具效力，这些法律为住房保障制度的建设与实施提供了重要的保障。例如，1990 年的《博松法》，首次提出了“居住权”的概念，提倡“所有在生活上有困难的个人或家庭，都有权利通过政府的帮助来获取或租用一套符合基本生活标准的住房”。又如，1991 年的《建筑与住房法典》对房屋建设和改造、住房补贴和优惠以及低租金住房和住房特困问题等相关事项进行了原则性规定。

第三节　社会民主主义福利国家的住房保障

一、英国住房保障

（一）英国住房保障的发展历程

在中低收入阶层的住房保障问题上，英国政府干预尤为明显，是世界上首个对住房市场进行干预的国家。[①] 1919 年颁布的《住房与城镇规划法》，标志着英国政府开始直接干预住房市场，要求各地方政府负责公共住房的建设，满足人们的住房需求。到 1939 年，政府建造了 130 万套住房，约占全国住房总量的

① 洪亮平、何艺方：《英国住房保障制度与政策评介》，载于《城市建筑》2013 年第 1 期，第 16 ~ 19 页。

10%，而私有企业建设的住房仍占主体。“二战”后，由于英国遭到了严重的损失，政府战后全面介入住房领域，以国家直接供应的公共住房制度为重点，实行住房改革。1946～1979年间，地方政府新建了约510万套住房，以较低的租金形式租给居民，一定程度上解决了中低收入家庭的住房问题。

从20世纪60年代起，住房政策的重心发生转移，政府逐渐转向提供住房补贴，减少了直接对住房项目的投入。随后，撒切尔政府上台后，对公共住房制度进行了细针密缕的改革，反对国家对住房市场的干预。一方面，要求政府减少在住房领域中的财政开支，退出住房供应；另一方面，大力推行住房私有化。1980年《购买权法》的颁布，标志着住房私有化政策开始大规模推行，规定公共住房的长期租户具有优先购买权，可以优惠价格购买，并且居住时间越长，所获得的购房折扣越大。

然而，撒切尔政府下的住房政策造成了两极分化的局面，中高收入者在改善居住条件的同时从投资住房中获利，而低收入者则因房价上涨而无处栖身。面对前政府留下来的住房问题，当时执政的布莱尔政府重新强调政府在住房市场中的主导作用，实行以可支付住房建设为主的住房保障政策。2004年出台的《住房法》详细规定了如何建设低收入群体支付得起的公共住房。2006年提出分享式产权购房计划，帮助低收入困难家庭如公共住房租户、首次购房家庭、无房家庭等购买住房。2010年，英国联合政府上台后，加强与私营房地产企业的合作，确保公共住房的建设规模。同时，创新、开发住房金融工具，加强对低收入者的住房补贴，落实混合型社区的建设，将保障性住房融入综合社区的开发建设中。表2－5总结了英国历年的住房政策。

表2－5　英国历年主要住房政策一览

时间	政策	主要内容
1840年前	自由放任	完全依赖市场调节，居住环境恶化，住房问题开始出现
1848年	《公共卫生法》	制定了住房在布局、设计、建造等方面的最低标准，对住房建设者加以管制和约束
1890年	《住房法》	拆除卫生条件差的住宅，为工人阶级提供新住宅
1915年	《出租和贷款限制法案》	对租金进行管制
1919年	《住房和城镇规划法》	地方政府直接建造住房
1925年、1936年	《住宅法》	解决工人住宅问题，关注范围扩大到住宅区尺度，制定住宅更新的具体规定

续表

时间	政策	主要内容
1946 年	《新城镇法案》	成立新城镇发展部，在全国各地获得土地，建设新社区；土地配额与建筑许可证政策，限制私人建筑商发展，确保政府公共住房的建设
1959 年	住房补贴政策	补贴私有房屋所有者，改善自身住房
20 世纪 60 年代	贷款利息税减免	住房所有者选择支付利息而不是缴税，自有住房成为住房所有权形式的主体
1972 年	租金补贴政策	住房资金援助，从补贴实物转变为补贴“人”
1974 年	《住房法》	建立住房补贴体系，政府资助住房协会发展
1980 年	《住房法》	实行购买权政策，房价优惠，抵押贷款优惠，贷款利息免税等，大力发展住房金融互助会
1985 年	《住房协会法》	建立了完整的住房协会制度，是民间互助组织
1988 年	《住房法》	政府允许住房协会购买公房；住房协会依靠租金收入负担公房的维修和管理
2004 年	《住宅法》	就如何确保建造足够的低收入群体买得起的社会公房，创建更加公平和良好的住房市场作出一系列规定；实现“可持续住宅社区：所有人的家园”计划目标；提出建设可支付住房
2006 年	分享式产权购房计划	帮助公房租户、无房或栖身临时住所家庭、首次购房者和关键岗位人员购买住房

（二）英国住房保障的主要内容

1. 主要关注最低收入者的保障范围

英国住房保障主要关注的是最低收入者。在制定住房保障政策时普遍重视租赁房的发展，以便为低收入人群提供帮助。截至 2000 年，整个国家 70% 的居民具有自有住房产权，其中 10% 来自购买现住的公共住房；租赁住房比例达 30%，其中 20% 为租赁公共住房，10% 为租住私人住房。[①] 此外，英国政府还帮助公房租户、无房者或栖身于临时住所的家庭，以及首次购房者和社区关键岗位人员（如教师、护士和警察等）购买住房。

2. 多种保障方式有机结合

在英国，主要由地方政府、住房协会以及私有企业负责住房的供应，其中住房协会的作用是从 20 世纪 60 年代以后逐渐增强，最终替代地方政府，成为公共住房的供应主体（如图 2－4 所示）。另外，住房保障方式从扶持住

① 陈洪波、蔡喜洋：《全球房地产启示录之稳定的德国》，经济管理出版社 2015 年版，第 183 页。

房开发建设逐步转向以促进住房消费为主的住房补贴形式，各住房保障机构相互配合，并联合具有金融创新特色的保障性住房项目，来满足居民的基本住房需求。目前，英国主要围绕帮助人们租房与购房两方面制定保障政策，实现“居有其屋”或“住有所居”，不同城市根据自身的实际情况制订不同的住房保障目标及具体的实施计划。图2－5展示了现阶段英国住房保障方式的构成。

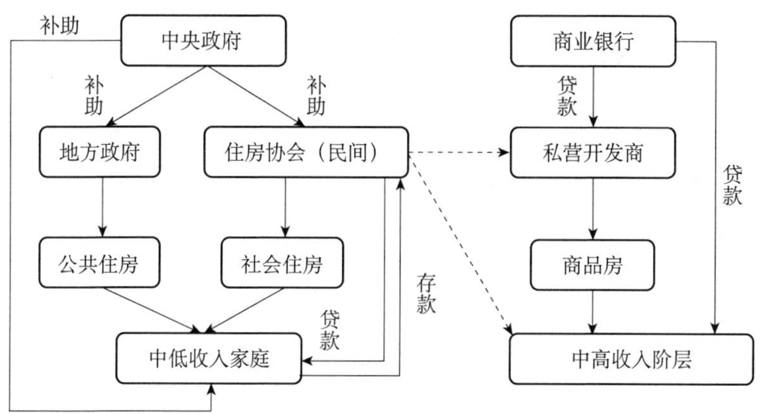

图2－4　英国住房供应体系

资料来源：招商证券研发中心。

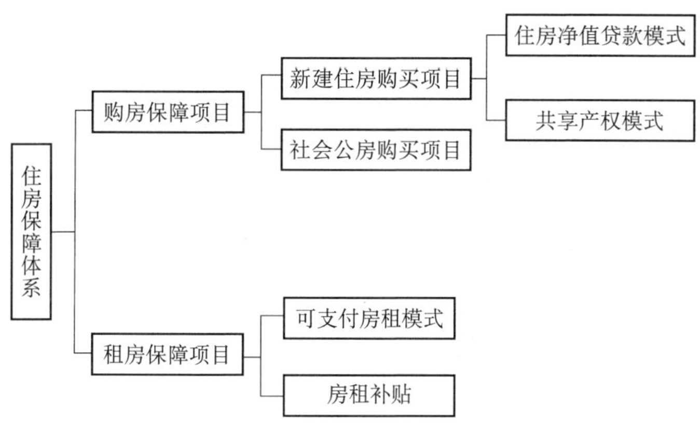

图2－5　现阶段英国住房保障方式的构成

（1）购房保障项目。根据人们的收入水平情况，将购房保障项目分为对于中等收入群体的新建住房购买项目和针对中低收入群体的社会公房购买项目，具体内容如表2－6所示。

表 2-6 英国购房保障项目

项目	模式	具体内容
新建住房购买项目	住房净值贷款模式	向购房申请者给予15% ~30%房款的优惠贷款；由住房协会负责审批，政府和住房开发商按照相同比例承担
	共享产权模式	购房申请者与住房协会共同持有房屋产权，购房申请者依据自身的出资比例享有住房产权，余下产权份额由住房协会享有
社会公房购买项目	依据居民租住社会公共住房的类型与租户具有的资金能力之间的差异划分不同项目：优惠获得住房项目、优惠购买住房项目以及优惠购买社会公房项目。其中，优惠购买社会公房项目是购房者和住房合作社共享产权，而其他项目为一次性获得房屋所有产权	

（2）租房保障项目。英国政府在2011年开始实行可支付房租模式（affordable rent model）计划。该计划规定了目标租金、封顶租金与租金灵活性水平指标，要求地方政府与住房协会合作，将社会公共住房的租金限定为不能超过当地市场租金的80%。此外，租住在公共住房的中低收入家庭可以得到政府给予的一定数额的房租补贴；同时，居住于私人机构提供的租赁房的家庭，只要其符合住房保障条件，政府有关机构须将相应比例的租金支付给房屋出租人。

3. 针对居住方式设定保障标准

英国对自住住房、租住私房、租住政府公房三种不同的居住方式提供了相应的保障标准。对于租住公房的居民，制定“标准住房福利”标准，由国家划定一条准入收入线。当居民的收入水平刚好处于既定的收入线上时，居民便可享受一定数额的住房福利；如果低于该标准，则可增加相应的住房福利；而高于该标准时，需减少对应的住房福利。① 同时，对特殊人群（如儿童、残疾人等）在标准待遇基础上增加额外住房福利。一般情况下，租住公房的居民实际支付的房租在平均收入中的所占比重不足10%。对于租住私人住房的居民，由于私房租金不具有折扣，因而政府采取现金补贴的方式。英国政府对住房补贴发放标准进行了详细规定（见表2-7）。

表 2-7 2011~2012财年英国住房补贴发放标准 单位：英镑/周

具体类型			补贴标准
标准给付额	单身者	25周岁以下	53.45
		25周岁及以上	67.50
		就业及援助补贴领取者（正式阶段）	67.50

① 唐黎标：《英国住房保障制度的启示》，载于《中国房地产金融》2007年第7期，第46~48页。

续表

<table>
<tr><th colspan="3">具体类型</th><th>补贴标准</th></tr>
<tr><td rowspan="12">标准给付额</td><td rowspan="3">单亲母亲</td><td>18 周岁以下</td><td>53.45</td></tr>
<tr><td>18 周岁及以上</td><td>67.50</td></tr>
<tr><td>就业及援助补贴领取者（正式阶段）</td><td>67.50</td></tr>
<tr><td rowspan="3">夫妇</td><td>均低于 18 周岁</td><td>80.75</td></tr>
<tr><td>至少有 1 人达到 18 周岁及以上</td><td>105.95</td></tr>
<tr><td>就业及援助补贴领取者（正式阶段）</td><td>105.95</td></tr>
<tr><td colspan="2">有依靠其抚养的儿童</td><td>62.33</td></tr>
<tr><td rowspan="4">养老金领取者</td><td>单身或单亲家庭父母已经达到领取养老金补贴的年龄，但低于 65 周岁</td><td>137.35</td></tr>
<tr><td>夫妇中至少有 1 人已经达到领取养老金补贴的实际年龄，但低于 65 周岁</td><td>209.70</td></tr>
<tr><td>单身或单亲家庭父母已经达到 65 周岁及以上</td><td>157.90</td></tr>
<tr><td>夫妇中至少有 1 人已经达到 65 周岁及以上</td><td>236.80</td></tr>
<tr><td rowspan="16">额外给付额</td><td colspan="2">一般家庭</td><td>17.40</td></tr>
<tr><td colspan="2">单亲家庭</td><td>22.20</td></tr>
<tr><td colspan="2">家庭中有 1 岁以左右的婴儿</td><td>10.50</td></tr>
<tr><td rowspan="2">轻度残疾</td><td>单身</td><td>28.25</td></tr>
<tr><td>夫妇</td><td>41.10</td></tr>
<tr><td rowspan="3">中度残疾</td><td>单身</td><td>14.05</td></tr>
<tr><td>有残疾孩子</td><td>21.63</td></tr>
<tr><td>夫妇</td><td>20.25</td></tr>
<tr><td rowspan="4">重度残疾</td><td>单身</td><td>55.30</td></tr>
<tr><td>夫妇（低等级重度残疾）</td><td>55.30</td></tr>
<tr><td>夫妇（高等级重度残疾）</td><td>110.60</td></tr>
<tr><td>有残疾孩子</td><td>53.62</td></tr>
<tr><td colspan="2">残疾人照顾者</td><td>31.00</td></tr>
<tr><td rowspan="2">领取就业及援助补贴</td><td>额外给付额（经测试具有相关工作能力的申请人）</td><td>26.75</td></tr>
<tr><td>额外给付额（经测试需要支持的申请人）</td><td>32.35</td></tr>
</table>

资料来源：潘晓娟、吕洪业等，《外国住房保障制度》，国家行政学院出版社，2014 年版，第 18 页。

另外，实际收入在贫困线以下的家庭，除了提供标准的住房福利外，对其还进行社会救助，例如提供固定金额的修缮费、保险费等，以保障这些家庭的住房质量。

4. 监管网络完善的住房保障管理

英国政府构建了一个较为完善的住房保障监管网络体系。英国审计署、地方委员会、住房协会和住房供给方承担了对社会住房予以监管的相应职责。各部门对社会住房具体的监管方式有：一是将租户的住房记录与其他记录进行对比（如住房补贴或选民名册）；二是检查社会住房的真正居住者，如要求租户提供护照或租赁协议等；三是不定期进行突击入户检查；四是定期对居住资格进行审查，对不符合租住条件的租户要求其搬离或者支付更高的租金。此外，英国政府在法律上对社会租赁住房欺诈情形作出了明确规定，对欺诈行为予以严惩。

（三）英国住房保障的主要特点

1. 中央政府、地方政府与非营利性互助机构有机组合

英国实现了中央政府、地方政府与非营利性互助机构在住房保障体系中的有机组合。中央政府作为政策的制定者决定住房保障政策的基调，而地方政府作为政策的执行者决定着保障政策的实施细节，地方政府的决策更直接地关系到保障对象的利益。具体而言，中央政府并不制定一个全国统一的标准，住房保障对象的资格审查、保障标准、保障性住房的分配管理等是由地方政府针对当地实际情况确定并实施。同时，在政府指导下，英国住房保障体系中还存在着非营利性互助机构，如住房协会，充分调动民间力量来辅助政府实现住房保障的目标。英国虽然没有美国那么强大的市场力量支持，但这种权利的分散与下放有助于提升保障政策的灵活性和有效性。

2. 以公共财政资金作为主要资金来源

综观英国保障性住房建设可以发现，政府公共财政资金的投入一直是保障性住房建设的主要资金来源。在保障性住房建设初期，政府投入了大量财政资金建设公共住房，规模逐年上升，1976 年达到顶峰①。1979 年以后英国虽然减少了公共住房建设支出，但政府加大了对低收入家庭的住房租金补贴力度，公共财政资金支持仍然是解决低收入家庭住房问题的主要手段。

3. 创造性地实施了“分享式产权购房”模式

英国住房保障体系在由政府主导逐渐转向市场化运作的过程中，大力推行公房私有化的转变方式，这使得英国住房保障体系创造性地实施了“分享式产权购房”模式，又被称为“共享产权”模式。这一模式是指购房申请者和提供贷款的住房协会共同持有房屋产权。②“分享式产权购房”模式是为了帮助无力购买住房产权的中低收入者实现购房梦想而实施的保障举措。具体而言，该模式允许中低收入者在租住公共住房的过程中，可以根据自己的购买能力逐步购买其承租住房的产权，期间政府会提供诸多优惠政策，最终获得全部产权。该

① 杨阳：《住房保障财政支出国际比较与借鉴》，《地方财政研究》2009 年第 7 期，第 77 ~80 页。

② 王兆宇：《英国住房保障政策的历史、体系与借鉴》，《城市发展研究》2012 年第 12 期，第 134 ~139 页。

模式在实际运行中有效地推进了英国政府公房私有化改革，并显著提升了中低收入群体的房屋自有率。

二、新加坡住房保障

（一）新加坡住房保障的发展历程

新加坡的住房保障颇具特色，是东南亚地区解决住房问题的成功典范。新加坡实行近半个世纪的“居者有其屋”计划，成功地解决了低收入人群住房问题。从20世纪60年代开始，新加坡开始进入“居者有其屋”计划时期，推行公共住房自有化，即提供给低收入人群的公共住房可由租住转为售卖。作为市场经济国家，新加坡公共住房的建设与分配主要由政府负责，并不依赖于市场，市场机制仅对住房价格产生调节作用。

由于公共住房出售状况良好，1970年新加坡建屋发展局①扩大了政府组屋的建造计划，加快“居者有其屋”计划的实施。这一时期新加坡绝大多数公民的住房问题得到了妥善解决。随后，政府将政策目标转变为完善公共住房政策保障体系，主要推出了特殊群体组屋计划、改善社区环境、加强市镇建设和公共住房更新等三方面的举措。

新加坡政府将住房作为主要的社会福利政策之一，实行普惠式的住房保障政策，确保房屋租金低廉，出售价格低于成本，帮助居民租房和鼓励其购房，实现“居者有其屋”计划。新加坡政府在住房保障方面的干预和介入具有创新特色，政府明确自身在住房问题中的定位与责任，所制定的住房政策符合其国情特点与阶段特征，并结合一系列金融、财政、法律等各种手段，建设了大规模的公共住房。

（二）新加坡住房保障的主要内容

1. 保障所有无购房能力的居民

新加坡的住房保障是面向所有无购房能力的居民。“居者有其屋”政策面向的就是所有没有能力在住房市场上购买私人住宅的居民，为该群体提供组屋，鼓励居民购买。到2010年，新加坡约为82.4%的人口居住在政府提供的组屋

---

① 新加坡建屋发展局（Housing & Development Board，HDB）主要负责对组屋的发展建造和具体实施。

中，其中，94.8%的人口拥有组屋的产权，只有5.2%是租赁住房。①

2. 以组屋为主的保障方式

新加坡的住房保障方式主要是以政府主导的组屋为主，组屋市场是政府住房政策的着力点。而中央公积金制度（CPF）为政府组屋的建设和个人住房的购买提供资金支持。中央公积金制度是政府立法强制个人储蓄，从1968年开始允许公积金用于住房领域。中央公积金规模的逐渐壮大，推动了“居者有其屋”计划的实现。表2-8列出了2010~2016年新加坡中央公积金计划成员数和基金规模，成员数与缴费收入都逐年上升，到2016年分别达到376万人与358.52亿新元。

表2-8　2010~2016年中央公积金计划成员数和基金规模

年份	成员数（百万人）	缴费收入（亿新元）	累计结余（亿新元）
2010	3.34	219.93	1858.88
2011	3.38	246.28	2075.46
2012	3.42	260.48	2301.58
2013	3.51	285.30	2529.69
2014	3.59	297.22	2753.64
2015	3.69	320.49	2995.22
2016	3.76	358.52	3288.95

资料来源：https://mycpf.cpf.gov.sg/Members/AboutUs/about-us-info/cpf-statistics/section-a-members-accounts.

3. 小户型、低房价的保障标准

针对低收入人群而言，当他们实在无法负担购买一套政府组屋时，政府会允许他们以较低的价格租住政府提供的组屋。例如，家庭月收入仅在800新元以下的，可以每月以26~33新元的价格租住一套33平方米的一房式组屋；或者以每月44~75新元的价格租住一套45平方米的两房式组屋。这种每月几十新元的价格设置，对于每个家庭而言都能负担得起。

在住房补贴方面，新加坡政府依据家庭实际经济情况来提供居民可享受的住房保障水平，采用分级提供的方式。每年新加坡政府都会拿出一定数量的新元作为公共住房补贴向居民直接发放，主要面向那些低收入租房户以及用于帮助中下层收入者购买公共住房。

4. 完善的组屋管理和便捷的服务网络

新加坡组屋的供应、管理以及金融服务等是由政府成立的建屋发展局负责，

---

① 李俊夫、李玮、李志刚、薛德升：《新加坡保障性住房政策研究及借鉴》，载于《国际城市规划》2012年第4期，第36~42页。

具有较大的管理权限，为组屋的管理提供全套服务。目前，新加坡建屋发展局共有22个分局和2个服务中心，分别分布在各个市镇，为居民提供快捷的购买和租赁组屋服务。

（三）新加坡住房保障的主要特点

1. 政府承担提供住房的主要责任

新加坡住房保障的最大特点是完全由政府主导①，从法律、金融、土地供应等方面着手住房保障体系建设。建立了完善的住房保障法律体系，包括公积金制度在内的金融支持体系，以及完善的土地供应保障措施。此外，政府还构建了清晰而合理的组屋分配体系，对申请人物质、家庭结构条件等做出明确规定。

2. 根据不同时期、不同群体制定住房保障政策

从新加坡住房保障政策的建设过程来看，政府针对不同时期、不同家庭制定了不同的保障政策。例如，在住房供应紧缺的年代，新加坡政府主要目标在于促进住房建设，增加住房供应，保障方式主要采取出租的形式；在住房供应有所缓解的年代，新加坡住房保障政策注重保障房质量和居住条件的提升，保障方式逐步向出售转变。并且，在任何时期里都以住房家庭的特征，如家庭收入、家庭人口等为基础，制定相应的保障性住房政策。

第四节　典型国家住房保障模式比较及经验启示

一、典型国家住房保障模式的比较

（一）住房保障方式比较

1. 住房保障方式的发展道路具有相似性

各国的住房保障方式随着社会住房问题的发展变化而不断完善，该完善过程有着共同的规律（见表2－9）。首先，各国政府直接投资建造的保障性住房

① 谢宝富，《新加坡组屋政策的成功之道与题外之意》，载于《中国行政管理》2015年第5期，第132～136页；魏宗财、陈婷婷、李郇、钱前，《新加坡公共住房政策可以移植到中国吗?》，载于《城市规划》第10期，第91～97页。

占同期所有新建住房的比重呈现先升后降的趋势；其次，随着社会经济的发展，公共住房建设规模扩大，住房问题得到缓解，公共住房所保障的人群范围和数量也在不断缩小；最后，住房的市场化程度得到不断提升，住房的公平与效率问题成为人们关注的焦点，政府补贴从“补砖头”向“补人头”转变。

表 2－9　各国住房保障方式发展的共同规律

	公共住房建造	住房建设补贴	住房租金补贴
实行时期	住房短缺	拥有一定住房存量，住房短缺问题得到缓解	住房供给充足
政策目标	解决住房短缺问题	增加低价、低租金住房	减轻租房者负担
主要特征	政府直接建造	政府干预小，对建设方提供一定补贴	保障制度公平，为住房需求者提供资助
实行效率	较低	中等	较高

2. 公共住房供应方式存在差异

在公共住房供应方式上，一方面，各国的社会住房有完全政府组织建设和政府与私有企业共同建设的差别，但两者都为低收入者直接提供了住房保障。在新加坡，由政府专门成立的建屋发展局（Housing & Development Board, HDB）来运作保障性住房，有利于一体化管理，即组屋建设、分配、管理、维修等一体化。而美国、英国、德国等国家为私有企业提供一定的利息或运营成本补贴或税收优惠等政策，形成政府与市场共同运作保障性租赁住房模式。该模式有利于减轻政府财政负担，使房源来源多样化。另一方面，各国的社会住房供应存在租赁与出售的差别。一些国家的社会住房一直采取租赁的形式，如美国、德国等。而部分国家允许社会住房可以出售给承租人，如英国、法国、新加坡。其中，英国是以共享产权的形式出售社会住房。政府允许公共住房出售的形式有利于低收入者实现“居有其屋”的目标。

3. 住房补贴提供方式存在差异

从以上各国住房补贴的提供形式来看，主要存在直接补贴与间接补贴之分。一部分国家的住房补贴是直接发放给符合保障条件的居民，例如德国、新加坡等国。目前，房租补贴成为德国对低收入居民住房保障的主要方式之一。实行房租补贴制度，是政府依据各家庭的人口、收入及房租支出情况给予适当补贴，确保每个家庭拥有足够的住房支付能力。截至 2011 年底，德国已有 90.3 万户家庭获得了住房补贴，约占德国家庭总数的 2.2%。[①] 另一部分国家的住房补贴

① 陈洪波、蔡喜洋：《全球房地产启示录之稳定的德国》，经济管理出版社 2015 年版，第 175～176 页。

不是直接补贴给符合保障条件的居民，而是间接补贴给房屋出租人，例如美国、英国等。

两种形式都有利于提高低收入者的住房支付能力，使低收入承租者根据自己的生活需要在租房市场上自由选择合适价位和位置的房屋，有助于避免低收入群体在某个地方过度聚集而形成贫民区。但是，前者有可能促使低收入者将住房补贴用于非住房消费；而后者在对被保障者监管不严的情况下，容易引发承租人与出租者之间的道德风险。

（二）住房保障范围比较

通常，按照两分法将住房保障范围界定为救济型与福利型，前者是解决最困难家庭的住房问题，如美国的公共住房；而后者是面向大多数人群的住房福利，如新加坡的组屋。将住房保障定位于救济还是福利、规模多大，直接影响了政府财政的投入，对社会资源和财富再分配影响巨大。

1. 救济型住房保障范围

美国、英国是救济型住房保障的典型代表，具有这种模式特点的国家还有澳大利亚、加拿大、新西兰等国家或地区。这些国家将住房保障的重点都集中于低收入人群，实施救济型的住房保障制度。美国政府将其职责定位于照顾难以在自有房屋市场中满足住房需求的人群，其制定的相关政策与资源主要集中于低收入人群，实施有针对性的住房保障政策，对高收入人群的住房需求则利用市场解决。与美国相似，英国也提倡充分的自由竞争，政府尽量不对市场进行干预，在住房市场上由市场供给和分配住房，其居民的居住水平仍居世界前列。①

2. 福利型住房保障范围

德国、法国、新加坡等国家是福利型住房保障模式的典型代表，住房保障范围较为广泛，包括中低收入人群以及某些特殊群体等，实施福利型的住房保障制度。德国奉行社会市场经济制度，即主张经济活动在根据市场经济规律运行的同时要以社会因素为补充，注重社会保障，认同国家干预，住房保障政策更多地体现为社会福利性，提倡为所有家庭都提供一个较为均等的居住机会。新加坡实行独树一帜的住房制度，政府将住房作为主要的社会福利政策之一，实行普惠式的住房保障政策，确保房屋租金低廉，出售价格低于成本，帮助居

---

① 姚玲珍：《中国公共住房政策模式研究》，上海财经大学出版社 2009 年版，第 193 ~ 194 页。

民租房和鼓励其购房，实现“居者有其屋”计划。

比较两种模式可以发现，选择救济型住房保障的国家更偏向于由市场进行资源配置，政府只发挥辅助作用。而福利型住房保障既充分发挥市场作为社会福利供应者的功能，又强调政府在建立社会福利体系中的作用，认为住房政策是政府调控市场和促进社会福利的一个重要手段。

（三）住房保障标准比较

1. 保障标准的制定依据具有相似性

从以上各个国家的住房保障标准来看，不同国家制定保障的标准依据虽然存在差异，但基本上是基于申请人的收入、申请人所在地的租金水平、申请人家庭结构等要素综合制定保障标准。

2. 住房保障标准动态调整

各国制定的住房保障标准并非一成不变，而是根据本国的经济社会发展状况、住房保障水平、住房存量以及被保障对象的实际需求动态调整，例如，德国、新加坡等国的住房保障面积不断增加，住房补贴水平也不断提升。

二、典型国家住房保障模式的经验启示

从典型国家住房保障体系的发展经验来看，建设完善的住房保障体系需要经历长期而复杂的过程，在这一过程中形成的许多先进经验值得我国借鉴学习。与此同时，我国政府又要从实际出发，建立一套符合我国国情的住房保障体系，实现全民“住有所居”，创建“体面、舒适”的居住环境。

（一）分阶段完善住房保障体系

住房保障体系的建设涉及面广、难度大、周期长，需要分层次逐步建立。美国住房保障的发展，主要经历了公共住房建设时期、补贴住房建设时期以及房租补贴时期三个阶段，补贴对象也由住房供应方转为需求方，逐步实现对城市低收入者、部分中等偏下收入者和部分少数民族群体提供不同程度的保障。又如，新加坡政府实施的“居者有其屋”计划，也是一个循序渐进的过程，首先是着重解决低收入家庭的住房问题。然后进一步解决中等收入家庭的住房问题。

（二）合理设置和适时变化保障标准

由于保障对象的住房支付能力具有差异，具体的住房需求也不尽相同，因而住房保障的水平必须注重层次性，灵活地适应不同保障对象的相应住房需求。同时，住房保障体系的标准应该随着一国或地区经济发展水平的提升、住房价格的变动、居民收入和居住条件的变化而适时调整。

（三）鼓励社会力量参与住房保障建设

充分发挥各类私营企业开发商以及非营利性组织的作用，有利于拓宽保障性住房的来源，从而提高供给效率。从美国、德国等发达国家住房保障制度的发展历程中可以看出，除了政府直接投资建设住房和对住房建设进行补贴外，各类私营企业开发商以及非营利性组织也对住房保障做出了贡献。政府为房地产开发企业提供财政补贴，要求建成的住房必须以政府控制或指导的价格出租给中低收入家庭。这样有利于减轻政府的财政压力，提高公共部门的工作效率，增加保障房源。

（四）创新住房金融产品与服务

不论是市场机制还是政府行为安排，住房供应都因其投资量大而离不开金融体系的支持。典型国家在住房保障体系建设中都不同程度地开展了金融产品或制度创新，分别对保障性住房提供主体或被保障群体提供不同类型性质的金融支持，例如，美国的住房抵押贷款、新加坡的中央公积金、德国的住房储蓄贷款等。住房金融发展不仅为国家建立住房保障制度带来资金来源，也为居民改善居住环境、提高居住质量提供支持。

（五）加强住房保障法治化管理

住房保障工作的有序开展，离不开法治建设。从典型国家的经验中可以看到，政府通过出台一系列法律法规，对住房保障的供应对象、保障标准、资金来源以及管理机构等方面做出严格规定，利用法律的颁布实施，确保住房保障的公平性，使住房保障得以顺利开展，例如，美国的《住房法》、德国的《租房法》以及新加坡的《新加坡建屋与发展法令》等。

第三章

住房保障的中国实践

中国幅员辽阔，各城市在土地资源、经济发展和人口特征等方面均存在较大差异，因此，住房保障的实践也各有特点，本章根据城市经济及房地产市场发展状况，分别讨论中国一、二、三线城市（见图3－1）的住房保障实践及其特点。

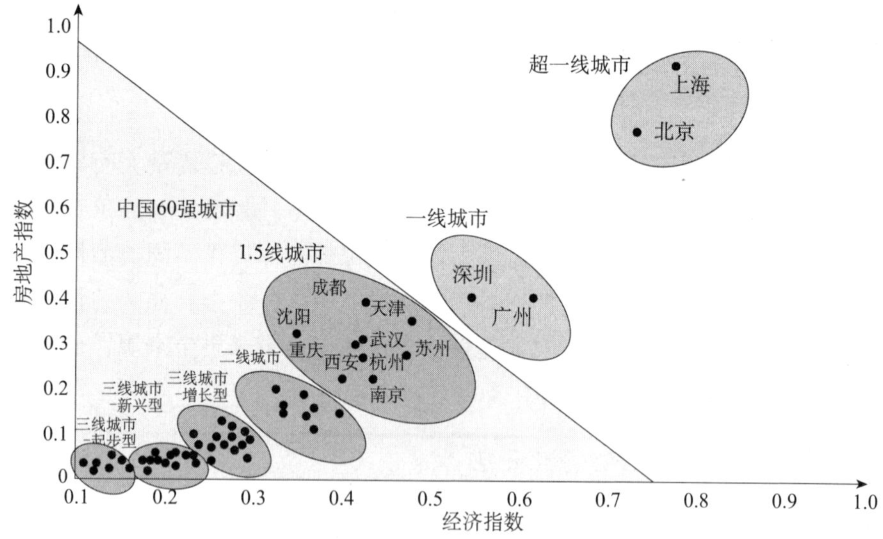

图3－1　2015年中国城市发展曲线图

资料来源：仲量联行，《中国城市60强》，2015年4月。

在中国众多城市中，考虑保障基础及保障模式差异之后，我们选择代表性的七个城市进行城市住房保障实践的调研和分析，在充分了解各城市在经济及住房市场发展状况的基础上，比较各典型城市保障范围、保障模式和保障标准。七个典型城市在经济及住房市场的发展状况如表3－1所示。

表 3-1　　2016 年各城市住房保障基础比较

城市	常住人口（万人）	经济发展		住房市场发展		
		人均可支配收入（元）	人均财政收入（元）	人均住房面积（平方米）	商品住宅销售面积（平方米）	商品住宅销售均价（元/平方米）
上海	2419.70	54305	26474	36.10	2019.80	38283
北京	2172.90	52530	23385	31.70	1675.10	33412
重庆	834.82	29610	7224	35.60	2122.09	6994
西安	883.21	30032	12859	32.10	1854.19	7131
常州	470.80	38435	10202	45.80	1064.80	7509
淮安	485.21	22762	9957	43.80	1022.10	5817
黄石	246.27	22984	5768	33.26	102.40	5260

注：重庆作为直辖市其面积很大，这里以重庆主城九区的数据进行比较。
资料来源：CRIC、易居研究院、全国及各省统计年鉴、2015 年统计公报。

第一节　一线城市住房保障：供需矛盾下的艰难选择

一、上海住房保障

（一）保障范围

根据《上海市人民政府关于调整和完善本市廉租住房政策标准的通知》《上海市共有产权保障住房（经济适用住房）准入标准和供应标准》《市筹公共租赁住房准入资格申请审核实施办法》，截至 2016 年上海各类住房保障的保障范围如表 3-2 所示。

表 3-2　　2016 年上海各类住房保障的保障范围*

保障方式	保障对象	户籍要求	住房困难标准（平方米）	收入标准**（元）	财产标准***（元）
廉租住房	低收入家庭	有	7	30000	90000
共有产权住房	中低收入家庭	有	15	72000	180000
公共租赁住房	稳定就业且住房困难的常住人口	无	15	无	无
征收安置住房	住房被征收家庭	有	无	无	无

注：* 以 3 人及以上家庭数据为例；** 指家庭人均年可支配收入；*** 指家庭人均财产。

可见，上海住房保障的范围包括户籍人口和稳定就业的常住人口。住房保障标准中住房困难标准相对稳定且较为严格，以共有产权住房保障范围为例，3

人家庭人均15平方米以下，相当于2016年上海的人均住房面积[①]的42%；3人家庭人均收入7.2万元，相当于2016年上海城市居民家庭人均可支配收入的1.3倍，相对宽松。

（二）保障方式

在近20年的住房保障实践中，上海形成了“四位一体”的住房保障模式。“四位一体”即指廉租住房、共有产权住房、公共租赁住房和征收安置住房，并且注重“旧住房综合改造”项目的实施。

1. 廉租住房

上海自2000年开展廉租房试点，是四种保障方式中历史最久、最成熟的方式。准入标准从低保家庭扩大到低收入住房困难家庭，其受益人数（即累计配租家庭户数）从2006年底的2.2万户增加到2016年底的11.5万户[②]。

上海廉租房分实物配租和租金补贴两种方式。从初期的以租金补贴为主，逐步增加实物配租的数量，2016年底实物配租户数占廉租房保障总户数的比例为29%。2013年起实物配租的房源与公租房一起，实行统筹建设、并轨运行。租金补贴标准和实物分配的租金均根据家庭收入分为三档。

2. 共有产权住房

2009年起上海开始共有产权住房（经济适用房）的试点和推广，在之后的几年间共有产权房保障规模迅速扩大，到2016年末，累计签约住房套数约8.9万户。

上海的经适房采用“共有产权”运作机制，政府和购房人的产权比例在签约时明确，根据住房的地价不同，政府约占30%～50%的产权，采用“半封闭”的转让模式，5年后可上市转让，但政府有优先购买权。上海共有产权房的房源主要采取集中建设方式，采用“政府主导、市场运作”机制。

3. 公共租赁住房

与全国其他城市一样，上海自2009年全面推进公共租赁住房。截至2014年底，全市累计筹措公租房共计14.28万套，其中市区级公共租赁住房约5.28万套，单位租赁住房[③]约9万套。

---

① 2016年上海市的城镇居民人均住房建筑面积36.1平方米；年城市居民家庭人均可支配收入54305元。

② 该部分上海住房保障的数据除特殊标明外，均来自对上海市住房和城乡建设管理委员会的调研。

③ 单位公租房包括三大类：产业园区单位租赁房、企事业单位本单位宿舍和集体土地上的单位租赁房。

上海公租房“只租不售”，租期一般不超过六年，着重解决阶段性住房困难。在房源筹措方面进行创新，采用在新建商品房中配建、国有企业存量土地“退二进三”、农村集体建设用地建设租赁住房和工业园区建设公租房等方式。这类公租房采用“政府支持、企业运作”的管理模式。

4. 征收安置住房

征收安置住房针对城市被征收土地上的家庭，因为目前上海房屋征收以二级以下旧里的旧区改造为主，被征收家庭居住条件差，因此具有部分住房保障性质。自 2002 年上海大量实施征收安置住房建设以来，征收安置房成为住房市场中小户型公寓供应的一个重要组成部分。“十二五”末，上海新增供应约 100 万套保障性住房，其中征收安置住房 35 万套。[①] 上海征收安置房采用集中建设方式，与共有产权房类似，但购房者拥有全部产权，三年后可上市交易。目前上海郊区已有多个动迁安置及共有产权房基地。

（三）保障标准

1. 配租型保障性住房的保障标准

上海廉租房的保障标准设计较为复杂，实物配租与租金补贴标准并未统一。

租金补贴的保障标准为：（1）保障面积按照人均居住面积 10 平方米（换算成建筑面积约 14 平方米）计算。（2）补贴标准，3 人及以上、人均年可支配收入低于 14400 元（含 14400 元）、20400 元（含 20400 元）和 25200 元（含 25200 元）的家庭，分别按照基本租金补贴标准[②]的 100%、70%、40% 实施补贴。

实物配租的保障标准为：（1）申请家庭的最小选房面积原则上不少于居住面积 10 平方米；最大选房面积原则上不得超过配租面积的 1.5 倍；（2）租金标准参照住房所在地市场租金的一定比例确定；（3）租金补贴为廉租房源租金标准扣除申请家庭自付租金[③]以外的差额部分。

上海公租房的租金标准同样参照住房所在地市场租金确定，一般为市场租

① 颜莉：《英国住房政策阶段性演进评析：对上海住房发展的启示》，载于《国际城市规划》2016 年第 6 期，第 75～80 页。

② 2015 年基本租金补贴标准为每月每平方米居住面积：市 9 区为 86 元，近郊 3 区为 68 元，远郊 5 区（县）为 46 元。基本租金补贴标准与该区平均租金水平基本相当。

③ 选择的廉租房源面积未超过配租面积 1.5 倍的，按照基本租金补贴标准实施补贴 100%、70%、40% 的家庭，分别以家庭月可支配收入的 5%、6% 和 7% 承担自付租金；选择的廉租房源面积超过配租面积 1.5 倍的，超过的面积由申请家庭按照廉租房源租金标准的 30% 承担自付租金。

金的90%。公租房（不含廉租房）被保障人不享受租赁补贴。

2. 配售型保障性住房的保障标准

上海配售型保障性住房实施共有产权模式，其保障主要体现在：(1) 政府暂时放弃土地出让金（出售时征收），使低收入家庭可以以房屋建造价格购买住房。房屋权属中属于政府所有的部分，一般为30%～50%。根据房屋的不同位置决定的土地价格占房屋总价格的比例而定。(2) 放弃保障房出售前政府产权部分的租金收入。

二、北京住房保障

（一）保障范围

根据《北京市住房和城乡建设委员会关于进一步完善我市保障性住房申请、审核、分配政策有关问题的通知》《北京市公共租赁住房申请、审核及配租管理办法》《北京市人民政府关于印发北京市廉租住房管理办法的通知》，截至2016年北京各类住房保障的保障范围如表3－3所示。

表3－3　　2016年北京市各类住房保障的保障范围*

保障方式	保障对象	户籍/居住要求	住房困难标准**（平方米）	收入标准***（元）	财产标准****（万元）
廉租住房	低收入家庭	有户籍	7.5	20800	30
经济适用住房	中低收入家庭	有户籍	10	45300	36
限价房	中低收入住房困难家庭	有户籍	15	88000	57
公共租赁住房	稳定就业且住房困难的常住人口	连续5年社保	15	100000	无
自住型商品房	有自住需求家庭	连续5年社保	无	无	无

注：*北京部分住房保障准入标准由各区设定，城区略高、郊区略低，此表按主城区标准列示，并以3人及以上家庭数据为例；** 指人均住房面积；*** 指家庭年可支配收入；**** 指家庭总资产净值。

可见，北京住房保障的范围包括户籍人口和长期稳定就业的常住人口。住房保障标准中住房困难标准相对稳定且较为严格，3人家庭人均住房面积15平方米以下，相当于2016年北京人均住房面积①的47%；除自住型商品房外，收入标准严格，公租房3人家庭年收入低于10万元（即人均收入3.3万元），相

① 2016年北京市城镇居民人均住房建筑面积31.7平方米，年城市居民家庭人均可支配收入52530元。

当于2016年北京城市居民家庭人均可支配收入的0.63倍。

（二）保障方式

1. 北京市住房保障方式的演变

北京市从1995年开始建设经济适用住房，1999年开始推进廉租房。2008年以前，经济适用住房和廉租房都是北京住房保障的基本方式，并以经适房为主。2003～2007年的五年间，北京经适房的年平均竣工量为281.2万平方米，占其同期住房建设总量的11.05%①。

2008年后，北京住房保障方式开始逐渐增加了限价商品房、公共租赁住房、定向安置房等形式，形成了出售型保障房（经济适用住房、限价商品房和定向安置房）和出租型保障房（廉租房和公租房）并重、多元化的住房保障体系（见表3－4）。

表3－4　**2008～2015年北京保障性安居工程建设情况**　单位：万平方米

项目	2008年	2009年	2010年	2011年	2012年	2013年	2014年	2015年
经济适用住房	101.1	98.2	144.6	113.7	241.0	115.3	116.4	23.8
限价商品房		82.8	219.3	155.7	197.7	196.2	217.7	164.6
公租（廉租）房		8.3	28.0	83.4	37.8	78.0	55.7	35.8
定向安置房			166.6	161.0	276.1	689.7	811.9	657.6
合计	101.1	189.3	558.5	513.8	752.6	1079.2	1201.6	881.8

资料来源：北京统计年鉴。

2013年开始，北京实施自住商品房这一新的保障模式，其显著特点是面向户籍以外的常住人口（五年以上稳定工作），并且不限收入。政策设计之初，规定自住商品房与经济适用住房、限价商品房相同，五年后可上市交易，只是交易时向政府交纳的收益比例不同②。

北京市住房保障方式具有保障方式划分过细、各保障方式之间定位不清、保障政策过于烦琐和复杂的特点。针对这一问题，北京近期探索住房保障方式的改革。

2. 北京市住房保障体系改革

（1）简化保障方式：2014年7月，北京市人大常委会发布《北京市城镇基本住房保障条例（草案）》，规定政府提供配租型保障性住房、配售型保障性住

---

① 2003～2007年北京商品住房竣工年均竣工量为2262.6万平方米。

② 根据《关于加快中低价位自住型改善型商品住房建设的意见》的规定，购买“自住型商品房”5年内不得租售，5年后上市收益的30%需上交财政。

房和租赁补贴，即“一租一售一补”三种保障方式。保障性住房由原来的经济适用住房、限价商品住房和自住商品房三种配售型保障房以及廉租房、公租房两种配租型保障房，合并统一为“一租”“一售”两类保障房。

（2）配售型保障房实行封闭管理：房屋只能用于自住，不得上市出售，不得出租、出借、赠与、擅自调换或改变房屋用途；确需转让的，政府予以回购或再配售。只能自住，加上封闭运行，使配售型保障房失去投资功能。只有有自住需求的住房困难家庭才会申请此类保障房，因此无须收入的限制。

（三）保障标准

1. 配租型保障性住房的保障标准

根据《北京市人民政府关于加强本市公共租赁住房建设和管理的通知》的规定，公共租赁住房租金实行“市场定价、分档补贴、租补分离”的原则。公共租赁住房租金考虑项目建设、运营和管理成本，按照略低于同地段、同类型住房的市场租金水平确定。其保障主要体现在租金补贴上。租金补贴建筑面积上限为每户 60 平方米。

2012 年开始，北京按照收入水平的不同，将公租房租金补贴划分为五档，补贴额度分别是租金的 95%、90%、50%、25%、10%。2015 年末发布《关于完善公共租赁住房租金补贴政策的通知》，调整并提高了公租房补贴水平。城市最低生活保障家庭及分散供养的特困人员、城市低收入家庭以及人均月收入分别为 1200 元、1600 元、2000 元、2400 元的家庭，其公租房补贴标准分别为 95%、90%、70%、50%、25%、10%。

2. 配售型保障性住房的保障标准

经济适用住房：用地一般采取行政划拨的方式，免收土地出让金，对各种经批准的收费实行减半征收，出售价格按照政府指导价，遵循保本微利的原则。根据北京住房建设成本，2006 年左右经适房价格在 3000～4000 元/平方米，2015 年郊区经适房价格在 8500 元/平方米左右。

限价商品住房：在限制套型比例、限定销售价格基础上，竞争地价。可见，限价房房价中有部分土地出让金。从北京限价房所限的房价看，大约为土地出让时同地区商品房房价的 70%～80%，如果建设期房价上涨，限价商品住房销售时的房价将相对于商品住房更低。

自住型商品房：遵循“比周边商品住房低 30%左右”的定价机制。保障家庭退出或者取得其他住房的，应由政府组织回购。回购价格根据保障家庭原支付金额，并考虑折旧和物价水平等因素确定。

第二节　二线城市住房保障：近似基础下的殊途同归

一、重庆住房保障

重庆市通过廉租房、经济适用房、棚户区改造房和城中村改造安置房来解决困难家庭住房问题。截至 2010 年底，已经解决 83.15 万户家庭住房问题。在“十三五”期间，重庆市计划完成城市棚户区改造 1251 万平方米，共 14.47 万户。

（一）保障范围

根据 2010 年 7 月开始实施的《重庆市公共租赁住房管理暂行办法》，重庆公租房的保障范围包含住房困难程度和收入限制两方面条件，“无住房或家庭人均住房建筑面积低于 13 平方米的住房困难家庭”；“申请公共租赁住房的收入限制：单身人士月收入不高于 2000 元；家庭月收入不高于 3000 元。政府将根据经济发展水平、人均可支配收入、物价指数等因素的变化定期调整，并向社会公布。”但自 2011 年 6 月开始，重庆取消了公租房申请的收入限制条件。公租房申请者的唯一条件便是住房困难，即无住房或家庭人均住房建筑面积低于 13 平方米。

重庆住房保障的范围虽然很宽松，但基于住房困难标准和公租房的建设标准，高收入家庭不会长期在其中租住。从本书作者团队的调研看，重庆公租房项目中的居住人群均是低收入住房困难家庭。根据重庆公租房管理局 2016 年的统计，重庆公租房的承租人群由以下三部分构成：低收入的重庆户籍家庭、新就业的大中专学生和进城务工人员，其所占比例如图 3－2 所示。其中进城务工人员的入住比例从初期的 30% 增加到 51%。

（二）保障方式

2010 年以前，重庆住房保障主要包含廉租房和经济适用住房两类。而 2010 年后重庆提出以公租房统筹住房保障，一方面，不再单独建设廉租房，符合廉租房保障条件的家庭可申请公租房，租金按廉租房标准支付；另一方面，公租房租满五年的家庭，可按优惠价格购买，转换成有限产权的经济适用房。

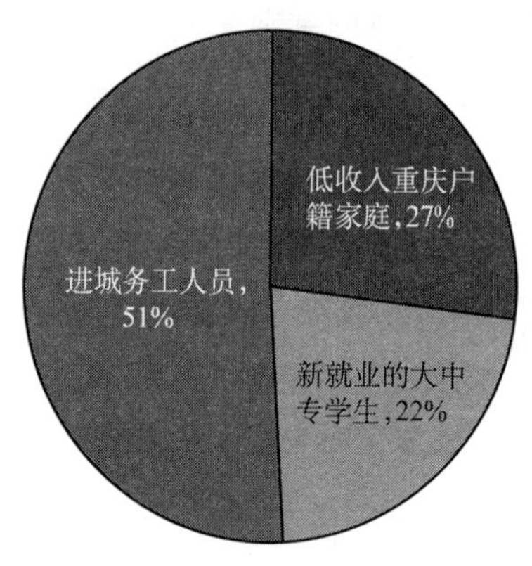

图 3-2　2016 年重庆公租房承租人群类型分布

重庆公租房房源筹集的显著特点是政府高度介入，组建三家国有大型地产集团集中建设，即重庆市地产集团、重庆市城市建设投资（集团）有限公司和重庆两江新区开发投资集团有限公司，希望以此加快公租房建设的步伐。截至 2015 年，三大集团分配的建设任务分别为 1340 万平方米、1390 万平方米和 800 多万平方米，即“十二五”期间开工约 3500 多万平方米；计划到 2020 年完成 4475 万平方米的公租房建设。

这种以公租房统领其他保障方式，并允许长期承租者购买所承租租房部分产权的模式在国际上并不罕见，有其合理性。

（三）保障标准

重庆公租房的租金标准由重庆市公租房管理局会同物价部门确定，基本为项目所在区域同档次住房租金的 60%。根据项目所在区域不同，目前租金为 8~14 元/平方米不等，如“康庄美地”项目的租金为 10 元/平方米。

计划租金两年调整一次，但从 2010 年底首批交房入住以来还未进行过调整。截至 2015 年 6 月，重庆公租房在租套数为 14.7 万套，仅 600 多户出现租金不能按时交纳的问题。

二、西安住房保障

2016 年末西安市常住人口 883.21 万人，其中户籍总人口为 824.93 万人。2016 年全年城镇居民人均可支配收入 30032 元，人均住房建筑面积 32.1 平方米。2016 年西安商品住房销售面积 1854.19 万平方米，商品住宅销售均价为

7131 元/平方米。①

（一）保障范围

根据《陕西省保障性住房管理办法（试行）》和《西安市租赁型保障房建设管理实施办法（试行）》的规定，租赁型保障房和限价商品房的收入标准为城镇居民上年度人均可支配收入，单身人员和两人家庭收入标准分别按照上述标准的 1.2 倍和 1.1 倍执行。2016 年，西安市城镇居民年人均可支配收入由 2015 年的 33175.05 元增加到 35630 元，租赁型保障房和限价商品房的收入标准也相应调整为 3000 元/人·月。截至 2016 年 12 月西安各类住房保障的保障范围如表 3－5 所示。

表 3－5　2016 年西安各类住房保障的保障范围*

保障方式	保障对象	户籍/居住要求	住房困难标准**（平方米）	收入标准***（元）	财产标准****
廉租住房	低收入家庭	有户籍	15	765	无
经济适用住房	中低收入家庭	有户籍	17	1530	无
限价商品房	稳定就业且住房困难的常住人口	2 年以上社保	17	3000	无
公共租赁住房	稳定就业且住房困难的常住人口	2 年以上社保	17	3220	无

注：* 以 3 人及以上家庭数据为例；** 指人均住房建筑面积；*** 指个人月可支配收入；**** 指家庭总资产净值。

西安保障范围的一个显著特点在于：限价商品房覆盖了常住人口，不设户籍限制。

（二）保障方式

与北京类似，西安住房保障方式在 2009 年以前以廉租房和经适房为主。廉租房实行集中建设和租金补贴两种方式，两种方式的数量分别为 1.83 万套和 1.69 万户。经适房采用集中新建方式，建设规模较大，“十一五”期间西安经适房新开工面积达 1651.7 万平方米。

2010 年后西安住房保障方式逐渐增加，形成了廉租房、经适房、公租房、限价房和棚改房（城中村改造）为主的“五位一体”住房保障体系。截至 2015 年底其建设规模如表 3－6 所示。

① 数据来源：《中国统计年鉴 2016》，根据西安商品住宅销售额与销售面积计算。

表 3－6　　2009～2015 年西安保障性安居工程建设情况

项目	2010 年	2011 年	2012 年	2013 年	2014 年	2015 年
廉租房						
开工套数	5200	9792	7602	10501	8208	0
租金补贴（户数）	2100	4795	4795	3089	3000	2400
公租房						
开工套数	770	39112	31691	13492	10861	28600
收储房源套数				2149	3213	
经适房						
开工套数	25912	32214	17194	7585	3174	2400
限价房						
开工套数		15784	16627	12655	18023	8800
保障性住房开工套数	31882	96902	73114	44233	40266	135000

资料来源：西安住房保障信息网，http：//www. xafgj. gov. cn/zwgk/ZwgkDetail. aspx？firsttypeid = 9&id = 950&lm = lm9&con = 9&tick = &con2 = ，2016 年 5 月。

西安住房保障方式的特点，在于在公租房筹集中较早推行“收储社会房源”的方式。2012 年开始这一尝试，并发布《西安市收储社会房源作为公租房指导意见》。西安公租房的“收储社会房源”方式实际包含两种做法：一是先收房整修后出租，房东与政府签订租房协议，政府整修后出租该公租房给被保障人；二是已成立的租赁关系，承租人符合公租房准入标准，向保障对象发放租金补贴。实施第一年（2012 年）筹集公租房 1 万余套，其中采用前一种方式的数量为 2149 套（见表 3－6），可见后一种租金补贴方式是西安“收储社会房源”的主体。截至 2014 年底，西安累计收储社会房源 1.54 万套，占同期西安公租房筹措总量的 15.6%。

（三）保障标准

1. 租赁型保障房保障标准

实物配租保障房根据收入情况实行差别化租金，人均月收入低于上年度城镇人均可支配收入 40%（1200 元）的城镇家庭按照廉租住房租金标准计租；人均月收入低于上年度城镇人均可支配收入 80%（2400 元）的家庭按照市场租金的 72% 计租；人均月收入低于上年度城镇人均可支配收入（3000 元）的家庭按照市场租金的 90% 计租。

调研可知，西安廉租房与公租房都有一部分实行租金补贴，但其补贴标准设计相对简单。廉租房的补贴标准为 5.5 元/平方米建筑面积[①]；收储社会房源

① 西安市房管局、西安市财政局，《关于提高我市廉租住房租金补贴标准的通知》。

作为公租房中实施的补贴标准目前为5元/平方米建筑面积。

2. 出售型保障性住房的保障标准

2015年西安在售的经适房均价约为3400~4200元/平方米；限价商品房均价约为4200~4800元/平方米，一般位于二环至三环之间。相比西安商品住房销售均价，经适房约为其的60%~65%，限价商品房约为其的70%~75%。

第三节　三线及以下城市住房保障：因时因地的不同选择

一、常州住房保障

（一）保障范围

常州于2007年出台并实施《常州市市区住房保障五年规划（2007~2011年）》，按照“人为标的全覆盖，分层保障全落实”的指导思想，将市区人均可支配收入80%以下、人均住房建筑面积低于18平方米的低收入住房困难家庭全部纳入住房保障范围，形成了对低收入住房困难家庭全覆盖。

根据《关于加快实现市区住房保障应保尽保的实施意见》，提出“在目前廉租住房和经济适用住房保障应保尽保的基础上，提前全面实现公共租赁住房保障应保尽保，实现市区中等以下收入家庭住房保障全覆盖。”

2016年常州各类住房保障的准入标准如表3-7所示，可以看出常州住房保障范围有以下特点：所有保障方式均无户籍要求；住房困难标准相对宽松；无财产标准要求。

表3-7　2016年常州各类住房保障的保障范围*

保障方式	保障对象	户籍/居住要求	住房困难标准**	收入标准***（元/人）	财产标准****
低收入家庭公共租赁住房（原廉租住房）	低收入家庭	实际居住3年以上的常住人口	18平方米	1645	无
中低收入家庭公共租赁住房	中低收入家庭	同上	无房，且5年内无房产转让行为	3290	无
经济适用住房	中低收入家庭	同上	18平方米	3290	无

注：*以3人及以上家庭数据为例；**指人均住房建筑面积；***指个人月可支配收入；****指家庭总资产净值。

据政府官方发言表示：“到2012年年底，我市提前三年实现了中低收入住房困难家庭应保尽保。”①

（二）保障方式

常州的保障方式由公共租赁住房和经济适用住房两部分构成。

公共租赁住房分为两类：低收入家庭公共租赁住房（原廉租住房）、中低收入家庭公共租赁住房。其区别主要在于准入制度中的收入标准及与之对应的保障标准。两类公租房均包含实物分配和货币补贴两种手段。

经济适用住房是常州目前唯一的产权型保障房，并采用货币补贴方式。2009年，常州全面实施经济适用住房货币化补贴政策，由“补砖头”转向“补人头”，申请家庭可按照自身的不同需求在全市所有楼盘中自由选购一套普通商品住房，政府提供一次性补贴。经适房在上市交易时需全额退还补贴款。

对于公租房的房源筹集，形成了“集中新建、分散配建、定向代建、批量收购、零星收购、园区自建”六管齐下筹集保障房的模式。其显著特点是较早实施“收储社会房源”制度，2012年以来，常州通过批量和零星收储社会房源筹集公租房，并颁布《常州市市区保障性住房社会化收储管理暂行办法》，对社会房源的收储采取激励措施，包括：（1）可享受每年1000元的整修补贴，但将在租赁期满后支付；（2）对收储房屋购买财产保险；（3）租期内房屋空置也能获得租金；（4）免征涉房综合税费。

到2015年，常州市已有超过11万户城镇居民的居住条件得到明显改善，超过11万新就业、外来务工人员的住房得到保障，棚户区住房改造累计超过6.5万套（户），完成投资超过300亿元。

（三）保障标准

1. 租赁型保障房保障标准

常州公租房租金补贴标准随市场租金上涨而增加，每年发布一次。2016年补贴标准分为三档：持有效低保证或特困证的家庭每人每月每平方米补贴16元；其他低收入家庭（满足廉租房条件）每人每月每平方米补贴14元；中等偏下收入家庭（满足公租房条件）每人每月每平方米补贴14元。单人家庭按1.5倍的标准补贴，二人家庭按1.2倍的标准补贴；保障家庭成员每人每月补足20平方米。

---

① 常州市住房保障体系建设成果汇编专题，http://www.changzhou.gov.cn/ns_news/380139945344564，2015年11月24日。

常州市实物配租的公租房租金缴纳标准相对较低。2016 年其他低收入家庭按每月每平方米使用面积1 元收取租金；中等偏下收入家庭（满足公租房条件）按每月每平方米使用面积3.5 元收取租金。

2. 出售型保障性住房的保障标准

常州的经济适用房已全面采用货币补贴方式。2009 年实施之初一次性补贴金额为每户 8 万元；2016 年每户享受购房货币化补贴 10 万元。

二、淮安住房保障

（一）保障范围

淮安市逐年扩大市区住房保障范围，于2014 年9 月开始，将公租房实物配租扩大到中等偏下收入新就业、外来务工无房人员和家庭；将共有产权房保障对象也扩大到新就业人员和进城务工人员，逐步实施保障对象全覆盖。

从 2009 年开始，淮安对城市低收入线标准、中等偏下收入线标准分别按不低于上年度城市人均可支配收入的 50% 和 80% 进行动态调整，每年定期调整一次。2014 年 9 月颁布的《淮安市全国共有产权住房试点工作实施方案》，将中等偏下收入线标准确定为上年度城市人均可支配收入的 100% 。

2016 年淮安市各类住房保障的保障范围如表 3 -8 所示。

表 3 -8　　2016 年淮安各类住房保障的保障范围

保障方式	保障对象	户籍/居住要求	住房困难标准*（平方米）	收入标准**（元/人）	财产标准***（万元）
低收入家庭公共租赁住房（原廉租住房）	低收入家庭	市区****户口两年，5 年内无房产转让	16	1171	21
中低收入家庭公共租赁住房	中低收入家庭	市区户口两年；本市户籍人口在市区连续缴纳社保 2 年	10	2342	35
共有产权住房	中低收入家庭、新就业人员、进城务工人员	市区户口两年；毕业不超过 8 年	16	2342	35 万

注：*指人均住房建筑面积；**指个人月可支配收入；***指家庭金融资产净值；****指清河区、青浦区、开发区、工业园区、生态新城（不含淮阴区和淮安区）。

（二）保障方式

淮安的保障方式由公共租赁住房和共有产权经济适用住房两部分构成。

公共租赁住房包含原有廉租房，但廉租房与中等偏下家庭公租房在准入标准和补贴标准方面有显著区别。廉租房实施实物分配和租赁补贴两种具体保障方式；而中等偏下家庭公租房目前还仅限于实物分配。实物分配公租房按照租金收取和补贴发放相分离的方式运行。

共有产权型经济适用住房在淮安的起步较早（2007 年），淮安也是全国共有产权住房的试点城市。共有产权房采用实物配售和货币补贴两种方式，均可在个人出资不低于 60%、政府出资不高于 40% 的条件下，由个人自行选择出资份额。可见，其货币补贴的金额因房而异，房价越高补贴越多，但只限于购买政府目录内的普通商品住房。此外，推行先租后售政策，实物配租的公租房在居住满两年后可申请以共有产权方式购买。

在房源筹集方面主要有政府集中建设、分散配建、社会收购等多种形式。集中建设项目采取“限房价、竞地价”带图挂牌的方式出让土地，土地出让金返还至保障性住房资金专户，专项回购。

从 2008 年到 2014 年 6 月，淮安全市筹集保障性住房 35980 套①，累计发放补贴 6456 户（6210 万元），其中：筹集廉租住房 3686 套，已分配 2302 套，占总筹集量的 62.45%；公共租赁住房 16362 间（套），已分配 13814 间（套），占总筹集量的 84.43%；共有产权住房 14308 套，已分配 8855 套，占总量的 61.89%。

从 2007 年到 2014 年 6 月底，市区共向 1122 户中低收入家庭供应了共有产权房。购房满五年的 134 户中有 84% 的家庭增购了政府产权；另外，还有 97 户未满五年增购了政府产权。

（三）保障标准

1. 公租房保障标准

租金标准按照低于同地段、同品质、同类型住房市场租金水平 5% ~10% 确定。每年根据市场租金进行调整。

补贴标准根据不同保障群体类型及困难程度，分档分级给予不同补贴：（1）城市低保无房家庭按照租金总额的 90% 给予补贴；（2）低收入家庭按 70% 补贴；（3）中等偏下收入家庭按 30% 补贴。

---

① 不含棚改安置住房，淮安市同期建设安置住房 108298 套，已分配 106674 套，占总量的 98.50%。

2. 共有产权住房保障标准

采用公租房先租后售方式配售的共有产权房，其配售价格一般低于同区段、同期商品住房市场销售价格的5%～10%，按照个人最少购买60%产权的规定，因此，个人最低购买价为商品房价的54%，提高了购房者的支付能力。对于中等偏下收入家庭而言，共有产权住房个人支付部分的房价收入比为2.02～4.41倍①。

采用货币补贴的共有产权住房，同样按照常州2014年的商品住房销售均价、共有产权房面积标准70平方米以及政府的最高出资比例40%计算，政府单户补贴总额为12.6万元。

三、黄石住房保障

（一）保障范围

根据黄石市房地产管理局、民政局和财政局印发的《2015年度住房保障工作方案》的规定，黄石的住房保障范围比较广泛，基本覆盖全市常住人口中的住房困难群体（见表3－9）。但基于其公租房还未全面实现租赁补贴制度，实物配租的模式限制了被保障人权利的实现。

表3－9　2015年黄石各类住房保障的保障范围

保障方式	保障对象	户籍/居住要求	住房困难标准*（平方米）	收入标准**（元/人）	财产标准
廉租房租赁补贴	低保、低收入家庭	有	14	760	无
公租房租金减免	低保、低收入家庭	有	14	760	无
公租房实物配租	在黄石居住的全部住房困难家庭	无	14	无	无

注：*指人均住房建筑面积；**指个人月可支配收入的市区标准（指黄石港区、西塞山区、下陆区、铁山区、黄石经济技术开发区，不含大冶市和阳新县）。

（二）保障方式

2010年，黄石提出各类保障房向公租房并轨，将廉租房、经适房、公租房、国有住房、拆迁还建房和符合条件的社会性出租房等统一纳入公租房管理范畴，按《黄石市公共租赁住房管理暂行办法》（以下简称《办法》）进行管

① 根据2014年的商品住房销售均价4505元/平方米及70平方米的单套面积计算。

理，形成了投资、建设、准入、配租、补贴和退出等统一的保障房制度。但户籍低收入家庭，可选择实物配租和租金补贴两种方式，是实质上的应保尽保；而对于其他住房困难家庭，则只能等待实物配租，而且在租金与市场租金基本相当的情况下，这些家庭享受的保障较少。

黄石作为国家首批六个共有产权住房试点城市，其共有产权住房模式作为公租房制度的配套产权安排，并非是独立的住房保障形式。黄石的公租房实行“租售并举”，《办法》规定“公益性公共租赁住房承租人在租满五年后，可以申请购买其所租住的公益性公共租赁住房的完全产权”，“混合型公共租赁住房承租人在租满三年后，各产权主体可依法转让其持有的份额”。《黄石市公共租赁住房租赁管理实施细则》明确规定承租人享有优先购买权，部分产权的购买下限为全部产权购买成本（以同类型商品住房评估价）的70%。此外，黄石鼓励建设，即由社会力量独资建设、购买和提供，但纳入公租房体系。社会性公租房由市场租金定价，为社会机构参与公租房投资提供了基本条件。

截至2016年11月，黄石市累计建设和筹集了各类保障性住房10.9万余套（户），其中竣工和筹集了各类保障性住房8.2万套（户）。

（三）保障标准

黄石市公租房按市场标准收取租金，将申请公租房的住房困难居民统一纳入配租管理体系，并按照收入水平进行分类补贴，实行“租补分离”，即市场租金、分类补贴的做法。

补贴标准主要分三类：（1）低保家庭（2015年标准为人均月收入420元），补贴市场租金的90%，并免交物业管理费；（2）低收入家庭（2015年标准为人均月收入760元），补贴市场租金的80%，物业管理费减半；（3）其他住房困难家庭则没有补贴。

第四节　中国城市住房保障模式比较：求同存异

一、中国典型城市住房保障模式比较

（一）“租—售”递进式住房保障模式：以重庆、黄石为代表

“租—售”递进式住房保障模式的显著特征是：（1）采用租赁型公共住房

为住房保障的主要方式；（2）在一段时期（如3～5年）后租户可选择是否购买所租住的保障住房；（3）采用统一的保障房准入标准。

递进式住房保障模式的优点主要表现在以下两方面。

1. 可降低出售型保障房的错误配置

由于在可以购买保障住房之前必须居住较长时间，可有效减少不符合条件的家庭寻租购买保障住房的现象，也可一定程度降低政府的监督成本，甚至可以取消对收入的限制（因为通常较高收入的家庭不会愿意在面积较小的公租房内长期居住）。

2. 更有利于社会公平

采用这一模式的地区一般选择统一的准入标准，如重庆和淮安，不会对户籍和非户籍人口采用差别化的标准，有利于社会公平。对于需要在该地区长期居住的本地户籍家庭会选择购买保障房；而对于只需要在该地区居住一段时间的家庭，即暂时性住房困难家庭，则会选择租赁。

（二）“租—售”并行式住房保障模式：以西安、北京、上海为代表

“租—售”并行式住房保障模式的显著特征是：（1）住房保障方式较为多样，租赁型保障房和出售型保障房并行存在，同时每种性质的保障房内部可能又有划分，租赁型保障房进一步根据家庭收入状况给予不同的租金补贴；出售型保障房一般分为经适房和限价房。（2）各种类别保障房的准入标准有显著差异。一般廉租房和经适房的准入标准较高，有本市户籍要求和较低的收入标准；而普通公租房和限价房的准入标准较为宽松，没有户籍要求和收入限制（或较宽松的收入限制）。

并行式住房保障模式的优点主要表现在以下三个方面。

1. 有利于政府针对被保障家庭特征设计不同的保障方式

对于本地户籍家庭，如果没有其他居住地可选择，必须承受当地的房价，地方政府理应给予更多的住房保障福利；而对于非本市户籍的常住人口家庭，一般为了较好的工作机会而来，如果其工作收入不能承担在该城市的生活成本（包括房价），可选择离开。而且这些外来人口在户籍地一般有住房，因此工作地政府无须提供与户籍人口相同的保障水平。此外，对于需要严格控制人口规模的大城市或特大城市，这样做也有利于控制人口。

2. 方便政府对保障需求进行管理和控制

大城市或特大城市的人口量大，住房保障需求大。区别户籍和非户籍人口，

并划分收入准入标准，可帮助政府较好地控制住房保障需求。根据该地区财政收入水平和需求来实施住房保障，不会出现大规模满足条件的被保障家庭长期轮候的现象，避免引起社会不满。

3. 对政府财政压力相对较小

由于并行式保障方式中有长期住房保障需求和支付能力的家庭会选择购买保障房，加之我国实施的预售制度，可及时回收建设资金。这类出售型保障房对政府投入资金的需求远小于出租型保障房。因此，并行式保障模式对政府的财力要求相对较小。

（三）全面货币化住房保障模式：以常州为代表

由政府提供的租赁型保障住房和出售型保障住房，均可以通过实物和货币两种手段来进行。实物保障的住房由政府或政府资助的企业提供，因此一定程度上限制了被保障家庭的选择权，同时降低了获取被保障房的可能性。在保障住房短缺时期，通常需要轮候，如香港虽然进行了长达几十年的保障房建设，但至今仍有许多家庭在等待配租公屋。货币保障最大的优点，是由于从住房市场中获取保障房，可选范围更广，获取住房的可能性更大，增加了被保障家庭快速获取保障房的可能性。目前，中国大多数城市未实施全面的货币化保障，仅对廉租房人群实施货币保障（见表3－10）。

表3－10　2015年各城市实物与货币保障手段选择的比较

城市	租赁型住房保障（公租房）*		出售型住房保障	
	实物保障	货币保障	实物保障	货币保障
上海	√	×	√	×
北京	√	×	√	×
重庆	√	×	/	/
西安	√	√	√	×
常州	√	√	√	√
淮安	√	×	√	√
黄石	√	×	/	/
杭州	√	正在试点	×	×

注：＊租赁型住房保障中的廉租房（或者针对低收入家庭的租赁型住房保障）在各个城市均基本实现了实物和货币两种手段的保障。

少数城市已实施全面的货币化保障，如江苏常州、浙江嘉兴等。常州市无论租赁型保障住房（公租房）还是出售型保障住房（经适房）都实行了货币化保障，真正实现了应保尽保。

（四）出租型保障模式：以杭州为代表

杭州已经从“以售为主保障”模式全面转向“出租型保障”模式。“十二五”期间，杭州开工公共租赁住房（含廉租住房）4.37 万套（290.97 万平方米）；经济适用住房 2.96 万套（270.76 万平方米）。截至 2015 年末，全市历年累计开工建设经济适用住房 11.93 万套（1078.91 万平方米），竣工 10.57 万套（958.46 万平方米），在同类城市中是建设经济适用住房力度较大的城市。但从 2016 年开始，杭州市暂停市本级经济适用住房保障申请受理和新选址项目建设，原来已经申领经济适用住房的家庭转向公共租赁住房保障，意味着全面转向“出租型保障”模式。

此外，各地都有大规模棚户区改造，拆迁安置房成为“十二五”“十三五”期间住房保障体系重要的组成部分。

二、中国典型城市住房保障范围比较

表 3-11 总结了以上讨论的中国一、二、三线代表性城市的住房保障范围，主要从户籍要求、住房困难标准和收入标准三个方面进行，部分城市还另外设定资产标准，但由于该标准涉及城市较少且可比性不强，暂不讨论。

表 3-11　　2016 年各城市住房保障范围比较*

城市	户籍/居住要求	住房困难标准（平方米）	住房困难标准/人均住房面积	收入标准**（元）	收入标准/人均收入
上海（租）	无	≤15	41%	无	/
上海（售）	有	≤15	41%	6000	132%
北京（租）	居住 5 年	≤15	47%	2778	63%
北京（售）	居住 5 年	≤15	47%	1258	29%
重庆***	无	≤13	36%	无	/
西安	有居住证	≤17	53%	3220	129%
常州	实际居住 3 年	≤18	39%	3290	103%
淮安	本市户籍 2 年	≤16	37%	2342	123%
黄石****	无	≤14	42%	无	/
杭州（租）	居住 5 年/社保 6 个月（新就业大学毕业生、创业人员）	无房	/	4026	105%

注：* 以 3 人及以上家庭数据为例。** 指个人月可支配收入。*** 重庆公租房出售需满足公租房居住满五年。**** 黄石公租房出售需满足：公益性公共租赁住房承租人租赁满五年；混合型公共租赁住房承租人租赁满三年。

从以上八个城市的住房保障范围看，首要差异表现在：只有北京、上海这样的特大城市对租赁型保障住房和出售型保障住房设定不同的标准，而其他二、三线及以下城市则对这两类保障形式采用同样的标准。而有趣的是，上海的出售型住房保障标准更高，增加了户籍和收入要求；而北京则相反，出租型保障住房的准入标准更高，增加了住房困难和收入要求。

从三方面标准的比较看，各代表城市租赁型住房保障的保障标准有显著差异，主要表现在以下几点。

（1）大部分城市取消了租赁型保障住房的户籍要求，以覆盖新就业大学生和进城务工人员；但部分城市仍存在年限不等的居住时间要求。本书认为，一定年限的居住期证明被保障者在此城市的生存能力和对城市的贡献，有一定合理性；但过于长期的居住要求使存在阶段性居住困难的群体（如新就业大学生和进城务工人员）无法获得保障，其合理性有待商榷（如北京）。另外，上海对出售型保障住房有严格的户籍要求，不能覆盖占其常住人口40.64%[①]的非户籍人口。

（2）住房困难标准差异不大，占各城市人均住房建筑面积的比例在36%～48%之间。最为严格的是重庆市，主要由于住房困难是其住房保障的唯一标准，此标准的微小变化可能带来大量住房保障需求的增加。同为二线城市，西安的住房困难标准则较为宽松，但设置了收入标准的限制。通常仅设定住房困难为单一准入标准的城市，其住房准入标准会更严格一些。

（3）1/2左右的城市设定租赁型住房保障的收入标准，多数将其设为该城市上一年度的城镇人均可支配收入。只有北京市采用更加严格的收入限制，设定为城镇人均可支配收入的75%。北京相对严格的租赁型住房保障准入标准，主要受制于特大城市非户籍常住人口的比例太高而带来的保障需求压力。

三、中国典型城市住房保障标准比较

表3-12总结了以上讨论的中国一、二、三线代表性城市的租赁型住房保障标准，区分其保障手段（实物保障或货币保障），从保障面积、租金标准和补贴标准三个方面比较各城市的住房保障标准。

---

① 2015年末数据。

表 3－12　　2016 年各城市租赁型住房保障保障标准比较

城市	运作模式	保障面积	租金标准	补贴标准
上海	实物配租	10～15 平方米	家庭月收入低于 1200 元、1700 元和 2100 元家庭，分别以家庭收入的 5%、6% 和 7% 承担租金；其余按市场租金的 90%	/
	租赁补贴*	居住面积 10 平方米/人	/	家庭月收入低于 1200 元、1700 元和 2100 元家庭，分别补贴基本租金的 100%、70%、40%
北京	分档补贴 租补分离	建筑面积 60 平方米/户	市场租金	人均月收入 800 元、1050 元、1200 元、1600 元、2000 元和 2400 元以下公租房补贴标准分别为 95%、90%、70%、50%、25%、10%
重庆	实物配租	使用面积 10 平方米/人	市场租金的 60%	/
	租赁补贴**	同上	/	最低收入家庭补贴标准为本区市场平均租金；低收入家庭为市场租金的 50%～80%***
西安	实物配租	建筑面积 17 平方米/人	低于人均收入 40%（1200 元）、80%（2400 元）、100%（3000 元）的家庭分别按照廉租住房租金标准、市场租金的 72% 和 90% 计租	/
	租赁补贴	同上	/	家庭月租金补贴 = 保障人口数 ×（9.8 平方米 − 现住房人均使用面积）×5.65 元（其中保障人口数指享受低保的人口数或低收入认定人数，不包括农业户口），收储社会房源作为公租房为 5 元/平方米
常州	实物配租	建筑面积 20 平方米/人	每月每平方米使用面积 1 元	/
	租赁补贴	同上	/	持有有效低保证或特困证的家庭每人每月每平方米补贴 16 元，其他家庭为每人每月每平方米补贴 14 元；单人家庭按 1.5 倍的标准补贴；二人家庭按 1.2 倍的标准补贴；保障家庭成员每人每月补足 20 平方米
淮安	实物配租	建筑面积 16 平方米/人	市场租金的 90%～95%	/
	租赁补贴	建筑面积 24 平方米/人	市场租金的 90%～95%	按照住房保障面积标准与家庭现有住房建筑面积的差额和每平方米租赁补贴标准（低保户 14 元/平方米；低收入家庭 10 元/平方米）来确认

续表

城市	运作模式	保障面积	租金标准	补贴标准
黄石	分档补贴 租补分离	建筑面积 14平方米/人	市场租金	月住房租赁补贴 = 住房保障面积（住房保障人口 × 人均住房保障面积）×片区市场租金分段标准×补贴比例（城市低保90%，城市低收入80%）。根据黄石公共租赁住房市场租金分段表显示，一类地段9.6元/月/平方米；二类地段8元/月/平方米；三类地段6.4元/月/平方米；四类地段4.4元/月/平方米
杭州	实物配租	30～40平方米（1人），40～50平方米（2人），50～60平方米（≥3人）	市场租金50%～70%	对持有有效期内《低收入家庭认定证明》《困难家庭救助证》的家庭，根据土地等级再给予30%～50%的减免
	租赁补贴	15平方米/人，36～60平方米之间	/	每平方米补贴6元/月。低困家庭每平方米补贴12元/月

注：＊上海的租赁补贴仅针对廉租房；＊＊重庆的租赁补贴仅针对廉租房；＊＊＊重庆为2015年标准。

从以上比较看，各代表城市租赁型住房的保障标准差异主要表现在以下几点。

1. 大多数城市按收入分档进行不同程度的保障

收入一般分为最低（低保）、低和中等偏下收入（或中等收入）三档。最低收入家庭一般是民政局确定的低保家庭；低收入家庭一般是收入在本地区上一年度人均收入50%的家庭；中等偏下收入家庭一般设定为本地区上一年度人均收入80%的家庭，部分城市直接将这一档定在上一年度人均收入水平上。大多数城市按照这一方式设计分档补贴，兼顾了公平性与可操作性。

2. 实物配租的补贴形式有直接和间接之分

实物配租中的补贴以直接和间接两种方式体现。直接方式指在实物配租中收取低于市场水平的租金，配租住房租金与市场租金之差即为政府的补贴；间接方式也称为“租补分离”，承租人缴纳统一的市场租金，而政府根据承租人的收入水平等给予不同的补贴，政府保障体现为房租补贴的多少。对于实物配租而言，租补分离的方式应该更好。虽然看似操作复杂，但有利于保障水平的调整和住房保障的退出，也有利于统一实物配租和租金补贴的标准，更是让居民树立起按时交纳租金的义务和享受政府福利的权利分开的理念。

3. 特大城市中，北京比上海的保障程度更高、涉及人群更广

北京和上海的差别主要表现在，除去廉租房之外（人均900元以下），上海的公租房按市场租金的90%定价，没有租赁补贴，保障程度很小；而北京则对人均月收入2400元以下的公租房家庭实施补贴。显然，北京的保障程度更高，涉及人群也更广。

第四章

中国特色城镇住房保障体系顶层设计

改革开放以来，我国城镇住房保障经历了“提出、确立、缺位、发展、强化”五个阶段。经过多年探索，城镇住房保障体系逐渐形成，但在住房保障快速推进的同时，矛盾与问题也逐步暴露：住房保障体系的系统性和完整性不强；保障对象与保障标准模糊，部分处于住房贫困状态的居民依然被排斥在外；部分已建的保障房难以入住；各类保障方式难以无缝衔接，形成“悬崖效应”等。这些问题的解决，需要对住房保障体系进行顶层设计。

第一节　功能定位：市场经济体制下的社会型住房保障

一、住房保障功能定位理论

（一）当尼逊的三类型政府角色理论

当尼逊（Donnison，1967）提出了政府在住房保障政策中承担着雏生型、社会型及全面责任型等三种角色。时至今日，仍可根据这一划分从总体上概括当今各国住房保障的类别。

如果政府在住房保障中的角色为雏生型，政府对低收入群体的住房问题较为被动，缺乏系统和有力的政策，或即使有相关的政策又缺乏执行力度。大多数发展中国家及不发达国家都是如此，如巴西、墨西哥、泰国、印度等国家，在未爆发巨大社会问题之前，大多采取项目式的临时救济措施，容易无疾而终。

假如定位为社会型，政府的角色主要是照顾那些无力自行解决住房的人群，如老人、失业者、低收入劳动者等。这些人群在劳动力市场处于劣势地位，无法通过自由的住房市场解决居住问题。基于社会发展及社会公义的目的，美国、英国及大多数西欧国家，也包括中国香港地区等，将有关资源与政策重点集中于低收入人群，实施有针对性的住房保障政策。而中高收入人群的住房则由市场提供，政府并不介入。

若定位为全面责任型时，政府承担起满足全体居民居住需求的责任，对住房市场进行长期干预。荷兰、德国、瑞典以及新加坡等就是对住房市场的全方位介入和控制的国家，是推行全面责任型住房政策的政府的代表。以荷兰为例，政府有意识地全面介入住房市场，其住房政策的出发点是既要保障低收入家庭的居住权利，又要确保这些家庭不因过于集中而被社会排斥，具体来说就是通过较全面的补贴，令不同收入的住户可以居住于同一社区。

（二）巴劳和顿肯的四类型住房政策体制

巴劳和顿肯（Barlow and Duncan，1994）从制度环境出发，比较了市场和国家在住房供给上的各种模式及其效率，并参照埃斯平-安德森（Esping-Andersen）在分析福利国家体制时提出的理论构架，将住房政策分为四类。

在初级体制下，政府并未将福利看成是一种很重要的权利。在快速工业化过程中，人们主要依靠传统的自助、家庭互助或教会帮助解决住房问题，如希腊、葡萄牙等。在自由主义体制下，自由市场被认为是最有效的调节住房生产与分配的手段，这些国家的住房自有率较高，政府对自有住房提供可观的补贴，对公共住房的支持有限，主要针对低收入人群，且带有一定的社会歧视，如爱尔兰、英国（20 世纪 80 年代以来）和美国等。在法团主义体制下，公共住房的比例较高，住房补贴的数额较大，但政府并不试图通过调整住房结构来缩小社会差距，如联邦德国、法国等。在社会民主体制下，政府干预被看做是实现效率和社会公平的关键，住房政策的目标是对市场进行管理，为所有人提供更好的住房，并降低住房支出，如丹麦、荷兰、瑞典等。①

二、中国住房保障定位演变

1949～1978 年，整体上国家奉行“先生产，后消费”“高积累，低消费”

① 阎明：《发达国家住房政策的演变及其对我国的启示》，载于《东岳论丛》2007 年第 2 期，第 1～10 页。

方针，将住房看做纯消费资源的“非生产性”支出，住房投资规模在每年的计划安排中都很小。这种状况的长期持续，导致了居民缺房严重的后果。①

1990年9月，建设部、全国总工会发出《解决城镇居住特别困难户住房问题的若干意见》，指出住房困难问题还没有得到根本解决。这是我国“首次将解决城镇居民住房困难这一问题纳入政府的重要议程”②。

1994年7月，国务院颁布《关于深化城镇住房制度改革的决定》，这是我国住房制度改革进程中里程碑式的文件之一。该文件提出，要建立以中低收入家庭为对象、具有社会保障性质的经济适用住房供应体系和以高收入家庭为对象的商品住房供应体系。可见，在住房制度改革之初，中国政府就有意识地承担起住房保障的社会责任，并把保障范围界定为中低收入家庭。

1998年7月，国务院发布《关于进一步深化城镇住房改革 加快住房建设的通知》，提出建立和完善以经济适用住房为主的多层次城镇住房供应体系，对不同收入家庭实行不同的住房供应政策。最低收入家庭租赁由政府或单位提供的廉租住房，中低收入家庭购买经济适用住房，其他收入高的家庭购买、租赁市场价商品住房。可见这一时期的住房保障希望覆盖中等及以下收入家庭，以满足其合理居住需求。

2003年8月，国务院下发《关于促进房地产市场持续健康发展的通知》，提出“房地产业已经成为国民经济的支柱产业”，要完善住房供应政策，调整住房供应结构，逐步实现多数家庭购买或承租普通商品住房目标；同时，根据当地情况合理确定经济适用住房和廉租住房供应对象的具体收入线标准和范围。此后，经济适用住房和廉租住房开发规模大幅度下降。

2007年8月，国务院发布的《关于解决城市低收入家庭住房困难的若干意见》重新提出，要把解决城市低收入家庭住房困难作为住房建设和住房制度改革的重要内容。作为政府公共服务的一项重要职责，要加快建立健全以廉租住房制度为重点、多渠道解决城市低收入家庭住房困难的政策体系，经济适用房供应对象从中低收入家庭调整为低收入家庭。这份文件明确将我国住房保障的范围界定为低收入群体。

2013年10月，中共中央政治局就“加快推进住房保障体系和供应体系建

① 张清勇：《中国住房保障百年：回顾与展望》，载于《财贸经济》2014年第4期，第116～124页。

② 朱亚鹏：《中国住房保障政策分析——社会政策视角》，载于《公共行政评论》2008年第4期，第84～109页以及第199页。

设”进行第十次集体学习。习近平总书记重点指出，“从我国国情看，总的方向是构建以政府为主提供基本保障、以市场为主满足多层次需求的住房供应体系”，并明确提出“到2015年全国保障性住房覆盖面达到20%左右”。可见，经过20年的探索，中国政府将住房保障的责任划定在“基本保障”，住房保障的责任范围有所减小。

三、中国住房保障定位选择

从以上分析可见，目前中国政府将住房保障的功能定位为社会型住房保障，政府的角色主要是照顾那些无力自行解决住房的人群，即低收入住房困难群体；同时强调商品房市场在满足居住需求的重要性，采用适度的激励政策鼓励中低收入家庭购买自用住房，属于“市场经济体制下的社会型住房保障”。

影响政府住房保障范围动态变化的因素，主要包括以下几方面。

（一）经济发展阶段

在农业经济阶段，农业分散的生产方式和人口居住密度小使私人投资分散化地解决各自的住房需求成为可能。而在工业经济阶段，生产的集聚效应及人口密度的提升等都使政府住房保障范围的扩大成为必然。穆怀中经过对西方发达国家的理论和实证分析发现，一个国家社会保障支出水平具有先升后降的曲线轨迹①（见图4－1）。当一国国民经济发展到很高水平，人均国民生产总值远远超过人们生存基本需求水平线时，两极分化严重，社会保障水平也会迅速上升，并达到较高限度，这个阶段被称为“社会保障水平迅速上升时期”。

实证分析结果表明，社会保障水平上升最快时期是在人均GDP4000～10000美元阶段。经过多年的高速增长，2015年中国人均GDP已达到49351元，约合7600美元。因此，将2015年住房保障面提高到20%基本符合经济发展阶段对住房保障的要求。

（二）住房市场供求关系

在很长的时间里，英国的主流舆论认为住房是个人问题，应该由个人解决。但后来多个国家的实践证明，仅依靠市场力量难以完全解决住房市场供求关系

---

① 穆怀中：《社会保障水平发展曲线研究》，载于《人口研究》2003年第2期，第22～28页。

失衡的问题，致使社会矛盾尖锐程度增大，从而使政府的压力增加，需要通过政府保障来解决中低收入群体的住房问题。我国城市住房市场尤其是一、二线城市供求矛盾加大，既包括供不应求的数量型住房短缺的加重，也包括供求不匹配的结构型住房短缺的加重，是导致政府住房保障范围扩大的重要因素之一。

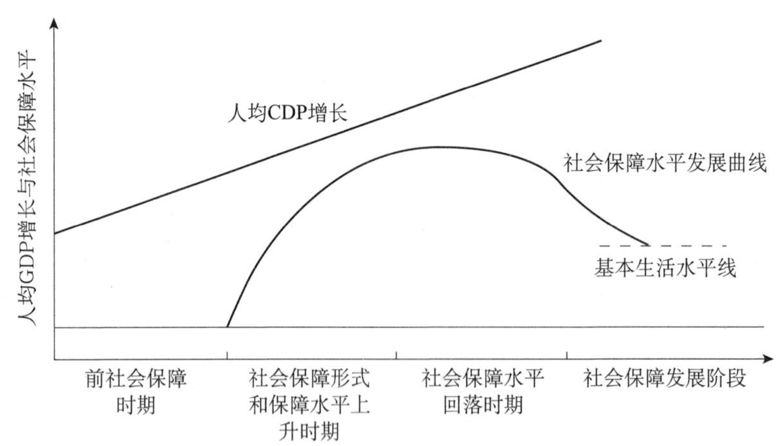

图 4-1　社会保障水平支出水平与经济发展水平关系

（三）房价收入比

房价收入比是用来测量住房支付能力的重要指标。詹森（Jensen，1998）指出，“房价收入比体现了家庭收入和住房支出之间的关系，是几种支付能力指标中应用最广泛的”①。一般使用中位住房价格与中位家庭收入的比值来测量房价收入比②，限于中国数据的可得性，本书采用平均住房价格与平均家庭收入的比值来计算房价收入比。

不同收入阶层对应相应的房价收入比。如果房价收入比明显偏高的群体越大，则要求政府保障的量就越大；反之，政府的保障压力小。表 4-1 是 2015 年全国按居民收入五等分计算的房价收入比，低收入户（占 20%）平均的房价收入比达到 12.07 倍，而高收入户只有 2.27 倍。因此，当地房价总体水平及其结构分布，与居民收入的总体水平和结构分布之间的关系，都会影响对政府保

① Jensen，M. “Affordability Indicators.” In Vliet，W.，（ed.），Encyclo pedia of Housing. Thousand Oaks：Sage，1998：11-12.

② 张清勇：《房价收入比的起源、算法与应用：基于文献的讨论》，载于《财贸经济》2011 年第 12 期，第 114～135 页。

障的需求。

表 4－1　　2015 年全国按居民收入五等分计算的房价收入比

组别（城镇居民）	2015 年人均可支配收入（元）	房价收入比
低收入户　（20%）	12230.9	12.07
中等偏下户（20%）	21446.2	6.88
中等收入户（20%）	29105.2	5.07
中等偏上户（20%）	38572.4	3.83
高收入户　（20%）	65082.2	2.27

注：2015 年全国商品住房销售均价 6472 元/平方米，按户套面积 70 平方米。

（四）社会保障制度的完善程度

社会保障制度由住房保障、医疗保障、养老保障、失业保障等共同构成。住房保障以外的其他社会保障体系的完善程度对住房保障范围的影响非常大。当前，我国医疗保障、养老保障、特别是失业保障等社会保障制度还不完善，对政府住房保障提出更高的要求。

此外，社会文化背景和政府执政理念等，也是影响政府住房保障范围的因素。

因此，从我国经济发展阶段、住房市场发展状况、房价收入比以及社会保障制度的完善程度四方面的论证看来，政府必须进行住房保障，其住房保障的定位是基本合理的。

第二节　覆盖范围：保障广度与深度的二维考虑

从第三章的分析中可见，目前中国城镇住房保障的覆盖范围在各城市间并不统一。在户籍及居住年限要求、住房困难标准和收入标准方面均存在一定差异。

一、不同性质人口的保障问题：保障广度

（一）不同流动性人口的住房保障

根据流动性不同，人口可分为户籍人口、常住人口与流动人口。理论及实务界对于住房保障应界定在城镇户籍人口和常住人口已基本没有争议。但为什

么地方政府不将流动人口[1]纳入其范围内呢？因为人具有流动性，住房却具有不可移动性，而且住房保障对象的识别及住房保障产品的供给与配置，需要一个相对较长的时间。如果将短暂居住的人口也纳入住房保障，操作难度较大。因此，对一个具体地区而言，住房保障只适合提供给在当地相对稳定居住的人群。如果与统计指标相衔接的话，常住人口比较符合这一要求。各个地区住房保障对象覆盖范围的总和与我国住房保障对象的覆盖范围在理论上应该是一致的。

（二）不同户籍性质人口的住房保障

在城市辖区范围内居住的是常住人口。2010 年全国人口普查显示，按照户籍划分的四类人口结构为：本地农村户籍人口 21%、本地非农户籍人口 48%、外地农村户籍人口 12%、外地非农户籍人口 19%。这四类不同户籍性质人口住房问题的解决方式不同，因而其住房保障存在差异。

1. 本地农村户籍人口

多数学者认为，本地农村户籍人口拥有自己的宅基地，不应该再在城镇住房保障范围内考虑。也有学者认为，这种观点忽略了宅基地保障与住房保障的区别。农村宅基地使用权是一种毫无差别的平均分配，是农村集体经济组织成员权的体现，具有普惠性[2]。宅基地使用权虽可无偿获得，但仅仅提供了建房的土地，而建房还需大量的资金投入，因而并未真正解决农村贫困家庭的住房问题。[3] 而住房保障的本质是解决住房困难群体的基本居住需求，具有特定的内涵与指向。

虽然以上观点也有一定道理，但本书认为，农村住房与城市住房存在明显差异。本地农村户籍人口的住房保障与其他性质人口住房保障的基础不同，应该建立以农村宅基地使用权换城镇住房保障的体系。东部沿海发达地区开展的城中村改造、拆村建居，就是一种以农村宅基地使用权换城镇住房的做法。因此，本书不把本地农村户籍人口列入“城镇住房保障体系”的保障范围。

---

① 我国统计口径中，流动人口是与常住人口对应的概念，指在城镇停留六个月以下、户口在本辖区之外的人群。

② 洪运：《重构农村住房保障制度的必要性与可行性》，载于《中国房地产》2009 年第 10 期，第 67 ~ 68 页。

③ 吴志宇：《我国农村多元化住房保障体系构建探析》，载于《现代经济探讨》2012 年第 5 期，第 40 ~ 44 页。

2. 本地非农户籍人口

本地非农户籍人口是我国住房保障的主要对象。因为本地非农户籍人口在本城镇生活或工作，往往为本地经济与社会发展做出了贡献，且有基本居住权。这一群体主要通过当地商品住房市场满足居住需求，但在其支付能力不足以通过市场达到解决基本居住条件时，唯一解决住房问题的途径就是向政府申请，应该获得住房保障。

3. 外地农村户籍人口

外地农村户籍人口，即通常所说的农民工。实践中各地政府的政策存在差异，某些城市实现了对这类人群的全面保障，如重庆市已将农民工纳入住房保障范围，2016 年公租房中农民工的比例高达 51%。但大部分城市只是名义上将农民工列入保障，如上海的四大类保障方式中公租房名义上可覆盖农民工，但由于公租房租金都高于农民工的支付能力，因此实际根本未覆盖这一群体。浙江省不少地方采取积分制，海宁市规定凡是持有《浙江省居住证》、在海宁工作满一年以上的新居民，就可到各镇、街道的新居民事务所领取“海宁市新居民积分制管理申请表”。积分制管理计分标准由基础分、附加分和扣减分三部分组成，每人的基础分为 200 分，包括办理居住证年限、文化程度、职业资格等级、政治面貌等“硬件”；附加分则针对一些急需人才，有专利发明或者受到过表彰奖励及慈善捐款、无偿献血等都有加分；个人信用有不良记录等情况则要酌情扣分。政府将一定数量的公共租赁房用于新居民的住房保障，这一比例目前不低于年计划分配总量的 5%。

从理论上看，这类人群是否应纳入其居住城镇的住房保障范围，是一个有争议的问题。城乡二元化住房政策，使我国城镇政府陷入一种两难境地。一方面，如果不将进城务工的农业户籍人口纳入政府住房保障范围，这将使他们在为城市发展做出贡献的同时却得不到基本的保障，外来务工农民由于收入低，无力通过市场改善恶劣的居住条件，既为城市卫生治安等埋下了隐患，又影响城市化进程；另一方面，如果将进城务工的农业户籍人口纳入政府住房保障范围，则可能出现新的社会问题，农业户籍人口享受了在户籍所在地拥有宅基地和在城市享受保障房的双重福利。对人多地少的中国来说，住房福利支出过大，对非农业户籍人口而言有失公平。

因此，本书认为，外地农村户籍人口的住房保障应纳入保障范围，但其保障方式、保障标准和准入条件等需要统筹考虑城市政府承受力、阶段性居住需求等特点，进行区别对待。

4. 外地非农户籍人口

外地非农户籍人口，即通常所说的新就业大学生、创业人才等。由于这类人群对居住地城市发展的贡献较高，各地基本将其纳入居住地城镇住房保障范围。而且随着本地户籍中低收入家庭住房困难的基本解决和城市商品房价格的不断上升，各地越来越重视为人才提供住房保障。深圳“十二五”期间，全市累计供应保障性住房 11 万套，覆盖约 33 万人，面向人才供应超过 60%，累计发放人才安居补贴约 19.6 亿元（其中市本级发放 14 亿元）[①]。这一群体享受的住房保障应考虑两个方面的问题：（1）这类人群的收入相对较高，其居住困难多数只是暂时性的。而那些在非户籍城市工作较长时间、但还无力在该城市立足的人群，也存在选择离开该城市的可能性，其住房保障也应该是暂时性的。（2）其可能在原有城市享受过住房保障，拥有自有住房。因此，本书认为，这类人群应纳入住房保障范围，但应以其暂时性居住困难为主要保障目标，并适当考虑其在原有城市享受过住房保障，统筹进行保障方式设计。但由于尚未建立全国统一的住房保障信息系统，且各城市为争夺人才，对这类人才的住房保障难免存在保障过度的问题。

综上所述，本书认为，我国城镇住房保障应该覆盖行政区划内除本地农村户籍人口外的城镇常住人口。从户籍性质看，包括本地非农户籍人口、外地农村户籍人口和外地非农户籍人口。在外地户籍人口的保障中，应考虑其在户籍地享受过的住房保障情况（如宅基地、房改房等）和过渡性居住需求，适当区别对待。

二、住房保障覆盖程度的高低问题：保障深度

从前面的分析可见，我国政府对住房保障的覆盖深度有一个明显的变化过程，从中低收入家庭到低收入家庭，又到 2015 年的保障性住房覆盖面达到 20% 左右。那么，到底住房保障的覆盖深度应该如何确定呢？

（一）住房保障覆盖程度的确定依据

从世界各国的住房保障分析中可见，各国住房保障的覆盖范围有明显差异，如新加坡的住房保障覆盖其 80% 左右的人口，中国香港这一比例在 40% 左右，

---

① 《深圳市住房保障发展规划（2016～2020）》（征求意见稿）。

而美国政府主导的住房保障的受益群体在10%左右，英国从1981年的29.08%下降到17.9%（地方政府+住房协会），但这些覆盖范围都只是一个结果，是在特定住房保障准入条件下形成的。

住房保障的基本目标是保证居民的基本居住权，即“人人有房住”，具体来说，获取最低可接受条件（一般以住房面积衡量）下的住房的花费占居民收入的比例不应过高，即居民有基本的住房支付能力。因此，住房支付能力是住房保障覆盖范围的确定依据。衡量居民的住房支付能力，有以下因素需要考虑。

1. 最低可接受住房面积

这一标准应该根据当地人口密度、住房居住情况（人均住房面积）来确定。世界各国因为人口密度的不同、经济发展状况不同，人均住房面积差异明显（见表4-2），这既是各国土地资源禀赋的映射，也是国家经济发达程度的体现。因此，各国住房保障中的住房困难标准不同。

表4-2　人均居住面积的国际比较　　单位：平方米

国家/地区	人均居住面积	国家/地区	人均居住面积
美国	67.0	日本	36.6
英国	35.4	韩国	26.0
德国	39.4	中国香港	15.0
法国	35.2	中国上海	24.16

资料来源：数据时间（除上海外）为2012年，数据来源为民生证券研究院；上海数据时间为2015年，来自上海社科院社会调查中心、社会学研究所发布的上海居民住房及物业状况调查报告。

第三章分析也发现，我国各城市的住房困难标准有一定差异（见表3-11），但差异不大。调研范围内典型城市的住房困难标准为人均建筑面积13～18平方米以下，在各城市的人均住房建筑面积的36%～53%之间，达到13～18平方米，既基本能保证联合国提出的住房舒适标准——每人一个房间，又能为中国居民所接受，基本合理。所以，各城市可根据自身条件确定住房困难的面积标准，并进行动态调整。

2. 住房支出占居民收入的合理比例

国际上对“住房可支付性”的界定为：住房可支付性体现住房支出与家庭收入之间的关系。如果一个家庭在支付持续的住房支出后，其收入仍然可以维持其基本生活水平，包括满足衣、食、行、医疗和教育需要，就可以认为该住房为可支付性住房或该家庭具有住房可支付性。

通常，住房开支占家庭总收入的25%或30%，为许多国家和地区关于可支付性住房的判断标准。在美国，一般认为“家庭在住房上的月支出不超过月收入的 30% 时，住房对家庭来说是可支付的”，同时对于低收入家庭“长期以来公共住宅租金只占其家庭收入的 25%”①。对于住房支出超过其家庭总收入 25% 或 30% 的住户，政府会给予相应的住房补贴。1968 年美国政府规定住房支出的标准比例为 25%，1981 年开始提高到 30%②。美国人口普查局“美国社区调查”（American Community Survey）将住房消费（包括设施和服务消费）超出家庭税前收入 30%，认定为有支付困难；如果超过 50%，则属于住房支付能力的严重困难家庭。

在凯恩斯消费函数理论的基础上，刘琳③利用扩展线性支出系统模型（ELES 模型）验算了我国城镇居民的基本消费需求支出和最大住房支出。结果表明，我国低收入家庭可支配收入中扣除基本消费需求支出后的最大住房支出比例为 30%，与多数国家和地区的标准相同。考虑到扣除能源支出、物业管理等住房相关费用后，我国低收入家庭最大租房或买房的月支出标准建议定为家庭可支配收入的 25%。

当然，以上两个衡量住房支付能力的重要因素，可以随着经济发展及政府财政支出能力的上升，而适当放松。但根据图 4 - 1 显示的社会保障水平与经济发展的关系，这一标准不能也不该无限制放松。

（二）住房保障覆盖程度的确定方法

住房保障的基本目标是保证居民的基本居住权，支付能力是住房保障覆盖范围确定的依据。一个国家或地区可以根据其住房保障的定位，来确定其住房困难标准或希望帮助居民达到的住房标准。但一旦这个标准确定，衡量其住房保障合理覆盖程度的就应该是住房可支付性，即收入与住房支出的关系。因此，收入自身的高低不是确定住房保障范围的依据，收入与房租、房价的关系——即支付能力，才是确定住房保障范围的依据。

根据这一原则，住房保障覆盖范围的确定方法如图 4 - 2 所示。

首先，根据当地土地资源和住房供给，确定最低可接受住房面积，即住房困难标准；同时根据居民生活支出要求，确定住房支出占居民收入的合理比例。

其次，调查满足基本居住质量条件的当地住房市场租金、房价水平。

再次，根据以上三个数据推算住房保障的收入标准。

---

① 廖俊平、高堃：《我国经济适用房与美国可支付性住宅的政策比较》，载于《经济社会体制比较》2007 年第 1 期，第 138 ~ 141 页。

② 刘琳：《我国城镇住房保障制度研究》，中国计划出版社 2011 年版，第 9 ~ 10 页。

③ 刘琳：《我国城镇住房保障制度研究》，中国计划出版社 2011 年版，第 10 ~ 12 页。

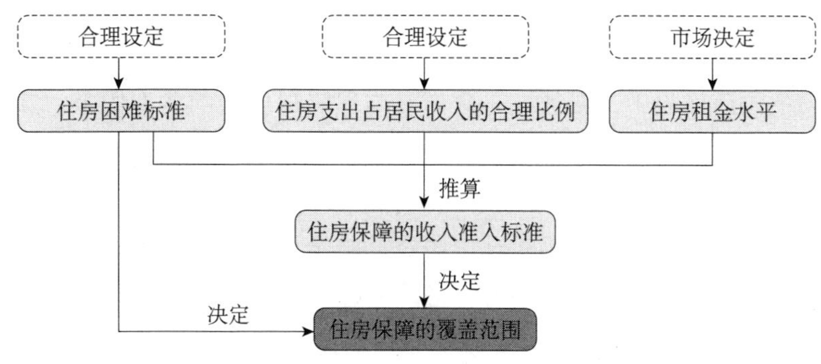

图4－2　住房保障覆盖程度的确定方法示意

最后，根据以上住房困难标准和收入标准确定住房保障对象。住房保障对象最终表现为住房保障覆盖一定比例居民的住房保障水平，即住房保障的覆盖范围。

（三）住房保障覆盖程度确定中的误区

（1）住房覆盖范围人群比例不适合作为住房保障的目标。因为它只是一个结果，较难成为政策设计的出发点。影响一个国家或地区住房保障覆盖水平的，是政府在确定住房保障准入水平时制定的最低可接受住房面积以及最低应该达到的居住质量。这两个“最低”数量和质量指标，才是住房保障覆盖范围及对象设计的起点和决定因素。政府在经济发展和财政收入水平变化时可适当调整这一目标，从而改变住房保障的覆盖范围。

（2）收入水平在住房保障对象确定时不是一个绝对指标，而是一个相对指标，即相对于满足最低可接受住房消费对应的最低收入水平。一个地区的房价越高，住房保障的收入准入标准就应该高一些。调研中发现，多数城市都以当地平均收入或平均收入的一定比例，作为其住房保障的收入标准。尽管计算简便，但显然缺乏依据，并不科学。

第三节　发展模式：以需求为导向的保障方式设计

一、供给侧：供给主体与供给方式

（一）供给主体：政府与市场

这里，关于住房保障的政府供给，是指由政府下属的相关组织直接提供保障住房。其特点是：其一，政府可以对保障房供给的数量、时间及质量进行较为精确的掌控；其二，在政府直接参与建设时，将大大提高住房供应速度。在住房保障的国际经验中，新加坡是政府参与保障房供给的典型国家。新加坡建屋发展局在其供给住房的建设与管理中发挥主导作用，不仅负责组屋发展规划的制定以及对房屋进行管理，而且作为新加坡最大的房地产经营管理者，还负责组屋的施工建设与后续的租售。中国香港被全世界公认为是有效解决社会居住保障问题的典范，量大面广的公共租赁住房小区有效地解决了约占30%香港人口的住房问题，而且没有出现“穷民窟”现象，得益于1973年就成立的强有力的房屋委员会，全权负责规划、兴建、管理和维修保养各类公共房屋。2008年以来，我国各地也采用了以政府供给为主导的供给方式。例如，重庆为了建设公租房，组建重庆市地产集团、重庆市城市建设投资集团和重庆两江新区开发投资集团三家国有大型地产集团来集中建设，这三家在“十二五”期间公租房的开工量达到3500多万平方米。

住房保障的市场供给，指在住房市场中由出租或出售住房的机构或个人提供保障住房。具体分析时，又可以分为以下两种：一是住房市场中符合保障对象需求的小户型普通住房，它们是保障住房的天然供给。如城市中的城中村实际成为城市外来人口的廉租房。二是在政府引导下，房地产企业或各种非营利性机构新建或改建的符合保障住房标准的住房。20世纪60～80年代，美国联邦政府资助私人机构开发了约200万套中低收入租赁住房，政府提供一定的利息或运营成本补贴，要求私人机构以特定租金水平为中低收入家庭提供保障房源。委托社会机构运营保障性租赁房在发达国家非常普遍，在我国尚未起步。尽管政府下文鼓励企业参与保障房的建设和运营，如2013年1月财政部印发《关于做好2013年城镇保障性安居工程财政资金筹措等相关工作的通知》，在第2条指出：“对于企业投资建设和运营管理公共租赁住房的项目，市县财政部门可以对企业给予适当的投资补助或贷款贴息。企业获得的贴息贷款要严格按规定用于公共租赁住房项目，不得用于其他项目”，但进展不快。

理论上，保障房的政府供给与市场供给的选择主要取决于谁更有效率。如果需要大规模新建保障房，由于保障房对土地的依赖和建房审批程序的复杂，政府主导建设的方式会更有供给效率。在进入保障房的稳步发展阶段后期，供给短缺已不是主要发展目标，从社会效率和经济效率的角度，市场供给的方式更有效。

实践中，我国地方政府参与保障房的程度选择，可以从其有限自主的行为框架中进行分析。对于保障房建设，中央政府有明确的数量指标要求；但对于具体的建设模式，中央政府只有相对模糊的政策规定。第一，在现有政治激励的制度安排中，为了完成中央政府下达的指标任务，地方政府会选择新建方式筹措房源；第二，在现有财政分权的制度安排中，为了实现财政收益最大化，地方政府会将保障房选址在城市边缘区域；第三，在现有保障房融资的政策框架下，为了弥补可用财力的相对不足，地方政府会选择让国有企业集中建设保障房。① 因此，2007 年以来我国各城市政府大多选择政府作为保障房供给主体，但也存在着盲目建设等问题，详见专题研究。

（二）供给方式：增量与存量

增量建设保障住房主要出现在保障性住房短缺的时期。世界各国都在一定历史阶段大量新建过保障住房，如美国在 20 世纪 30 ~ 60 年代、加拿大在 20 世纪 40 ~ 70 年代等。我国在 2007 年以后也提倡增加中小户型保障住房的建设。

存量房转化保障住房的具体形式有两种：（1）政府保障房机构通过收购符合条件的市场住房，然后将其转化为保障住房提供给保障对象；（2）政府鼓励市场住房供给主体（机构或个人）增加符合保障房条件的住房供应。例如，通过税收、财政补贴等政策鼓励房地产商出租低租金住房，或者允许将大户型住房分割为单间出租。这些做法实际上都增加了保障住房的供给。

保障住房增量供给与存量供给选择的关键，在于区域住房供求总量是否基本均衡。这里强调总量均衡，而非结构均衡，即保障住房标准下的住房供求均衡。因为租赁型保障住房可以通过其他非保障标准房屋进行转化。从各地实践看，保障房既可以通过大户型住房的分割转化，也可以通过非住宅类房地产的改建转化。

我国各城市的人均居住面积情况如表 4 - 3 所示。2005 年，我国城镇住房的存量套数约为 1. 62 亿套，当时城镇常住人口的家庭户数约为 1. 9 亿户，户均住房套数为 0. 85 套；2015 年，城镇住房的存量达到约 2. 56 亿套，城镇家庭户数约为 2. 71 亿户，户均住房套数为 0. 94 套。预计到 2020 年，我国将实现城镇居民家庭户均 1 套房的目标。可见我国的住房存量已告别了严重短缺的时代。

---

① 严荣：《地方政府集中建设保障房的行为逻辑》，载于《同济大学学报（社科版）》2015 年第 2 期，第 100 ~ 109 页。

表4-3　　2005~2015年中国城镇家庭住房面积及套数

年份	住房存量			城镇家庭户口			户均住房	
	城镇住房总量（亿平方米）	住房套均面积（亿平方米）	存量住房套数（万户）	城镇常住人口（万人）	户均人口（人/户）	常住人口户数（万户）	户均住房套数（套/户）	人均住房面积（平方米）
2005	144.8	89.25	16223	56212	2.96	18991	0.85	25.76
2006	151.1	89.55	16873	58288	2.95	19759	0.85	25.92
2007	158.0	89.85	17583	60633	2.91	20836	0.84	26.05
2008	165.6	90.15	18367	62403	2.91	21444	0.86	26.53
2009	173.8	90.45	19214	64512	2.89	22322	0.86	26.94
2010	182.5	90.75	20108	66978	2.88	23256	0.86	27.24
2011	192.7	90.95	21191	69079	2.87	24069	0.88	27.90
2012	203.5	91.15	22322	71182	2.86	24889	0.90	28.58
2013	214.2	91.35	23448	73111	2.85	25653	0.91	29.30
2014	224.2	91.55	24489	75000	2.84	26408	0.93	29.89
2015	234.7	91.75	25579	76800	2.83	27138	0.94	30.56

资料来源：《中国统计年鉴》《中国区域经济统计年鉴》。

从表4-4中人均住房面积看，各城市差异明显。一、二线城市的人均住房面积偏小，而一些三线城市的人均住房面积明显偏大，如温州、台州、东莞等。各城市可以根据自身住房供求状况，选择保障房的增量或存量供给。但从数据分析看，大多数城市住房供求已基本均衡，可以采用存量转化的方式供给保障住房。在这些住房供求基本接近均衡的城市中，住房困难不是住房供给不足，而是住房需求方的支付能力不足。支付能力不足可通过货币化住房保障手段进行解决。

表4-4　　中国各城市人均住房建筑面积

城市	城镇居民人均住房建筑面积（2014年，平方米）	城市	城镇居民人均住房建筑面积（2013年，平方米）
北京	31.00	南京	32.80
上海	34.40	苏州	43.10
深圳	28.00	杭州	31.90
东莞	58.44	广州	22.70
厦门	32.75	福州	37.00
合肥	30.90	哈尔滨	38.20
杭州	34.68	呼和浩特	35.40
温州	41.67	青岛	29.10
台州	44.60	昆明	43.40
无锡	37.96	兰州	29.90

资料来源：左列各城市数据来自各城市2015年统计公报和统计年鉴；右列各城市数据来自《中国区域经济统计年鉴（2014）》。

二、需求端：保障手段与分配方式

（一）保障手段：实物与货币

1. 实物保障与货币保障的理论比较

理论上，实物保障与货币保障的优劣可以从以下方面进行分析。

（1）公平性角度。相对于实物保障，货币保障更符合住房保障的公平性目标。一方面，货币补贴的方式可以根据保障对象的实际收入水平和住房需求实行差异化和分层次的保障；同时，作为收入再分配的一种形式，可以使国民平等的住房权利得到较为公正的实现。另一方面，实物保障是一种供给控制，主要实行实物保障的国家和地区普遍存在“轮候”现象，说明有部分应该被保障的人群无法及时得到保障；而货币保障则通过从住房市场自由挑选住房，“应保尽保”，实现住房保障的公平性目标。

（2）效率性角度。许多学者①认为，货币保障可以提高资金的利用效率、有效利用现有的资源。相比于实物保障，货币补贴的覆盖面要更为广泛，更有利于解决低收入住房需求者的住房问题。同时，货币保障易于退出管理，效率高。

（3）对房地产市场影响的角度。货币保障对土地市场和房地产交易市场的扭曲较小。货币保障减少了政府对住房市场的直接干预，不会给市场运行带来阻碍。同时，货币保障可以准确反映住房的区位价值，引导保障对象合理使用资源，不会将住房保障与住房市场割裂为两个体系。而实物保障由于政府干预了土地交易的价格，并参与住房建设，直接给住房市场带来扭曲，这也是实物保障最受争议的一面。

货币保障还有利于促进住房租赁市场的发展。住房需求者通过货币保障可在住房市场自由选择合适的住房，促进存量住房的有效使用，对住房租赁市场的发展提供了机遇。

当然，在一个供不应求的市场，货币保障加剧了市场的供不应求，刺激房价上升。

（4）对公共财政影响的角度。供给方补贴给政府带来的财政负担较大，政

① 胡丕勇、吴宇哲：《基于“住房券”的中国保障性住房政策构想》，载于《中国房地产研究》2009 年第 2 期。

府面临巨大的融资压力。这也是促使政府反思供给方补贴政策的重要原因。除了建设费用之外，政府需要每年安排一大笔财政资金用于维持住房的正常保养、维修、物业管理，并且小区配套设施的建设也需要一笔不小的投入。其他国家的实践也表明，由于缺乏市场机制的作用，对保障性住房进行供给方补贴的经济效益较为低下，提高总体住房可支付性程度有限，给公共财政的压力也越来越大。而需求方补贴则使政府的当期收入与支出相匹配，一般不会带来猛增的财政压力。但是如果市场变化较剧烈时，需求方补贴的总体预算往往难以预测，或许会给公共财政带来较大的负担。

（5）对保障房管理影响的角度。对政府而言，实物保障建设工作量大，后续的管理难度更大。过去认为实物保障便于集中管理，政府在管理和收入监控时不需要费很大的人力和物力，但在实际运行中政府愈加发现，管理难度和财政负担都非常大。例如，截至 2015 年 12 月 1 日，香港地区房委会下属执行机构房屋署共有 9074 名员工，其中，8393 人为公务员，681 人为合约雇员。房屋署公务员约占香港地区整个公务员队伍的 16%，行政开支巨大。而货币保障有利于倒逼政府提升管理水平。因为货币保障在使住户通过住房市场自行选择住房的同时，刺激了租赁市场的发展，对政府在住房租赁市场管理中的角色提出了更高的要求。

（6）对居民需求满足的角度。从这一角度来看，实物保障与货币保障各有优劣。货币保障给被保障家庭提供了更多的选择，理论上便于其在工作地附近获得住房，降低交通成本，提高居住满意度，实现职住均衡，但也面临可能难以租到合适住房的困境。目前，我国住房租房市场主要由个人出租者提供房源，租赁关系不够稳定，普遍存在任意解除租赁合约、提高租金等现象。加之租赁市场管理的法规不够完善，执法困难，租户权益得不到应有保护。另外，一些老弱病残等特殊人群在市场上也很难租得合适的住房。因此，一定数量的实物配置是必要的，也是必需的。实物保障对被保障家庭而言获取方式简单，租赁关系稳定。

2. 实物保障与货币保障的实践经验

从国际经验分析可知，美国、德国和英国都经历了从实物保障为主、到走向实物保障与货币保障并存的阶段。美国从 1974 年开始实施“住房券”。2009 年，美国有近 710 万低收入住户接受各种形式的住房保障。其中，租房券是最大的补助项目，提供了 218 万套住房。接受政府工程补助的私人所有出租房作为第二大项目，提供了 178 万套住房。政府建设营运的公共租赁住房排名第三，提供了116万套住房。随着经济发展和居民收入的增加，德国政府在1998年后不再直接参与住房建设，住房供给依靠市场。截至2011年底，德国已有90.3万户家庭获得住房补贴，约占德国家庭总数的2.2%。

3. 实物保障与货币保障的选择

从国内各城市的调研发现，少数城市已全面实行货币保障，如常州；而一些城市只在较小范围实施货币保障，如上海只对廉租房实施货币保障。从对国内外实践的分析看，实物保障有助于政府对保障房供给进行控制，保障房的数量由政府根据其财政情况进行调控。而实施货币保障时，所有满足住房保障准入条件的家庭均可以申请货币补贴，达到“应保尽保”，但政府无法主动控制被保障家庭数量和保障支出。因此，是否实行全面的货币保障，关键在于城市商品房市场的供求关系以及城市政府的保障能力。

（二）分配方式：配租与配售

配租与配售在世界各国实践中都有采用，如中国香港是以配租为主的代表，而新加坡则主要实行配售。关于配租与配售的优劣，学术界也有许多争议。一种主流观点认为，在政府拥有和所能支配的保障性住房房源较少时期，为了提高保障房的利用效率，应采用配租方式进行保障。随着保障房规模的增加，逐渐增大配售的比例①。但是，本书认为，配租与配售分配方式的选择，应该根据保障对象需求的特点进行。对于绝对贫困无力离开住房保障体系的家庭，不建议采用配租方式。这类家庭将一直占用保障房，无法增加保障房的利用效率。因此，配租与配售选择的关键，必须依据保障需求是永久性住房困难还是暂时性（阶段性）住房困难来决定。对于暂时性困难的适合配租；对于永久性困难的，更适合配售。同时，政府给予低收入家庭一些资产性保障，让他们共享经济发展成果，有利于社会稳定和脱贫。②

根据被保障对象未来提高住房支付能力的可能性，可将保障对象分为两类。一类保障对象（Ⅰ类）是所谓的“双困户”，即住房困难的贫困居民。这里的贫困是指“长期贫困”，主要指以低保补助为主要收入来源、无再就业能力、身边无人照料或子女幼小以及较长时期内无法脱贫的家庭。这类人员的居住困

---

① 曾国安、胡晶晶：《论中国城镇住房保障体系改革和发展的基本思路与目标构架》，载于《江汉论坛》2011年2月，第15~20页。

② 具体分析可参考：虞晓芬、金细簪、陈多长，《共有产权住房的理论与实践》，经济科学出版社2015年版。

难是长期性的，这类家庭的住房保障可选择配售，可以由其自身根据经济能力购买保障房的部分产权。另一类保障对象（Ⅱ类）是有一定的家庭收入，但其当前收入偏低（低收入家庭），在短期内无法通过商品房市场解决住房问题。这类居民在未来有收入持续增长的态势，住房支付能力将逐步提升，对该类对象的保障房分配应该采用配租方式，使其在条件允许情况下离开住房保障体系，从而提高保障房的利用效率。

因此出租型保障是最基本的形式，但房价收入比高的城市，应保留出售型保障作为有益补充。

综上所述，中国住房保障模式的选择依据可以归纳为表4－5。

表4－5　住房保障模式的选择依据

	可选模式	可选标准
供给侧	政府与市场	谁来供给更有效率
	增量与存量	区域住房供求总量是否基本均衡
需求端	实物与货币	城市政府的保障能力和供求关系
	配租与配售	住房保障需求的性质

第四节　分类设计：三类型的城市保障模式构建

一、中国城市住房保障类别划分

（一）划分标准

基于各类保障模式的适用条件，本书从供给水平、需求特征和保障能力三个层面，构建住房保障模式的适用性评价指标体系（见表4－6）。具体来说，供给水平的评价指标可分为人均住房面积（住房套数/家庭户数）和出清周期；需求特征的评价指标包括房价收入比和户籍人口比例；保障能力的评价指标以人均地方财政收入来表现。

表4－6　住房保障模式的适用性水平选择指标

因素	因子	评价指标	指标解释
供给水平	长期供给水平	人均住房面积（套户比）	城市住房总量/常住人口（住房套数/家庭户数）
	短期供给情况	出清周期	本月可售面积/月均成交面积

续表

因素	因子	评价指标	指标解释
需求特征	住房支付能力	房价收入比（租金收入比）	商品住房均价/人均可支配收入（合适住房正常月租金/家庭月收入）
	人口稳定性	户籍人口比例	户籍人口/常住人口
保障能力	政府财政能力	人均地方财政收入	地方财政收入/常住人口

注：套户比更能反映住房长期供给水平，但我国各城市还缺乏系统数据。

（二）分类结果

基于数据的有限性，本书对中国35个重点城市运用以上五个指标进行住房保障的聚类分析（分析过程见附录）。

对35个重点城市的城镇住房保障适用性水平进行排序后，对其进行归类，用于发现城市之间的异同。以35个城市为样本，利用各样本在主成分F1、F2上的得分和综合得分的数据，采用Ward聚类方法测定个案与类以及类与类之间的距离，用欧氏距离平方计算样本距离，从而得到全国重点城市的聚类分析结果。如图4-3所示，全国重点城市可分为三类，其中第二类又分为Ⅰ和Ⅱ两种类型，具体分类情况如表4-7所示。

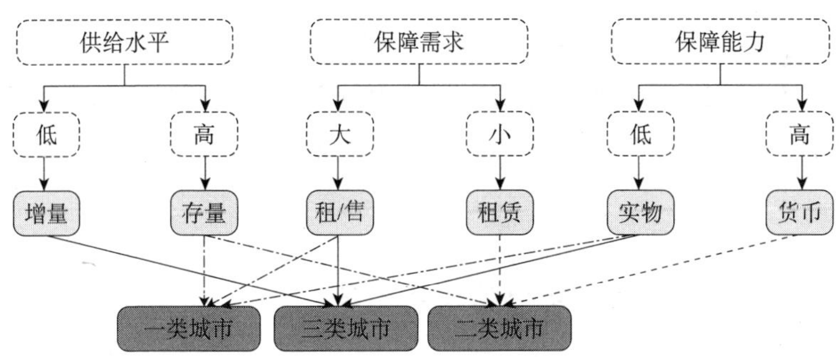

图4-3　中国城市住房保障模式的适用性分类

表4-7　35个重点城市的城镇住房保障适用性水平聚类结果

类别	城市
第一类	深圳、上海、北京、厦门
第二类Ⅰ	天津、杭州、大连、宁波、南京、武汉、青岛、乌鲁木齐、沈阳、广州、长春、郑州、长沙
第二类Ⅱ	济南、贵阳、昆明、银川、成都、呼和浩特、福州、西安、南昌、合肥、重庆、太原
第三类	海口、兰州、哈尔滨、南宁、西宁、石家庄

根据以上各类别城市在住房供给水平、保障需求特征和住房保障能力三个方面的指标数据，可判断各城市住房保障的适用性，进而针对性地选择住房保

障模式。

第一类城市的住房市场发展较好，住房供给基本充足；人口构成中非户籍人口比例很高（2014 年末户籍人口占常住人口的平均比例仅为 51.39%）。由于房价水平较高，低收入居民住房支付能力较差（2014 年平均房价收入比高达 20.06 倍），保障需求很大。经济发展水平虽然较好，但政府财政支出面对很高的保障需求仍显得力不从心，保障能力不够强。其代表城市主要是北京、上海、深圳和厦门等一、二线城市。

第二类城市的住房市场发展较好，住房供给较充足；经济发展水平较高，政府财力较为雄厚，保障能力较强；人口构成中非户籍人口比例不高，居民住房支付能力强，保障需求不大。其中的Ⅰ型和Ⅱ型主要在保障需求和保障能力水平上有一定差距。二类Ⅰ型城市的保障需求略大（平均房价收入比为 7.7 倍），但政府保障能力更高（平均人均地方财政收入为 10092 元），其代表城市包括常州、大连、宁波等。二类Ⅱ型城市的保障需求略小（平均房价收入比为 6.8 倍左右），但同时政府保障能力略低（平均人均地方财政收入为 6862 元），其代表城市有济南、贵阳、昆明等。

第三类城市的住房市场发展略为滞后，住房供给存在一定短缺；经济发展水平较低，政府财力较为薄弱，保障能力不够强；人口构成中非户籍人口比例虽然不高，但居民收入较低，住房支付能力较弱（平均房价收入比为 8.1 倍左右），以棚户区改造为特征的保障需求较大。其代表城市如南宁、西宁、哈尔滨等。

二、三类型城市的住房保障模式设计

（一）第一类城市的住房保障模式设计

第一类城市是非户籍常住人口比例最高的城市，一般属于特大型城市。这类城市的住房保障模式需根据政府财力和人口政策进行分别设计。从政府保障能力看，虽然这类城市的财政收入较高，但相比其绝对值大、占比高的非户籍保障群体，其保障能力还是不足。从人口政策看，2014 年 7 月 24 日国务院印发的《关于进一步推进户籍制度改革的意见》指出，“全面放开建制镇和小城市落户限制；有序放开中等城市（城区人口 50 万 ~ 100 万人的城市）落户限制；合理确定大城市（城区人口 100 万 ~ 500 万人的城市）落户条件；严格控制特大城市（城区人口500万人以上的城市）人口规模。”因此，特大城市不鼓励人口的大规模流入。从房价收入比分析，商品住房价格已远远超过本地户籍中低收入家庭的承受能力，甚至中等收入家庭、中高收入家庭都被排斥出商品住房市场。2015年北京、上海平均房价收入比分别为17倍和16倍（购买70平方米），中高收入家庭的房价收入比分别高达13倍和15倍（见表4－8），大大超出国际上通常认为3~6倍是合理水平的标准。

表4－8　　2015年北京、上海各收入阶层房价收入比

城市	平均房价收入比	低收入户	中低收入户	中等收入户	中高收入户	高收入户
北京	17	44	24	18	13	8
上海	16	32	23	19	15	8

注：2015年北京、上海商品住房成交均价为32008元/平方米和32284元/平方米。上海各等份收入以2014年统计年鉴公布的为基数，按2015年人均可支配收入增长8.5%。2015年北京、上海户均人口分别为2.8人和2.7人。

因此，从现实和政策两方面，第一类城市的住房保障需要区分户籍人口和非户籍人口，实施不同的政策（见图4－4）。对于户籍人口应采用“租售补改并举”的方式，通过公共租赁住房实物配租或货币化补贴保障最低群体的基本居住需求，允许无法通过收入提高脱离住房保障、但有一定购买能力的群体购买保障房的部分产权，通过棚户区改造改善一部分老城区原住民居住条件；而对于非户籍常住人口实行以租赁为主的阶段性保障。非户籍人口的保障在政府财力不能完全满足需求的情况下只能选择量力而行的实物保障形式，但政府应该通过贴息减税等方式大力培育和鼓励中低端住房租赁市场的发展，鼓励发展住房租赁企业，允许商用房按规定改建为租赁住房；向以租赁为主的非户籍居民提供适度租赁补贴。

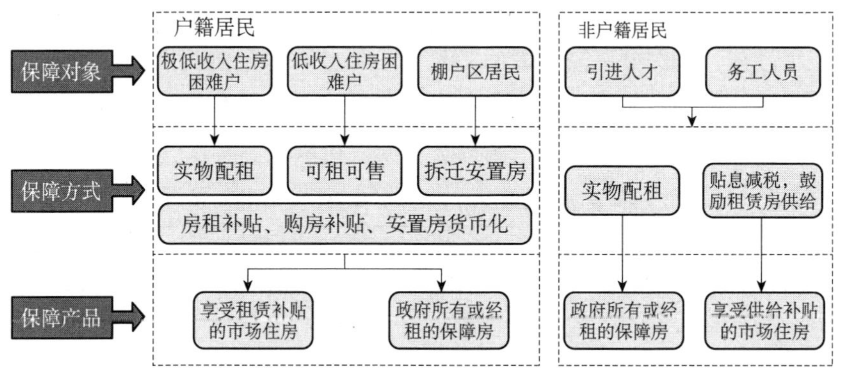

图4－4　一类城市的住房保障模式设计

1. 保障对象

第一类城市保障对象的特点，在于非户籍人口所占比例很大，如上海2015年非户籍人口占常住人口的比例为41%，这使这类城市的住房保障对象更为复杂。

户籍人口中主要是指低收入住房困难群体。这部分群体应该得到全面的住房保障，因为户籍人口长期生活与工作在这个城市，理应在该城市享有优先的、基本的居住权保障。低收入住房困难的户籍人口，有相当一部分在以往住房制度改革中享受过一定的住房保障，或者有些家庭已经拥有住房。所以，低收入群体住房困难者在户籍人口总量中的比例不高，必须实行“应保尽保”。而非户籍人口，在其户籍地已有基本的居住保障，既可以选择在户籍地也可以选择在非户籍所在地就业和居住，因此处于次优保障地位。

非户籍人口中主要包括引进人才和务工人员，其本质都是在城市工作的外来人口，只是工作性质不同而已，但其收入水平高低显著。务工人员普遍难以在一类城市获得基本条件的住房①，而引进人才中的新就业大学生群体面对这类城市高昂的租金和房价也会出现一定的住房困难。因此，非户籍常住人口中住房困难群体比例较高。

2. 户籍人口保障方式

对户籍人口实施“租售补改并举”，出租型保障房、出售型保障房、安置拆迁房、货币化补贴“四位一体”方式，以满足多层次需求。推进共有产权住房制度，完善自住商品房、限价商品房定价与再上市收益分配机制。第一类城市商品住房的房价收入比普遍大于10，有些甚至达到20。低收入住房困难家庭很难靠收入提高离开住房保障体系，将长期滞留在租赁保障中。由于缺乏国内这方面的调查数据，本书参考美国数据可以验证这一观点。如表4-9所示，美国滞留公共租赁住房五年以上的比例高达52%。而我国第一类城市更加高昂的房价，预计这一比例会更高。因此，允许一部分有一定购买能力的群体直接购买或在租赁若干年后购买保障房的部分产权，有利于降低政府的保障负担，也有利于提升这类家庭的安全感、幸福感和资产积累。

表4-9　2009年美国公共住房不同入住时间的住户分布

入住时间	上年搬入	1~2年	2~5年	5~10年	10~20年	20年前
比例（%）	22	10	20	18	17	12

资料来源：[美]阿列克斯·施瓦兹著，陈立中译，《美国住房政策》，中国社会科学出版社2012年版，第150页。

---

① 刘琳：《我国城镇住房保障制度研究》，中国计划出版社2011年版，第244~290页。

大力推进棚户区改造。第一类城市棚户区改造任务重，2016 年北京市棚户区改造 3.5 万户，实现全年保障房建设筹集 5 万套（含棚改安置房 4.4 万套）、基本建成 6 万套①。北京已明确的总体目标为："2017 年底前累计完成 15 万户改造任务，2020 年基本完成中心城棚户区改造。"上海"十三五"期间要进行 5000 万平方米的旧城改造。棚户区平房密度大、使用年限久、房屋质量差、人均建筑面积小、居住过于拥挤、采光不足、基础设施配套不齐全、交通不便利、治安和消防隐患大、环境卫生脏、乱、差，目前棚户区聚集的大多是本地户籍中低收入群体，将改造与居民居住条件改善结合、与中心城区人口疏散结合、与老城区复兴结合，一举多得。

推进公租房货币化，完善市场租房补贴机制。逐步扩大市场租房补贴范围，进一步提高租金补贴额度。鼓励保障家庭承租市场房解决住房问题，促进实现职住平衡，盘活市场存量住房，提高住房保障效率。

3. 非户籍人口保障方式

根据需求特点，非户籍常住人口可实行以租赁为主的阶段性保障。非户籍人口的保障在政府财力不能完全满足需求的情况下，一是要积极动员用人单位、开发区等社会力量利用存量土地建设公共租赁住房和提供货币化补贴。杭州、宁波等地都有很好的探索。二是采用积分制，政府以现有公共租赁住房和通过经租等方式将从其他保障类住房（如经济适用住房）以及商品住房中转化而来的保障房，选择性配租给城市发展中发挥重要作用的或在重要岗位的非户籍住房困难群体。通过对公租房最长租赁时间的限制，体现其需求特点，也提高其利用效率。

同时，本书认为，可以参考德国等国家的做法，通过贴息减税等方式大力培育和鼓励中低端租赁住房市场发展，平抑租房市场的租金，向以租房为主的非户籍居民提供实质性的供给补贴下的市场租赁住房。

（二）第二类城市的住房保障模式设计

1. 保障对象

第二类城市的经济发展水平较高，对外来人口有一定吸引力，特别是对本省其他地区的人口。例如，2016 年末，常州市常住人口 470.8 万人，其中户籍

---

① 数据来源：北京市住房和城乡建设委员会，http://www.bjjs.gov.cn/bjjs/zfbz/phqgz/pgdt/406638/index.shtml，2016 年 11 月。

总人口374.9万人，户籍人口占常住人口的比例为79.6%。因此，常州住房保障群体除本地的低收入住房困难家庭外，还包括部分非户籍人口。

2. 保障方式

第二类城市，人口政策相对较第一类城市宽松，房价收入比相对合理，市场供给充分，尤其是第二类Ⅱ型城市，去库存压力大，可鼓励非户籍常住人口在本地购房落户。且这类城市具有一定的经济实力，住房保障水平较高，应直接采取需求方货币补贴政策，直接给中低收入阶层租房补贴或购房补贴，鼓励被保障人在住房市场上自主租赁满足保障房标准的住房。这样既节约了资源，节省了政府开支，又保证了住房供应链的连续性，加速了各个等级的住房过滤。

租赁性住房保障为主，即住房保障应基于基本居住权，立足于租赁性住房保障。租赁性住房保障按照分层逆向梯度补贴原则，根据家庭可支配收入对住房困难家庭进行分层补贴。随着家庭可支配收入的增加，给予的住房补贴额度成梯度形态逐渐下降，以防止补贴结果的垂直不公。

当然，并不排斥将产权性住房保障作为租赁性住房保障的重要补充。建议在被保障家庭进入租赁性住房保障一定年限后（如五年），可以给予其产权性住房保障，包括采用购买实物配租保障房的部分产权，或采用贴息退税等方式给予其购房补贴。

因此，对第二类Ⅱ型城市无须区分户籍，对常住人口实施统一的住房保障；主要采用存量转化为主、租赁方式为主、全面货币化保障，即“存量—租赁—货币”的保障模式。对第二类Ⅰ型城市，则视市场特点是更趋向一类城市还是第二类Ⅱ型城市，进而采用不同的模式。

（三）第三类城市的住房保障模式设计

1. 保障对象

第三类城市的经济发展较为滞后，无法吸引外来非户籍人口，且本地户籍人口大量外流，因此人口构成中非户籍人口比例不高。如南宁，2016年末户籍人口751.74万人，常住人口706.22万人，常住人口少于户籍人口，人口呈现净流出的状况。因此，其住房保障的主要群体是本地的低收入住房困难家庭。

2. 保障方式

针对本地的低收入住房困难群体，其处于长期性住房困难的可能性较大，因此，建议采用先租后售、租售结合的方式。

这类城市的房地产市场发展较为滞后，住房供给存在一定短缺。第三类城市人均住房面积仅为29.3平方米，明显低于其他两类城市，与常州、温州、东莞等沿海经济发达城市超过40平方米的人均居住面积相比较更显不足。因此，从住房供给不足来看，需要政府主导新建保障房或鼓励社会机构新建或改造保障房，以在较短时间内增加保障房源，解决中低收入阶层的住房问题。

而在实物与货币保障的选择方面，需要从以下两个角度考虑：（1）如果在低档存量房短缺时期实行货币补贴的方式，则会由于被保障群体支付能力的提升而增加市场的住房需求，从而推高住房价格，难以很好地达到住房保障政策的目标。（2）经济发展水平较低，政府财力较为薄弱，保障能力不够强。然而，人口构成中非户籍人口比例虽然不高，但居民收入较低，住房支付能力弱，保障需求较大。因此，政府无财力实施以需求方货币补贴为主导的全面保障政策。因此，第三类城市目前只能选择控制供给的实物保障方式。

综上所述，第三类城市也无须区分户籍，对常住人口实施统一的住房保障，主要采用增量房源筹措、租售结合方式、提供实物保障，即“增量—租售—实物”的保障模式。

附录

35个重点城市住房保障模式适用性水平的聚类分析

一、主成分分析结果

根据因子分析的模型和原理，采用 SPSS 19.0 对35个城市的指标数据进行因子分析。对收集的变量数据进行因子分析可行性检验（见表1），样本的 KMO 检验值为0.607，指标统计量大于0.50，表示变量之间具有共同因素。同时，Bartlett 球形度检验值为78.416，且 P 值为0.000，达到0.05的显著水平，可以认为相关系数矩阵和单位矩阵存在显著的差异，适合于作因子分析。

表1　　KMO 和 Bartlett 的检验

取样足够度的 Kaiser-Meyer-Olkin 度量		0.607
Bartlett 的球形度检验	近似卡方	78.416
	df	10
	Sig.	0.000

本书采用主成分分析法对35个城市进行了探索性因子分析（见表2）。共有2个公共因子特征值大于1，且累计解释率达73.434%，除了出清周期这个指标，其余指标项共同度均大于0.8，说明2个公因子能很好地解释该测量指标，保留了原始数据的大部分信息。这样，既简化了结构，又能保证足够的准确性（见表3）。然后用方差极大正交旋转法对前面2个公共因子进行转抽处理，旋转后的因子模型（见表4）。

表2　　公因子方差

	初始	提取
人均住房面积	1.000	0.904
出清周期	1.000	0.165
房价收入比	1.000	0.855
户籍人口比例	1.000	0.884
人均财政收入	1.000	0.863

提取方法：主成分分析。

表3　　相关矩阵的特征值与累计贡献率

解释的总方差									
成分	初始特征值			提取平方和载入			旋转平方和载入		
	合计	方差的%	累积%	合计	方差的%	累积%	合计	方差的%	累积%
1	2.611	52.222	52.222	2.611	52.222	52.222	2.561	51.215	51.215
2	1.061	21.212	73.434	1.061	21.212	73.434	1.111	22.218	73.434
3	0.968	19.359	92.793						
4	0.219	4.381	97.175						
5	0.141	2.825	100.000						

表4　　旋转成分矩阵

	成分	
	1	2
人均住房面积	-0.066	0.948
出清周期	-0.257	-0.315
房价收入比	0.911	0.158
户籍人口比例	-0.931	0.132
人均财政收入	0.891	0.264

其中，第一公因子F1在房价收入比、人均可支配收入上的载荷较大，主要反映了住房市场需求能力以及财政保障水平的状况；第二公因子F2在人均住房面积上的载荷较大，主要反映城市住房保障水平。

利用各主因子方差贡献率占总方差贡献率的百分比作为权重，然后与各主因子得分加权求和，得到35个城市住房保障模式适用性水平的综合得分及排序（见表5）。

表5　　35个城市住房保障模式适用性水平的得分及排序

指标名称	F1得分	F1排名	F2得分	F2排名	综合得分	排名
深圳	17225.860	1	5136.493	1	13733.750	1
上海	16850.640	2	5031.886	2	13436.700	2

续表

指标名称	F1 得分	F1 排名	F2 得分	F2 排名	综合得分	排名
北京	16683. 320	3	4978. 594	3	13302. 320	3
天津	14038. 500	4	4197. 021	4	11195. 710	4
厦门	12721. 740	5	3804. 834	5	10146. 020	5
杭州	10293. 980	6	3086. 441	6	8212. 024	6
大连	9959. 656	7	2979. 329	7	7943. 332	7
宁波	9814. 261	8	2941. 325	8	7828. 958	8
南京	9798. 775	9	2938. 347	9	7817. 086	9
武汉	9485. 997	10	2845. 081	10	7567. 715	10
青岛	8814. 953	11	2639. 661	11	7031. 17	11
乌鲁木齐	8594. 891	12	2574. 443	12	6855. 836	12
沈阳	8472. 605	13	2537. 249	13	6758. 13	13
广州	8459. 523	14	2529. 846	14	6746. 688	14
长春	7980. 743	15	2393. 739	15	6366. 893	15
郑州	7921. 844	16	2377. 997	16	6320. 459	16
长沙	7706. 224	17	2317. 878	17	6149. 757	17
济南	6844. 114	18	2057. 421	18	5461. 439	18
贵阳	6481. 505	19	1942. 748	19	5170. 448	19
昆明	6424. 961	21	1937. 745	20	5128. 793	20
银川	6425. 688	20	1933. 745	21	5128. 154	21
成都	6329. 821	22	1907. 937	22	5052. 524	22
呼和浩特	6202. 065	23	1855. 622	23	4946. 560	23
福州	6128. 561	24	1846. 998	24	4891. 797	24
西安	6025. 619	25	1816. 370	25	4809. 744	25
南昌	5819. 292	26	1758. 395	26	4646. 269	26
合肥	5793. 157	27	1748. 258	27	4624. 756	27
重庆	5723. 790	28	1730. 746	28	4570. 367	28
太原	5364. 034	29	1616. 829	29	4281. 623	29
海口	4055. 119	30	1228. 734	30	3238. 695	30
兰州	3703. 502	31	1120. 375	31	2957. 345	31
哈尔滨	3544. 945	32	1074. 975	33	2831. 474	32
南宁	3541. 412	33	1078. 363	32	2829. 940	33
西宁	3262. 139	34	989. 830	34	2605. 764	34
石家庄	2882. 786	35	881. 149	35	2304. 597	35

二、聚类分析结果

对 35 个重点城市的城镇住房保障适用性水平进行排序后，还应对其实行归类，用于发现城市之间的异同。以 35 个城市为样本，利用各样本在 F1、F2 上的得分和综合得分的数据，采用 Ward 聚类方法测定个案与类以及类与类之间的距离，用欧氏距离平方计算样本距离，从而得到全国重点城市的聚类分析结果。从图 1 可以看出，全国重点城市可分为四类，具体分类情况如表 6 所示：

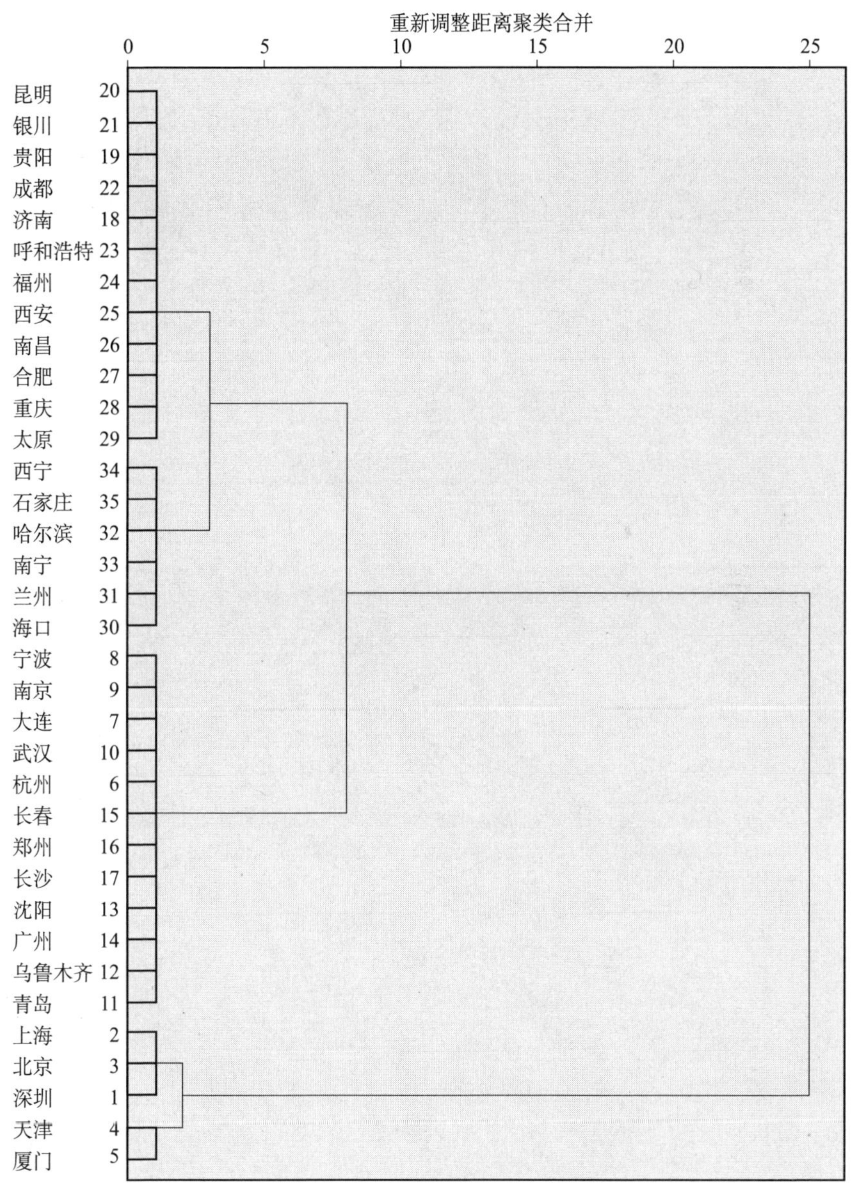

图 1　使用 Ward 连接的树状图

表6　　35个重点城市住房保障模式适用性水平的聚类分析结果

类别	地区
第一类	深圳、上海、北京、厦门
第二类	天津、杭州、大连、宁波、南京、武汉、青岛、乌鲁木齐、沈阳、广州、长春、郑州、长沙
第三类	济南、贵阳、昆明、银川、成都、呼和浩特、福州、西安、南昌、合肥、重庆、太原
第四类	海口、兰州、哈尔滨、南宁、西宁、石家庄

第五章

政府与社会力量在住房保障体系中的定位

住房保障是一个世界性难题。新中国成立以来，政府一直都很重视和积极解决城乡居民的居住问题，只是在不同阶段的意愿和实际工作的力度不同。综观境外成熟的住房保障体系的建立和完善过程，各国政府都是住房保障责任主体，同时在财政投入和市场运作之间寻找一个平衡点，根据不同阶段的住房保障目标来积极引导社会力量参与其中。在新形势下，中国政府和社会力量都需要重新思考和优化各自在住房保障体系中的发展定位和主要功能，探索和构建出两者互动合作的新方式、新内容和新路径。

第一节　政府在住房保障体系中的定位：以人为本的主体担当

一、政府在住房保障体系中的定位演进

（一）政府在住房保障体系中的总体定位变化：从极端走向平衡

新中国成立以来，中国政府一直很重视城乡居民的居住问题，住房制度也大致经历了住房实物分配的福利制度、住房制度改革推进和住房制度改革深化发展等三个阶段（见图5-1）。简单回顾中国政府在这三个阶段住房保障工作中的定位与作用，不难发现，政府为解决居民的住房问题一直在尽职尽责。只是在不同阶段，因政治经济形势、经济发展水平、财政实力、社会大众心理和住房观念等因素的变化，住房保障力度有别而已。

在第一个30年，中国处于计划经济时代，在城镇由国家（含各级政府和单

位）统一建造公有住房，通过行政方法按职级和家庭人口等因素进行分配，租金低廉，是一种完全福利化的住房保障体系。在第二个三十年，中国开始探索住房市场化，并在1998年停止了住房实物分配，逐步推行住房商品化改革。与此同时，虽然在政府主导下基本形成了以经济适用房、廉租房和住房公积金为主体的住房保障制度，但由于一度忽视住房保障的重要性，造成保障性住房建设严重不足。在第三个三十年，以2007年《关于解决低收入家庭住房困难的若干意见》出台为标志，中国开始探索建立新型住房保障体系，政府和市场都重新调整各自对住房供应的定位和作用。由此进入住房保障和住房市场并重发展的新阶段。

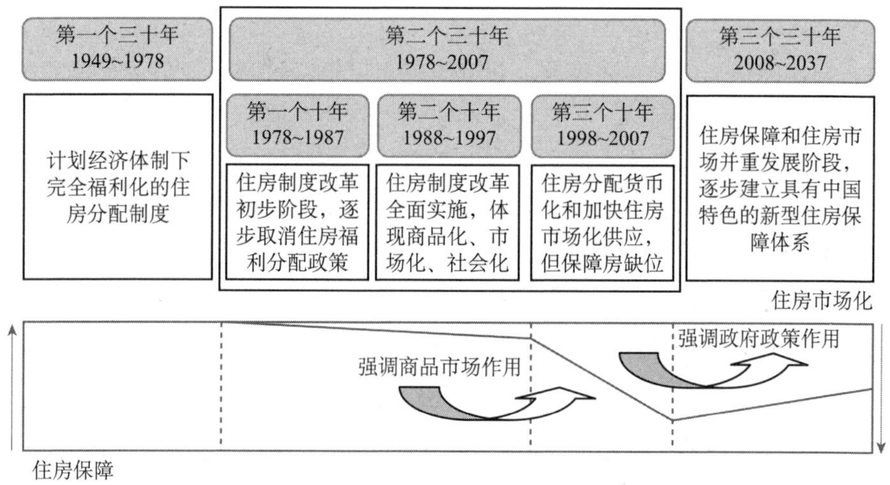

图5-1　中国住房制度发展阶段划分与政策特征

（二）政府定位的转变：从包办走向主导

与之前推行住房实物分配、政府大包大揽的住房保障相比较，中国目前已基本形成了市场供给与政府保障相结合、以市场供应为主的城镇住房政策框架，比较完备的住房保障体系已经建立。在实践中，政府积极发挥主导作用，但在不同类别的住房保障中政府具体定位与作用又不尽相同（见表5-1）。

表5-1　中国各类保障性住房基本情况与政府定位

类别	保障对象	保障标准	保障方式	政府定位与作用
廉租住房	初期为最低收入家庭，后改为低收入家庭	50平方米以内	货币补贴、实物配租	地方政府在国家统一政策指导下负责直接投资，同时财政部提供一定补助

续表

类别	保障对象	保障标准	保障方式	政府定位与作用
公共租赁住房	城市中等偏下收入住房困难家庭、新就业职工、居住满一定年限的外来务工人员	单套60平方米以内，套均40平方米左右	出租	市、县人民政府通过直接投资、资本金注入、贷款贴息等方式投入，省、自治区政府给予资金支持，中央以适当方式给予资金补助
经济适用住房（共有产权房）	初期为中低收入家庭，后改为低收入家庭	单套住房面积在60平方米左右	出售	政府一方面继续负责土地划拨（供地）或用地项目许可、建设项目许可、事业性收费减免、出售价格制定或审批、供应对象选择等工作，另一方面也探索运用市场机制与保障对象共同推动共有产权房保障模式
限价商品住房	中等偏下收入住房困难家庭	90平方米以内	出售	政府采取限房价、竞地价的方式
棚户区改造安置住房	棚户区住房困难家庭		出售	各级政府对本地区棚户区改造负总责，落实具体工作责任和完善工作机制。中央政府给予补助

资料来源：中国发展研究基金会，《中国城镇化进程中的住房保障问题研究》，中国发展出版社2013年版。

（三）中央政府与地方政府在住房保障体系中的定位变化：从单一分工走向路径协同

在中国现有政府组织架构中，中央政府为了改革住房制度和解决住房问题，主动设计住房保障制度并且依靠中央权威进行强力推进；同时，下放部分决策权，赋予地方政府制定地方细则、条例或有关办法的权利。地方政府具有双重属性，既是中央政府政策的执行者，也是辖区事务管理的独立主体，其自身的利益诉求有时与中央政府并不完全一致。

中央政府与地方政府进行分工，一方面，有利于充分调动地方政府的积极性，避免各地住房保障政策执行过程中只是简单的“一刀切”；另一方面，由于存在信息不对称、监管体制缺乏和考核不完善等原因，势必会影响住房保障政策在地方执行的实际效果。从整体来看，地方政府对中央政府下达的住房保障工作安排一般都视为政治任务，加上住房保障工作的好坏在一定程度上也会影响到地方官员的治理政绩，这保障了地方政府常在财政负担可控的情况下积极完成相关任务或计划。在具体操作中，地方政府会对有关住房保障政策做出一些调整，一方面将中央政策地方化，另一方面使政策更具操作性与执行性。①

① 余宇等：《中国经济适用住房政策的效果评估与发展前景研究》，中国发展出版社2012年版，第28页。

二、政府在住房保障体系中定位的国际经验及其启示

（一）政府在住房保障体系中定位的国际经验

住房保障是一个世界性的难题，兼顾经济问题和社会问题。各国或地区政府在解决低收入家庭的住房问题上负有不可推卸的责任，将保障性住房供给水平当作衡量政府公共服务、提高执政效率的重要标杆。不同类型的经济体，政府的住房保障职能演进轨迹不同。西方市场经济发达国家，政府住房保障功能经历了一个弱化、逐步强化再逐渐弱化的倒 V 形曲线；而在转型国家，政府住房保障功能则是一个高度强化到弱化、再逐步归位的 V 形调整过程。[①]

本节以社会构造、政治价值理念为分类依据，借鉴余南平（2009）和郭丽岩（2013）的住房保障制度模式的国际比较研究有关思路，选择四类不同保障性住房建设与管理模式，分析政府承担的主要职责和具体定位，以及中央与地方间政府关系等内容。

1. 新自由主义价值取向与自由市场政策模式

新自由主义价值取向与自由市场政策模式是以住房市场化为核心，兼带实施国家基本保障责任，代表国家有美国和英国。

美国政府自 20 世纪 30 年代以来就一直对住房市场实施普遍的、间接性的干预。从保障方式看，经历了政府兴建公共住房，到后来的由私人建筑公司通过市场化方式建造公共住房，再到目前以针对租户的直接租金补贴为主的方式（王安岭，2013）。从资金来源看，美国公共住房主要由财政投资建造，联邦住房与城市发展部每年会编制住房发展计划提供住房建设资助，向低收入家庭提供住房补贴，同时还对包括地方政府建设的公共住房提供补贴。从中央与地方政府关系看，在初始阶段，联邦政府是住房保障职能的最主要承担者，州和地方政府承担的责任很少；而在 20 世纪 80 年代住房保障的压力相对缓解之后，州和地方政府承担的住房保障责任才相对增加。

在英国，政府所承担的住房保障责任随着社会经济的变化和社会主要矛盾的转移而不断变化。从保障方式看，最初是政府直接出资进行大规模公共住房建设，之后实施公房私有化改革导致住房保障供应不足，再到目前加大住房保

① 高培勇等：《新型城市化背景下的住房保障》，中国财政经济出版社 2012 年版，第 29 页。

障供给力度。从中央与地方政府关系看，低收入居民的住房问题明确由中央政府负责，地方政府设立住宅建设、补贴发放管理机构，负责具体实施，相关的资金投入由中央财政预算安排。

2. 法团主义价值取向与社会市场政策模式

法团主义价值取向与社会市场政策模式强调市场经济必须承担社会责任，对住房价格采取法团干预机制和支持社会住房，保障社会成员享有居住权利。代表国家有德国和荷兰。

德国属于传统法团社会模式，利用成熟的社会化住房制度维持住房价格的稳定和保障居民的居住水平。在政府层面，住房保障责任在三级政府间有明确划分，联邦负责设立法律框架；16 个联邦州参与法律制定，并具体负责社会住房项目；而市镇级政府负责城市土地管理，为住房提供基础设施，具体办理社会住房出租管理。① 从保障方式看，政府在“二战”后大力支持建造租金较低的“福利住房”，之后利用税收政策和贷款优惠等方式支持非营利社会组织扩大住房供给，待住房严重短缺矛盾缓解后，政府又以房租补贴为主、公共福利住房为辅的方式来解决低收入家庭的住房难题。从中央与地方政府关系看，德国住房政策主要为地方政策而非国家政策，地方政治传统有很大影响，例如，每个州政府按照联邦政府颁布的《民房建设资助法案》均设立一个政策性住房金融机构，便于为社会低收入阶层提供政策性购房融资。

荷兰属于竞争性法团社会模式，比传统模式更加依靠市场机制和价格机制来发挥效用。宪法规定，为公民提供充足的住所是政府的主要职责。从保障方式看，政府在“二战”后投入大量资金解决住房短缺，每年都有大批新建住房建成，居民总体居住条件位居世界前列，但到 20 世纪 90 年代政府开始鼓励住房私有化，同时针对老人和低收入弱势群体进行住房补贴。从中央与地方政府关系看，中央政府管理职能远大于地方政府，会采取补贴等一系列手段刺激房屋建设，而州政府在住房领域的责任有限，主要是编制地区规划文件和在较小的城镇进行城市重建等任务。

3. 威权主义价值取向与政府干预政策模式

威权主义具体到住房领域，表现为政府对住房市场供给水平和价格进行强制干预。代表国家或地区有新加坡和中国香港。

新加坡明确政府是保障性住房建设和管理的主体。1960 年根据《住宅发展

---

① 倪虹：《国外住房发展报告》，中国建筑工业出版社 2013 年版，第 186 页。

法》成立住宅发展局（建屋发展局），代表政府行使权力，负责制定组屋发展规划及房屋管理，实行统一建设、统一分配和统一管理的运作机制，实现“居者有其屋”目标。

中国香港从1970年开始推行系列住房保障计划，实施统一规划、统一建设、统一分配和统一管理，提供的住房包括政府出资兴建的出租住房、为老年人提供的长者房舍、政府补贴出售的居屋等形式，同时注重在公屋社区内规划和开发运营商业设施，努力实现公屋的可持续发展。

4. 社会民主主义与高福利国家政策模式

社会民主主义主张通过国家行为最大限度地改善住房领域的不平等，表现出国家财政支持特征。代表国家有丹麦和瑞典。

丹麦的住房质量和居住条件被公认为全世界前列，整个住房市场处于政府高度管制和补贴中。从保障方式看，政府首先解决住房供应不足的问题，之后推出各种政策鼓励住房自由化，同时将支持住房供应（建筑补贴）逐渐转变到更多地支持住户的住房津贴。从中央与地方政府关系看，中央政府主要负责制定宏观政策目标和手段，尤其是设定住房补贴占国民预算的比例；而地方政府保障社会住房的建设和负责安排入住并发放住房补贴，监督住房协会的活动等。①

瑞典的住房政策，旨在保证所有的瑞典人都能达到舒适的住房标准。从保障方式看，政府在“二战”后大规模投资建设公共住房，缓解住房紧缺的矛盾，之后通过中央政府预算和税收制度等不同方式对住房成本进行补贴，现在则转为帮助低收入家庭的住房津贴方式。

（二）对中国政府在住房保障体系中定位优化的启示

1. 政府是住房保障的负责主体

综观各国住房保障体系的建立和完善过程，政府都是住房保障责任主体。发达国家或地区均以政治、安定、公平作为建立住房保障制度的基本动因，以满足城市居民的基本居住需求、保障居民的基本生活需要作为建立住房保障制度的出发点。② 因此，为了弥补市场失灵造成的不足，客观上需要政府提供住

---

① 余南平：《欧洲社会模式——以欧洲住房政策和住房市场为视角》，华东师范大学出版社2009年版，第340页。

② 中国发展研究基金会：《中国城镇化进程中的住房保障问题研究》，中国发展出版社2013年版，第431页。

房保障。在实际操作中，尽管出现了运用市场机制解决保障住房的形式，但是住房保障供给始终是各国政府的基本职责。

2. 政府负责住房保障的内容因时而变

当住房供应、特别是保障性住房供应不足时，各国政府常常进行大规模国家干预，直接出资或补贴建设公共住房，解决住房供应短缺难题。但是，随着全国性住房供应不足缓解或者消失后，政府转向采取补贴住户的方式解决居住问题。从住房保障对象演变来看，在住宅供应不足阶段，住房保障覆盖面较大；而在后来居住短缺缓解甚至平衡以后，住房保障重点是低收入家庭。因此，政府所承担的住房保障责任也是根据各国的经济发展阶段和社会发展水平等进行动态调整。

3. 中央政府与地方政府需要合理分工

因为不同国家政治制度和税收体制的不同，中央与地方政府的住房保障责任也存在着区别。总体来看，中央政府常常是住房保障职能的主要承担者。同时，中央和地方政府需要合理分工，共同完成住房保障任务。一般情况下，中央政府侧重于宏观发展规划和编制预算、确定住房目标、提供资金支持和发放住房补贴；而地方政府侧重于落实和执行中央政府的决策，负责建设和分配保障社会住房、发放住房补贴等具体工作。因此，通过合理的分权设计，明确中央和地方政府的责权利，有利于调动双方的积极性，使政府承担的主体责任效果达到最大。

4. 政府的职责还需要引导社会力量

从各国住房保障政策的发展趋势来看，政府负责的直接政策逐渐减少，倾向于间接干预。考虑到不同阶段的住房保障内容不同，政府需要在财政投入和市场运作之间找一个平衡点。不可否认，居民个体和社会力量在保障住房发展中日益发挥着越来越重要的作用。发达国家的经验已经表明，政府更适合做一个引导者和监管者，而不是一个执行者，即引导私营企业和其他社会资本投资建设保障性住房，从而实现政府在住房保障方面的目标①。因此，政府在构建住房保障体系中，需要根据不同阶段的住房保障使命和要求来积极引导社会力量参与。

三、政府在住房保障体系中的总体定位

政府是住房保障的责任主体，负有建立健全住房保障体系的主导作用。政

① 赵奉军：《公共租赁房企业化运营中的政府角色》，载于《中国房地产》2012 年第7 期，第17～19 页。

府需坚持以人为本的基本理念，突出公共服务均等化、公民权利平等化，强化目标到位、主体到位和责任到位，把建好住房保障体系作为检验自身承担公共服务职能的重要指标。在实践中，需要避免以下三个定位误区。

（一）住房保障≠住房福利

住房保障体系的广义性，是指政府通过不同的优惠政策让绝大多数居民都有能力解决好住房问题，不同层次的居民所获得的优惠政策不一样。住房保障体系的狭义性，是指政府通过建造保障性住房、货币化补贴等方式解决最低收入者或无收入者的基本居住问题，其边界是以政府严格的财政预算为条件。[①]政府主导住房保障不能超越经济发展阶段，提供的保障范围不能太大，要求实现精准、高效的住房保障，避免滑向福利陷阱，否则会严重影响，甚至拖垮国家或地区的经济发展。因此，住房保障要适度，使政府财力和居民家庭都可以负担。

（二）政府主导≠政府包办

政府肩负解决城市居民住房问题的重要职责，在保障性住房供给过程中需全程参与并主导，但这并不意味着政府对所有事情都要亲力亲为。一方面，政府在当前阶段和形势下要勇于担当，切实改变中国住房保障总体仍然处于较低水平的局面；另一方面，也需要思考如何使有限的财政资金投入和政策安排通过市场产生杠杆效应，调动广泛的社会力量进行保障性住房的建设和管理，鼓励居民个人通过努力工作自行解决和改善住房问题。

（三）市场化运作≠完全市场化

目前，我国住房保障的基本原则是政府主导、市场运作、社会参与。针对不同性质的保障性住房，政府既采用直接投资的方式，也通过多种形式组织和协调企业投资。政府主导不仅体现在增加投入上，也体现在通过规划布局、土地供应、政策支持等引导社会力量充分参与。[②]但政府引导社会力量参与，不是淡化或者忽视自己承担的社会责任，加上住房保障问题涉及公平与效率，特

---

① 易宪容：《论住房市场的内在本质、功能边界与价格走势》，载于《江海学刊》2012年第3期，第81~89页。

② 穆虹：《“十二五”期间住房保障投资的重点和难点》，载于《行政管理改革》2011年第9期，第15~21页。

别在当前这个阶段还有补过去“欠账”的意义。

四、中央与地方政府在住房保障体系中的分工协作

（一）基本框架

基于中国各地区社会经济发展和各级政府间财政收支的差异，在明确住房保障是各级政府共同责任的前提下，按照“央地协同、分级管理、属地负责”的原则，构建财权与事权一致、发挥各自优势共同参与的工作机制。总体来看，中央政府承担总体责任，关注全社会住房的公平和社会稳定；地方政府负责落实和细化。两者关系的处理，需要注意以下关键点。

1. 中央住房保障规划制定要接地气

现行住房保障总体目标由中央政府制定，然后以行政命令的方式责令地方政府执行。结合中国行政体系运作的现实国情和考虑到住房保障任务完成的艰巨性，在当前阶段一方面，还需要强化中央政府在住房保障领域的总体规划职能，从全国整体上测算保障性住房的总量和规划空间布局，做好对地方政府的指导。另一方面，应综合考虑各地区的发展差异和实际情况，在设定目标过程中给予地方政府一定的参与权，而不是简单的“一刀切”。地方政府是住房保障政策执行的主体，更清楚属地情况。因此，有必要促使中央和地方政府携手制定有关住房保障规划，因地制宜、因时而异地选择住房保障模式。

2. 地方政府需正确认识和摆正位置

当前，大多数地方政府对住房保障重视不够，将开展住房保障工作和搞好地方经济发展对立起来，过于重视短期经济效益。首先，地方政府要正确认识住房保障是政府的基本职责，不能只算眼前的经济账，不考虑长远的社会账。其次，地方政府需要提高自己在住房保障中的主动性，将城市发展与住房保障有机结合，根据城市特点确定住房保障的定位。

3. 中央支持地方工作要抓重点

从现实看，地方政府建设保障性住房的积极性不高，表面原因主要是资金不够而且难筹、土地紧张不愿供给；其背后的深层次原因，则是地方政府的财权与事权不匹配，以及对土地财政的过分依赖。另外，各地方政府的财政实力和可支配资源也不尽相同。因此，中央政府需要从经济体制改革入手，加大保障性住房的资金支持力度。中央对地方住房保障的资金支持，需要从两个方面

入手：一是直接资金支持，即以中央财政资金投入来统筹不同地区之间的住房保障；二是间接资金支持，即拓宽融资渠道，采用政策引导鼓励地方政府扩大保障住房融资渠道。

4. 强化责任考核和加强激励并重

中央政府加强对地方政府住房保障工作的管理需要两手抓，既要抓考核，也要抓激励。因为地方政府常常从地区局部利益狭隘理解住房保障的重要性，因此，中央政府需要将地区住房保障工作的实际进展纳入地方政府的考核指标体系内，优化传统以 GDP 为主的政绩考核机制，让地方政府正确认识社会经济不能偏离“以人为本、民生重要”的发展方向。与此同时，中央政府也应综合采取措施提高地方政府承担住房保障责任的激励，对住房保障工作有个全面的认识，使地方政府能够想明白做好住房保障对地区经济发展所起到的重要作用，不要片面误解住房保障是地方包袱或烧钱负担，而应将建设良好的住房保障体系视为地方经济和社会发展的“压舱石”。

（二）中央政府具体职责界定

在经济新常态和新型城镇化背景下，中央政府根据国家住房保障发展使命，以促进基本公共服务均等化为导向，负责制定总体发展目标和政策，建立并健全住房保障体系，统筹区域住房市场与住房保障发展，实施动态监督考核。在借鉴国外经验和立足国情基础上，中央政府需要重点做好以下三个方面的工作。

1. 立法保障和规划先行

法律法规先行，是经济发达国家和一些发展中国家解决低收入家庭住房问题的一大特点。由中央政府牵头，报请全国人大加快住房发展或住房保障方面的立法工作，能够早日颁布实施《住房法》或《住房保障法》，通过法律形式明确住房保障的发展目标、保障对象、保障标准，界定中央和地方政府在住房保障中的责任与定位，包括资金投入、土地提供、金融支持、财税优惠等方面的具体责任。同时，中央政府制定符合发展阶段和基本国情的住房政策和规范体系，理顺住房市场的要素供给水平，组织编制住房保障发展规划，指导全国住房保障工作。

2. 加大投入和合理分工

目前，中央政府对住房保障的财政投入明显不足，大部分仍由地方政府承担（见表 5－2）。因此，只有中央政府加大住房保障的资金投入，才可以确保住房保障职能不落空。中央政府首先需要测算资金需求，确定合理的财政投入；

同时注重发挥财政间接支持的作用，发挥“四两拨千斤”的杠杆效应，尽可能引导社会力量和资本参与住房保障建设和管理。

表 5-2　2012~2016 年中国住房保障资金投入及构成　单位：亿元

年份	2012	2013	2014	2015	2016
中央财政筹集保障资金	1861.65	1749.00	1984.00	2544.83	2377.37
地方财政筹集保障资金	2321.09	2973.92	3617.55	4088.46	5172.38
项目建设相关单位筹集保障资金	4667.67	5646.86	10631.77	13725.35	20264.95

资料来源：2013~2017 年城镇保障性安居工程跟踪审计结果。

在确定中央和地方政府的财政责任时，一方面，要强化中央财政的作用，加大中央财政的转移支付力度，取消或减少经济困难地区的财政资金配套，争取地方政府在住房保障工作中财权与事权相匹配，提高地方政府的参与积极性；另一方面，中央政府要鼓励地方政府进行实践创新，给予地方政府一定的政策实施空间，以利于拓宽资金融通渠道和吸引更多社会力量参与住房保障建设与管理。

3. 完善考核和激励机制

理论上讲，地方政府投入住房保障的短期经济效益差，长期社会效益高。但在现行的以 GDP 增长为主要政绩考核指标中，地方政府由于保障性住房财政投入的增加以及保障性住房用地带来的出让收入的减少等，导致其保障房建设投入的动力不足①。中央政府在考核地方官员和政府绩效时，需要改变单一的经济性指标考核体系，将住房保障有关的指标纳入其中，引导地方官员从“关注经济发展”转向“关注民生发展”，促使地方政府关注城市长期发展目标，弱化“土地财政”对地方政府开展住房保障工作的不利影响。

在具体操作中，中央政府可以采取多种方式调动地方政府积极性。第一，采取“以奖代补”模式来分配财政专项转移资金，激励地方政府承担保障性住房建设和管理责任；第二，中央政府对地方政府的财政专项转移资金按照常住人口作为基数来进行均衡分配，体现“以人为本”的转移支付目的；第三，中央政府对地方政府的城市建设用地指标和规模分配时，与地方的常住人口规模挂钩，优先供给保障性住房用地和相应配套基础设施。因此，中央政府通过为地方政府解决资金不足和供地“瓶颈”的同时，改进地方官员的考核机制，以提高地方政府提供住房保障的动力与意愿。

① 程大涛：《住房用地二元体制下地方政府建设保障房动力机制研究》，载于《浙江学刊》2013 年第 4 期，第 149~157 页。

（三）地方政府具体职责分析

与中央政府相比，地方政府奋战在住房保障的最前线，最清楚居民所需、所想、所盼。地方政府需要把基本住房保障纳入公共服务职责，落实制度、规划、筹资、服务、监管等方面的责任。在中央政府的指导和支持下，地方政府需要重点落实以下职责。

1. 完善工作机制和组织体系

从工作机制看，省级人民政府对本行政区域内的住房保障负总责，并承担基本住房保障规划制定、实施监督和对财政困难市县提供资金补助等工作；市县人民政府制订具体的实施计划，对保障性住房的建设、配租、配售和后期管理等具体事务提供服务。在政府主导住房保障的前提下，需要理顺和形成法定规范、相对统一的地方权威性管理体制，改变当前保障性住房建设、管理与分配多头参与、分散管理和政策碎片化现象。

在地方政府实施住房保障的过程中，必须科学确定实施组织体系，具体由哪一级政府组织住房保障工程的实施，采用怎样的方式来组织实施。部分地方政府会采用偏向集权式的组织体系，由市级政府统一组织实施，如重庆市；还有一些地方政府采用偏向分权式的组织体系，由区级政府统一组织实施，如上海市。各地需要根据住房保障的模式和特点，科学选择组织方式。

2. 优选保障策略和分类实施

地方政府需要基于当地经济水平和资源禀赋，选择具体的住房保障方式和资源利用策略。实际上，对于不同类型的住房保障，地方政府应承担不同的责任。出售型保障房，由于有销售资金的回笼，能做到项目资金自求平衡、略有盈余，可采用招投标方式委托企业开发，政府监管；城镇棚户区改造项目，应当在政府政策扶持下，充分运用市场机制，鼓励与企业、居民共同投资建设。对于主要面向城镇低收入居民、新就业人员和外来务工人员的公共租赁住房和廉租住房，应坚持实事求是、量力而行的原则，由政府运用土地供应、投资补助、税费优惠等政策给予扶持，吸引企业投资建设和运营，不宜过分强调由政府统一建设管理。

3. 创新供地方式和融资渠道

地方政府在保障性住房建设中缺少积极性的主要原因，在于“缺钱”和“缺地”，而“缺地”与“缺钱”有着紧密联系。因此，如何拓宽地方政府的资金来源，则是住房保障工作的重中之重。地方政府开展住房保障工作，一方面基于财权与事权匹配原则，需要得到中央政府的财政支持；另一方面需要紧密结合地方发展特点和住房保障工作的内在要求，敢于创新开拓住房保障的融资渠道。结合国际经验，以城市为主体发债，是摆脱土地财政依赖之后加强城市建设的主要办法。同时，针对租赁型保障住房的收益特征，地方政府可以充分利用保障性住房的资产属性，通过金融创新来盘活存量资产。例如，基于资产证券化原理发行公共租赁住房项目的债券（例如 ABS），或试点发展房地产信托投资基金（REITs）等。

第二节　社会力量在住房保障体系中的定位：积极参与的重要配角

一、社会力量在住房保障体系中的定位演进：从可有可无到不可或缺

保障性住房建设项目普遍利润低，投资回收周期长。因此，目前其投资开发模式比较单一，主要是由地方政府直接投资开发，社会力量参与十分有限。在国外，社会组织替代政府提供公共产品已经成为一种趋势①。梳理近年来有关政策，从整体看，政府一直都在鼓励社会机构和企业参与保障性住房建设。在具体实践中，社会机构和企业会根据保障性安居工程的不同类型，选择不同的参与方式和开发模式（见表 5 - 3）。由于销售型保障房可以通过出售较快回收投入资金，实现建设资金短期内的自我循环，所以社会力量参与的力度相对较大。而租赁型保障住房则不同，前期一次性投入大，投资回收主要依靠租金收入，但该类住房的租金较低，投资回收和资金循环就面临着很大问题，因此社会力量参与的积极性很低。因此，社会力量相对愿意参与销售型保障住房开发，或者代建保障性住房后由政府进行回购、配建一定比例的保障性住房，这样可尽可能地降低其投资风险。无论是从提高建设与管理的效率，还是帮助政府更好更快地解决居民住房问题，社会力量在住房保障中的作用都不可缺少。

① 虞晓芬、傅剑、林国栋：《社会组织参与住房保障的模式创新与制度保障》，载于《城市发展研究》2017 年第 1 期，第 117 ~ 122 页。

表 5-3　　保障性住房建设类型及相应特征

开发模式	土地来源	资金来源	分配方式	适用类型	存在问题	参与主体
委托代建	政府划拨	政府投入初始资金，后期由银行贷款、保险等融资，资金从始至终由政府承担	销售或出租	公租房、廉租房等	可能存在较大的资金缺口	民营、国有开发企业均有参与
配建	商品住房土地搭配一部分保障性住房土地出让	购买配建土地的房地产开发企业	经济适用房、限价房直接销售；公租房、廉租房政府回购	经济适用住房、限价房、公租房和廉租房等	项目中保障房成本转移到商品房部分，可能推高商品房建设成本	较多见于民营开发企业
直接招标	政府划拨	土地平整、拆迁等初始资金由房地产开发企业垫付，建设过程中根据工程开发阶段政府支付开发商建筑费	政府购买并负责销售	经济适用住房、安置房等	回购期不明确	较多见于国有开发企业

资料来源：张跃松，《住房保障政策——转型期的探索、实践与评价研究》，中国建筑工业出版社 2015 年版。

二、社会力量在住房保障体系中定位的国际经验及其启示

（一）社会力量在住房保障体系中定位的国际经验

从各国经验来看，没有一个国家可以仅依靠政府的力量来满足居民的基本住房需求，都是在政府的主导下，通过实施积极的财政支持政策大力吸引社会力量参与保障性住房的建设、运营和管理（周江，2013）。社会力量大致分为营利机构和非营利机构，前者包括住房开发商和私人投资者，后者包括住房协会和住房合作社等机构。虽然保障性住房是为低收入家庭提供的住房，其开发经营利润不如市场化运作的商品房，但是一些社会组织或住房开发商认为参与建设或管理保障住房是积极履行社会责任的重要体现，能积累社会信誉，因此这部分社会力量是愿意参与到政府主导的保障性住房建设和管理体系中。本节选择具有代表性国家或地区的社会力量在住房保障体系中的定位和所起的作用进行分析。

1. 美国经验

美国公共住宅的供应，早期主要依靠政府提供，其后更加注重住房开发商和非营利机构的作用。营利机构主要是受政府的各种优惠政策吸引来参与低收

入住房的开发，政府也把这类开发视为推动经济发展的好办法。例如，低收入住房退税政策（Low Income Housing Tax Credit，LIHTC）的税收激励运作模式是：美国国内税务署（IRS）每年向各州的住房信贷机构（HCA）分配税务返还额度，然后 HCA 通过筛选向有限的房地产开发商发放。申请资助的项目必须满足两个条件之一：至少 20% 的住房单元是向收入在城市家庭收入中位线 50% 以下的家庭供应，并对于他们是可支付的；至少 40% 的住房单元是向收入在城市家庭收入中位线 60% 以下的家庭供应，并且对于他们是可支付的。住房开发商获得返税额度后，将降低项目的债务成本。另外，租房补贴政策鼓励私人房主将符合出租标准的房屋出租给低收入者。当低收入者承租后，政府会负担低收入者支付不足的部分，这样不仅解决了低收入家庭的住房问题，而且不会损坏房东的利益。

美国住房合作社最早是服装工会于 20 世纪 20 年代创建，目前已覆盖很多城市，有超过 1500 万的家庭（包括不同收入水平）生活在由住房合作社拥有和管理的房屋中。美国的住房合作社实行产权股份制，合作社住房的产权归住房合作社所有，社员拥有一定的份额来控制其居住的住房和财产。面向低收入家庭的合作社，一般属于有限权益的合作社，限制股份的转让，最高价格由合作社章程规定。住房合作社作为住房的一种开发模式，虽然不以营利为目的，受到政府的干预很少，但仍按照市场规律运作。①

综上所述，美国住房保障体系的显著特点是以市场机制为基础，通过市场机制下的价格补贴、利息补贴、税收减免等经济补偿形式，鼓励社会力量在政府主导下共同参与建设和管理住房保障，取得了一定的成就。

2. 英国经验

英国的住房协会（Housing Association，HA）具有很长的历史，最早于 1844 年创建，作为一个非营利性部门，主要是以较低的价格向收入低的工人们提供住房。20 世纪 70 年代《住房法》以法律形式赋予了 HA 在公共住房建设和管理领域的地位，在获得了政府补贴后，HA 开始了大规模的发展。HA 在 1996 年更名为注册社会住房业主（RSLs）。目前有一半的可支付住房都是由 RSLs 直接建造，或者由私人开发商建造、由 RSLs 管理。② RSLs 具有两个重要作用：一是考虑到承租居民的承受能力，提供一定的房租补贴；二是融资方面，

① 倪虹：《国外住房发展报告》，中国建筑工业出版社 2013 年版，第 89 页。

② 住房和城乡建设部住房保障司、住房公积金监管司：《国外住房金融研究汇编》，中国城市出版社 2009 年版，第 283 页。

不受政府财政赤字规模的制约，可以通过贷款解决资金短缺问题。英国以住房协会为代表的社会组织已经成为英国保障性住房供给和管理的主要平台①。

在引导营利机构方面，1990 年出台的《城乡规划法案》提出，私营开发商需要拨出一定比例的商品房作为可支付住房才能获得项目开发权利。这些可支付住房的所有权通常会转交给 RSLs，由这些机构负责将住房租给有需要的家庭。这种做法近年来收效显著，使得社会各部门共同参与了政府主导的公共住房发展计划。

总体来看，英国住房保障体系突出公共补贴的有效性和住房政策的针对性，像住房协会这类非营利性民间机构在其中起着非常重要的作用；同时，利用制度设计，引导营利组织参与公共住房建设，体现了英国“补救式福利”的国家传统。

3. 德国经验

住房合作社在德国已有超过 200 年的历史，合作社共同建房已经成为德国住房建设的主要组织形式。有关资料显示，合作建房总量占全国每年新建住房总数的约 30%。住房合作社在帮助政府实施住房政策方面充当了主要受理人的角色，其成立的目的不是为了营利，而是为了实现为低收入家庭提供充足住房的主要目标。德国政府对合作社建房给予长期低息贷款、减少所得税、财产税、转让税和房屋交易税等多项税种以及对承租合作建房的租房者给予租金补贴等政策性帮助。②

德国租赁市场占比大于销售市场的住房市场结构，成为房价稳定的关键因素。通过发展高质量、个性化的成本型租赁社会住房市场，并鼓励其与私人租赁市场展开竞争，使得租房市场的租金水平整体不高。同时，大量的成本型租赁住房市场也降低了购房者的预期和分流了购房需求，有利于住房市场形成供求平衡和价格稳定的发展机制。德国租房者协会也是成立较早的法团组织，主要任务是保护租房者的利益；同时与政府合作建立租金数据库，为本地区提供租金标准。

综上所述，住房合作社的努力保持了社会住房一定的市场占有率，而政府对住房市场的干预，特别是对租赁市场的干预，严格控制了住房市场的投机性，

---

① 虞晓芬、傅剑、林国栋：《社会组织参与住房保障的模式创新与制度保障》，载于《城市发展研究》2017 年第 1 期，第 117～122 页。

② 余南平：《欧洲社会模式——以欧洲住房政策和住房市场为视角》，华东师范大学出版社 2009 年版，第 234 页。

极大地促进住房保障机制融入市场机制。因此，遵循社会市场模式，社会力量参与住房保障建设和管理的力度较高，成为德国在住房领域区别于其他大陆法团模式国家的一个特点。

（二）对中国社会力量在住房保障体系中定位优化的启示

1. 社会力量在各国住房保障体系中的定位以参与为主

发达国家住房问题的解决是政府与合作社、私人公司等其他主体共同努力的结果，他们共同建房、租房、管房。[①] 另外，从各国住房保障方式的变化趋势来看，当住房市场从供不应求转为基本平衡后，政府对住房供应干预的主要方式也从直接干预转变为间接干预，政府会采取积极的政策优惠来引导住房开发商和私人投资者参与住房供应。因此，社会力量有必要、有能力成为构建住房保障体系的主体，为此承担一定的社会责任，但其定位是在政府的主导下积极参与。

2. 社会力量参与有利于提高保障性住房建设和管理效率

国外成熟经验已经表明，充分发挥非营利性或低营利性社会住房机构在公共租赁住房的建设和管理中的主体作用，有利于减少政府的财政负担，提高管理效率（周江，2013）。当住房供应短缺矛盾突出而政府的保障性住房供应能力不足时，住房开发商和私人投资者可以在政府的优惠政策支持下参与住房建设和房源供给，能够缓冲住房供给相对需求的滞后效应，实现保障性住房来源的多样性。当政府因自身局限无法对保障性住房做到事无巨细般的管理时，一些社会组织则可以发挥自己的比较优势进行市场化运作，更好地为保障对象服务，满足不同家庭的不同需求。例如，英国的 RSLs 是公共住房的主要提供者和管理者，发展低成本、低租金住房，合理配置市场资源，为解决英国低收入家庭的住房问题起到了举足轻重的作用。

3. 社会力量参与有利于住房保障机制与市场机制融合

政府需要介入住房市场来保障该领域的公平，但也需要注意选择具体方式可以促进效率。有关住房政策研究的国外文献一般结论表明，市场比政府更有效率，补贴比直接提供的效率更高，而收入补贴比直接的住房价格补贴效率更高。美国扶持市场化机构投资运作保障性租赁住房，较好地解决了保障性租赁住房效率与公平的问题，其对运营机构的补贴强调政策的制度化、长期化，与

---

① 姚玲珍：《中国公共住房政策模式研究》（修订版），上海财经大学出版社 2009 年版，第 272 页。

租赁住房项目收益与风险特征相契合，而对保障对象的补贴具有一定的灵活性，可以动态调整，实现更有效的住房保障。这样可以使住房保障体系与住房市场有效衔接，有利于住房保障与经济发展实现良性互动。

三、社会力量在住房保障体系中的总体定位

参与住房保障体系的社会力量按照营利与否可分为营利机构和非营利机构，按照产业链则可划分为社会投资、建设和管理等不同机构。目前，中国参与住房保障的社会力量以营利机构为主，侧重投资和建设环节，在承担社会责任的同时兼顾一定的经济利益。无论是央企、还是地方国企或者民企，都会根据不同模式的盈利水平来做出自己的选择（见表 5－4）。一些企业为了保证自己的开发规模和市场占有率，也会参建保障性住房，同时可以提升自身在社会上的品牌影响力，得到政府支持，为以后获得商品房开发机会和融资优惠做准备。

表 5－4　企业参建保障房的三种营利模式

参建方式	权利
委托代建	由于土地和资金均由政府划拨和筹措，开发企业负责建设，最终获得工程总价 1% 左右的委托费
配建	土地出让环节在商品房土地中搭配一部分保障性住房土地，最后由购买土地的开发商负责建设，利润则主要在商品房销售部分
直接招标	直接以整体保障房地块出让，资金初始由开发商支付，到期后由政府购买并负责销售，支付给开发商 1% 左右的代建费和 3% 左右的利润

资料来源：张跃松，《住房保障政策——转型期的探索、实践与评价研究》，中国建筑工业出版社 2015 年版。

基于中国住房保障体系的未来规划发展重点，社会力量参与住房保障有三个发展趋势：第一，参与公共租赁住房的社会力量逐渐成为主体，包括用人单位、产业园区、村镇集体经济组织、住房开发商等多种类型的机构；第二，参与保障性住房管理的社会力量逐渐增加，特别是围绕廉租房、公共租赁住房提供专业管理服务的专业组织；第三，随着社会生活和经济发展水平不断提高，非营利机构将会增多，包括偏重住房保障和扶贫开发类型非政府组织（Non-Governmental Organizations，NGO），未来将发挥越来越重要的作用。

随着中国住房保障体系不断完善，社会力量在政府主导下将起着重要而有益的补充作用。虽然定位是配角，但社会力量在住房保障体系中的位置则是无法被替代的，而且未来还有继续发展的市场空间和服务范围，例如对公共租赁住房的市场化运作和社会化管理。

四、社会力量在住房保障体系中的主要功能

目前，社会力量参与住房保障的方式主要有开发建设、资金支持、企业自建和捐赠等方式。在新形势下，社会力量在住房保障体系中将重点发挥以下三个方面的作用：（1）增加保障性住房供给。社会力量应在政府的主导下量力而行，选择自己能够接受的方式参与保障性住房的供给。（2）稳定市场化住房价格。社会力量参与提供的保障性住房越多，就能够对稳定市场化住房价格起到一定的作用，从广义上可以让更多的城市居民支付得起房租或购房。（3）参与保障性住房管理。社会力量一方面继续吸收社会住房资源转为保障性住房出租给低收入家庭；另一方面做好租赁型保障住房的管理，包括租金的收缴、物业管理、房屋维修、承租人退出、配建小区中不同群体的利益协调等事务处理，将政府从繁杂的琐事中解放出来。除此之外，社会力量参与住房保障，可以更好地发挥市场机制作用，并与现有的住房保障体系结合，筹措更多来自民间的资金和提供更多的专业化服务，能与各级政府实现更好的协同，最终有利于中国住房保障体系的建设和目标的实现。

第三节　政府与社会力量在住房保障体系中的互动分析：均衡与协同

一、政府和社会力量在住房保障体系中相互影响

借鉴国际经验和立足国情，政府和社会力量在住房保障领域的合作关系总体为：既坚持政府的主导地位，又充分调动社会力量积极参与。因此，需要分析政府和社会力量在住房保障体系中两者是如何影响与互动的关系。

（一）政府对社会力量参与住房保障体系的影响

不同类型的社会力量参与住房保障的动机和方式都有所不同，因此，需要政府从政策指导、资金支持、实施方式、监督管理等方面对其施加影响，实现有效协同。

1. 政策指导需要“两手抓”

一方面，政府通过编制城市规划和住房发展规划等政策文件明确保障性住房建设的总量和机构以及空间布局，同时进行正面引导企业或社会组织注重与社会的和谐发展，强调社会责任与贡献的重要性，创造出有益于社会的共享价值。另一方面，政府也需要考虑在市场化运作中给予参与的社会力量合理的投资回报区间或帮助其实现投入产出平衡，运用政策积极支持和保障社会力量的投资权益，否则将难以实现保障性住房项目的可持续发展。

2. 资金支持多元化

政府可以通过财政补贴或者发行市政债支持社会住房发展，并以建设和管理保障性住房为条件，引导金融机构给社会力量提供一定规模的优惠贷款或者给予发行企业债的支持。

3. 实施方式多样性

可以借鉴辽宁棚户区改造的政企合作经验，对需优惠政策支持可以运作的项目，坚持市场化运作方式，由参与机构自负盈亏；对单靠政策优惠仍无法实现资金平衡的项目，对企业加以政府补贴支持实施；对无法通过市场运作的项目，实行政府直接出资或购买社会服务，组织企业开发代建或者运营服务。

4. 监督管理重协调

政府引导社会力量的初衷可能是希望减轻政府建房负担和减少财政压力，或者希望社会力量参与后可以提高整个住房保障体系开发建设与运营管理的效率，但在具体操作中，政府不能放弃对社会力量参与住房保障体系的监督管理。鉴于住房保障的民生属性，政府既要防止社会力量因为市场化运作而容易忽略弱势群体、挫伤贫困阶层的公平感，需要制定一定的保障标准，又要避免社会力量对政府政策产生误解而导致参与动力不足，把参与建设和管理当作形象工程或走形式，推动社会力量要真心、用心来参与。

（二）社会力量对政府主导住房保障体系的影响

保障性住房涉及土地供应、融资、建设、监管等多个领域。虽然政府在住房保障体系的构建中需要发挥积极作用，但这并不意味着政府部门必须要“一肩挑”。在当前市场经济条件下，单单依靠政府的力量，也很难满足巨大的保障性住房的供应和多样化需求。因此，社会力量在政府主导下，充分发挥自身既能承担社会责任又具有灵活性和独立性的特点，参与建房、租房和管房，既有利于减轻政府的财政压力，提高保障性住房的供给水平、运营效率和服务质量，又有利于拓展社会力量的投资渠道和服务范围，繁荣国民经济和促进社会和谐发展。

二、政府和社会力量在住房保障体系中的分工合作

做好住房保障的公共服务工作，关键是要明确政府和市场的关系。当前住房保障工作的基本制度可以简单归纳为：在国家统一政策指导下，各地区因地制宜，政府主导，社会参与。住房保障属于社会系统性工程，需要调动各方面的积极性，深化政府和社会力量在整个住房保障体系的互动与合作。

（一）体系合作

首要是界定政府与社会力量在中国住房保障体系中的角色与职责，建立责任分工体系，具体如下：一方面，中央政府负责“顶天”，应在财政资金、融资渠道、税收政策、法制建设等方面为地方政府与社会力量投资建设和运营管理保障性住房创造良好的环境；另一方面，地方政府负责“立地”，贯彻执行国家有关保障性住房政策担负着重要责任，需要承担住房普查、城镇住房保障的规划、要素落实、建设、管理等职责；同时，社会力量负责“协同”，是重要而有益的补充，有利于扩大建设和供给规模、提高建设和供给速度，有助于建设和管理水平及质量的提升。

（二）供给合作

当住房市场供求矛盾尖锐、保障性住房供给水平很低时，政府的工作重心是采取多种途径增加保障性住房。除了直接投资建造以外，考虑到政府财政压力，政府在土地、租金、贴息和税收等方面引导住房开发商或机构投资者参与，可以有效缓解城市房荒问题。

当住房市场供求基本平衡而保障性住房供给仍不足时，政府需要考虑如何吸引社会住房资源参与保障性住房供应。政府一方面可以利用“人头补贴”的方式提高保障对象的住房消费能力；另一方面鼓励私人房东、营利或非营利社会组织参与提供保障性住房，通过住房来源的多样化提高保障性住房的供给能力，实现保障性住房和商品住房的对接，有利于提高财政资金的使用效率。

（二）管理合作

在规划建设方面，政府在不同时期，根据居民的居住状况和经济发展水平，编制相关的住房保障发展规划，涉及户型和建设标准以达到住房保障的目的，

但在制定城市发展规划和住房保障规划时，有必要广泛征求有关的社会团体和居民的意见，做到上下结合。

在运营管理方面，政府应有所为和有所不为。政府有所为的领域是加快住房保障信息系统建设，搭建国家、省、市、县四级保障性住房信息管理系统，建立与财政、人社、社保、公安、工商、税务和社区服务等信息共享机制，打造全国信息共享平台，做好申请保障性住房资格审核和房源分配管理。政府有所不为的领域是将保障性住房的日常运营、物业管理、使用情况的检查，保障性住房相关租金和费用的收取，采取购买社会服务的方式，委托相关社会组织或机构来完成。另外，政府需要强化对委托方的监控和惩罚措施，防止委托企业在不正当利益的驱使下有违法违规的行为。

（四）创新合作

1. 合作模式创新

在住房保障领域运用 PPP（Public Private Partner-ship，公共私营合作制）模式，加大吸引社会资本力度，减轻政府财政压力，提高公共服务水平。在具体操作中，政府部门和社会资本（企业）宜各司其职、各尽其用、风险共担和利益共享。对于政府部门，做好“掌舵者”，其仍然保留政策制定的控制权，只是暂时将经营权让渡给社会资本。对于社会资本，做好“划桨人”，为保障性住房项目提供资本金，解决政府的资金“瓶颈”，同时要充分发挥在融资、管理、技术等方面的丰富经验，帮助政府建设和有效管理保障住房项目，提高项目绩效（见表 5－5）。政府可通过 PPP 模式与合作企业共同分担保障性住房项目的各种风险，有利于政府将工作重点移向对保障性住房的整体监管，而不用专注于日常的琐事之中。与此同时，合作企业也应该对政府行为进行监督，提高项目建设与运营效率，最终实现双方利益的最大化。

表 5－5　PPP 模式建设保障性住房各方的权责关系分析

	责任	权利
政府部门	（1）让步土地收益（无偿转让、折价转让、延期支付）； （2）建设资金的担保； （3）提名并审核入住者	（1）提供一定数量的保障性住房公共设施； （2）拥有保障性住房的分配权； （3）借助 PPP 项目提出的附加社会福利条件
社会资本	（1）提供主要的开发资金； （2）按照进度建设高质量的住房； （3）让步短期收益权	（1）获得长期但低额的资金收益； （2）贷款担保； （3）获得知名度和良好的社会声誉

资料来源：张涛涛等，《PPP 模式建设保障房的国际经验与战略选择》，载于《建筑经济》，2014 年第 11 期。

2. 资产管理创新

从城市整体角度看，保障性住房应被视为一种社会资产，兼顾社会效益和经济效益。公共租赁住房未来将成为中国住房保障体系的供给主体，具有租金收入稳定、风险低的收益特点，与REITs投资标的物业特征相符合，并且国外有类似保障住房REITs的成功经验。2015年1月住建部印发了《关于加快培育和发展住房租赁市场的指导意见》，明确提出“积极推进REITs试点，充分利用社会资金进入租赁市场，多渠道增加住房租赁房源供应”。因此，通过试点建设公共租赁住房REITs，将拓宽开发企业融资渠道，减少投资压力，加快资金周转，增加保障性住房供应。

3. 信息管理创新

由政府主导构建住房保障体系，首先是保障对象能够“居者有屋住”，然后使保障对象能够“居者乐其屋”，这需要有关社会组织参与保障性住房加强日常维护管理。一方面，需要政府加快住房保障社会管理的信息平台建设，从“房的信息”和“人的信息”两个方面做好大数据，实现政府部门之间的信息共享机制，切实履行政府资产管理和对低收入家庭公共服务的职责。另一方面，社会力量在负责保障性住房管理时，积极利用互联网等技术，主动吸纳和引导保障对象融入居住社区管理过程，促使保障对象由被动接受者转变为主动参与者，进一步提高公共服务效率。

专题一　上海引入社会力量参与保障房体系的思考：合作建房

为满足居民的基本住房需求，实现全体人民住有所居的目标，上海始终坚持构建以政府为主提供基本保障、以市场为主满足多层次需求的住房供应体系，积极探索多种住房供应方式。其中，逐渐兴起的合作建房方式应成为住房供给的一种思路，有助于改变中低阶层收入者“望房兴叹”的困境。本专题主要探讨合作建房在上海住房供给中的作用和运行机制，并提出相关建议。

一、合作建房在解决住房问题中的作用

（一）优化资源配置

合作社将众多公民个体组织起来，基于民主参与原则，以非营利方式运作

集资建房项目。

对合作建房的质疑之一，是认为其对专业化和规模经济原则的违背。首先，与开发商一样，合作建房也采用委托或外包方式，与专业化分工合作并不冲突；其次，合作建房通过社员集资和定向销售，可节约融资和销售费用，进而降低成本；最后，合作建房组织属于非营利性机构，若政府再在土地供应和税收等方面给予优惠，则可降低房价。

（二）完善住房供应体系

目前，上海已基本形成廉租房、共有产权房（经济适用房）、公共租赁住房、动迁安置房“四位一体”的住房保障体系，覆盖最低收入者、住房困难户和拆迁居民的居住需求，但对收入在经适房标准之上的中低收入者或“上夹心层”的住房自有需求还没有清晰的路径安排。

基于国外和我国单位住房合作社在促进住房有效供给方面曾取得的成功经验，在当前房价收入比严重失调、刚需巨大、“夹心层”住房问题突出的情形下，合作建房不失为一种解决广大中低收入者住房问题的有效手段。

（三）培育公民社会组织

公民社会组织，是指那些为了社会特定需要和公众利益而行动的机构，诸如慈善团体、非政府组织、社区组织、专业协会等。公民社会组织和政府的良性互动，有利于社会利益的改善。

当前在住房领域推动公民社会组织的建构，可在政府和市场之间形成一定的缓冲空间和补充系统，进而引导中低收入居民进行自我服务和管理，满足其自有住房需求。

二、上海合作建房的实践经验

合作建房已成为欧美国家住房建设的重要模式，是解决中低收入阶层住房问题的途径之一，因具有稳定房价的作用，被称为“房价的稳定器”。这些国家的住房合作社组织完善，大多以法律形式确立合作社的非营利组织地位和所享有的优惠政策，同时也清晰界定各方的责、权、利，充分保障社员的居住和议事权利。政府对该中低收入阶层的合作社的支持力度也相当大，其住房产权类型和产品设计也呈现多样化，极大地满足了社员的居住需求。借鉴其他国家的成功经验，上海也开始尝试合作建房的方式。

上海现有的个人合作建房模式是由有意向购房人向开发商交付一定数额的保证金后，开发商根据客户的需要出资购买土地、建造房屋，最后购房人以较为低廉的价格购买房产，完成交易的一个房屋定制过程①（见图1）。

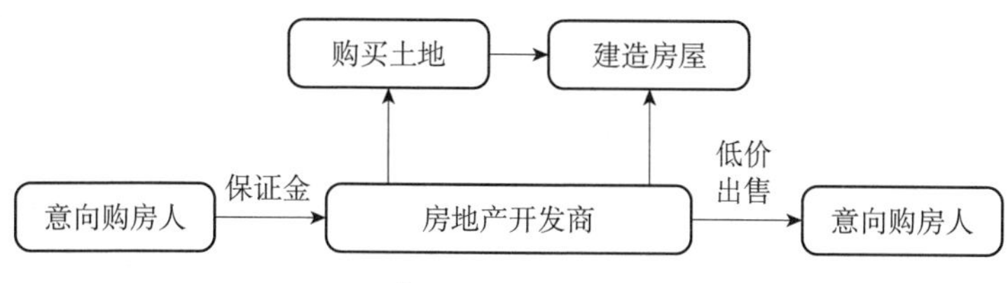

图1　上海个人合作建房运行机制

临港新城滴水湖项目是上海首个合作建房项目，是由上海合筑房地产有限公司（以下称“合筑房产”）以5750万元的价格竞得临港新城主城区的一块地块，折合楼面地价3555元/平方米。在拿到预售许可证之前，合筑房产与基金管理机构合作，以股权基金的模式募集资金。在房屋预售时，这部分资金可转成购房款，如果放弃购房，则可获取投资回报。该项目的股东多是购房者，其可以全程参与项目的管理与监督。

在合筑房产的个人购房模式中，由两轮购房者组成。第一轮购房者是合筑房产的原始股东。从集资拿地开始，一直到房地产开发，所有资金来源于这些原始购房者。第二轮购房者是项目的前期储备客户和公开市场客户，在房屋预售许可证获得后，由原始投资者共同商议拟订一个市场可以接受的价格，向第二轮购房者进行销售。

该模式虽然存在一定的争议，但不能否认这是个人合作建房的有益尝试。

三、上海推进合作建房的建议

（一）健全法律法规

1. 明确合作建房的非营利性和法律地位

非营利性是界定合作开发和市场开发最重要的特征。合作社住房仅限在社员内部定向出租或销售。

---

① 金姬：《合作建房：梦想照进现实》，载于《新民周刊》2013年第5期，第45~47页。

1992 年，我国唯一颁布的关于合作建房的部门规章《城镇住宅合作社管理暂行办法》，没有明确个人合作住房社的法律地位。之后，地方出台的相应法规（如《北京市城镇住宅合作社管理方法》），则明确要求合作社需“在人民政府或单位的组织下”。因此，当前民间自发组织的合作建房组织大多注册为公司，已属于市场化行为。

2. 给予合作社法定支持

区别对待服务中高收入和中低收入居民的合作社，以法律形式赋予合作社优惠政策，包括土地供给、税收减免、贴息贷款、租金补贴等。

3. 界定合作社运作模式

严格规范合作建房组织的运作模式，包括界定房屋建筑面积、认定服务对象资格和产权归属、建立准入与退出机制以及资金链安全管理等。

（二）发展住房合作金融

政府相关部门要加强对非营利性的合作建房组织进行资金支持与监管：第一，归集合作资金，实时监管资金流向；第二，对公益性合作社进行金融支持；第三，创立除公积金外居民住房储蓄的新方式。

（三）培育合作建房组织

鉴于目前我国还不可能迅速建立起完整、专业的合作建房组织，可以尝试利用现有的一些民间组织承担合作建房功能，进行试验和探索。

第六章

中国特色城镇住房保障对象

保障对象的认定包含两大基本要件：住房贫困且住房支付能力不足。本章基于我国城镇居民住房贫困现状厘定保障对象准入标准，分析表明，我国自1978年住房制度改革以来，居民的住房条件有了大幅改善，但住房绝对贫困现象仍不容小觑，社会平均住房水平较发达国家仍有差距，且地域差距明显，所以住房保障应以消除住房绝对贫困、缓解住房相对贫困为目标，全国层面应统一基于绝对住房贫困的保障对象准入标准，地区可酌情提高标准。同时，本章基于城镇居民住房支付水平，测定保障对象收入准入线和财产准入线。研究结果表明，根据城镇居民住房租赁支付能力现状和住房消费收入比不高于25%的国际标准，租赁补贴对象的收入准入线约等于地区低收入标准；根据城镇居民住房购买支付能力现状和房价收入比6倍的国际标准，购房支持对象的收入准入线约等于地区中等收入标准。在住房价格偏高的一类、二类城市，可适当提高收入准入线；财产准入线以家庭所持财产可支付该家庭5年的租房开支为计算依据。本章最后基于两大认定条件，对保障对象进行分类，并指出应按解决住房问题的困难程度，对保障对象的受益进行排序。

第一节　住房保障对象认定标准之一：住房贫困

贫困意指贫乏窘困，是一种物质生活或精神生活贫乏的社会现象。住房贫困隶属于前者。关于物质生活贫困，朗特里和布思（1901）第一次系统地提出定义：“一定数量的货物和服务对于个人和家庭的生存和福利是必需的；缺乏获得这些物品和服务的经济资源或经济能力的人和家庭的生活状况，即为贫困。"[①] 就"缺乏"的程度，欧洲共同体在1989年《向贫困开战的共同体特别行动计划的中期报告》中指出为"最低限度的生活方式"；世界银行在以"贫困问题"为主题的《1990年世界发展报告》中给出的表述为"最低生活水准"；而中国国家统计局的《中国城镇居民贫困问题研究》课题组和《中国农村贫困标准》课题组在他们的研究报告中所作的贫困标准界定是"社会可接受的最低标准"。后者的表述与前两者略有不同，"社会可接受的"表明贫困的最低标准是一个具有时间和空间变化的概念，随着经济、社会的不断发展，不同时期、地区的最低贫困衡量标准会发生变化。相反，另外一些学者提出的贫困标准的衡量较为宽松。加尔布雷斯（1958）认为，即使一部分人的收入可以满足其生存的需要，但是如果他们的收入水平明显低于当地其他社会成员的生活水平，那么他们也是贫困的。[②] 英国的奥本海默在《贫困真相》一书中的表述更为具体："贫困意味着在食物、保暖和衣着方面的开支要少于平均水平。"[③] 综上所述，贫困的最低标准说是一种绝对贫困，贫困比较说或平均标准说则是一种相对贫困。类比住房贫困，即为住房条件达不到社会可接受的某种标准。基于标准的不同，住房贫困也分为绝对住房贫困和相对住房贫困。

绝对住房贫困是指住房条件达不到维持基本生存需要的最低量。住房满足人的生存需求，最起码应能起到遮风挡雨、休养生息、繁衍后代的功用。这相应要求住房是安全卫生的、有吃饭、睡觉、洗漱的功能空间。随着社会的发展，人们越发重视居住空间的私密性需求。子女与父母、年长的异性子女分室，被认为是对私密性的最低要求。[④] 另外，在对城市贫民窟治理的研究和实践表明，现代基本住房需求还需考虑公共服务供给程度。联合国对住房贫困人群的定义为，居住在以无序连片建筑的简易房为主，且缺乏基本公共设施的聚居区的城市居民。[⑤] 公共配套设施不足，会增加居民的日常生活负担，降低低收入者的

---

① 侯军岐、员晓哲：《新阶段我国贫困与反贫困策略》，载于《西北农林科技大学学报（社会科学版）》2006年第9期，第10~13页。

② 刘定安：《新疆农村居民多维住房贫困研究》，新疆财经大学硕士研究生学位论文，2014年，第23页。

③ 唐钧：《确定中国城镇贫困线方法的探讨》，载于《社会学研究》1997年第2期，第60~71页。

④ 郭玉坤：《中国城镇住房保障制度设计研究》，中国农业出版社2010年版，第222页。

⑤ 文时萍：《住房贫困问题是中国城市化的核心问题——基于中国如何跨越"中等收入陷阱"的思考》，载于《重庆交通大学学报（社会科学版）》2014年第1期，第52~56页。

就业机会；此外，贫困群体的集中居住，会导致一系列社会问题。基于以上认识，本书认为，住房应保证基本生存需求，不符合即为绝对住房贫困。住房基本生存需求，一是要安全卫生；二是应保证居民基本居住权益，即要基本舒适。基本舒适，包含具有基本居住功能、基本私密保障和基本公建配套（见图 6－1）。

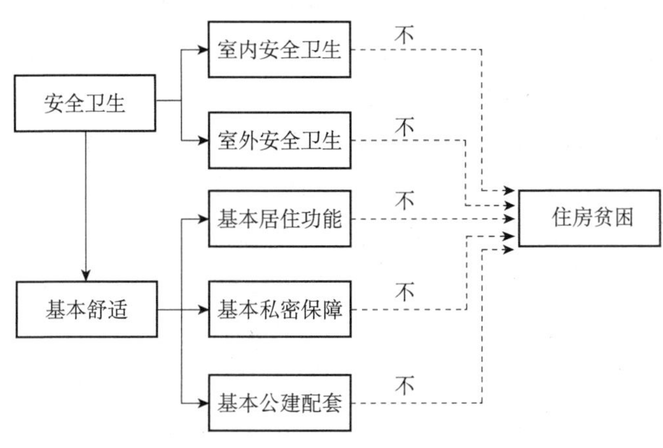

图 6－1　住房绝对贫困的定义

相对住房贫困是指某家庭的住房条件虽能达到或超过维持生存需要的标准，但与社会其他成员的住房条件之间仍存在着较大差距。与之相较的住房条件一般最高划定于社会平均住房水平。另借鉴收入相对贫困线的做法，常将住房相对贫困线划定于社会平均住房水平的一半，即遵循下四分位法则。

尹世洪（1998）指出，贫困的发展具有两阶段性，第一个阶段是绝对贫困阶段；第二个阶段是相对贫困阶段。任何一个社会都要经历贫困的第一阶段才能进入第二阶段；只要有绝对贫困者存在，相对贫困就显得不重要，一旦绝对贫困完全消灭，问题将发生本质变化——相对贫困将构成贫困的全部。① 该原则也适用于住房贫困。由此，保障对象的住房准入标准应基于对社会住房贫困状况分析之上。我国自 1978 年住房制度改革以来，居民的住房条件有了大幅改善，为进入解决相对住房贫困问题阶段奠定了坚实的物质基础。

当前，我国不动产统一登记工作尚在进行之中，这为全面客观研究城镇居民住房贫困问题带来困难。本书在总结相关文献成果和整理有关住房统计数据

① 尹世洪：《当前中国城市贫困问题》，江西人民出版社 1998 年版，第 19 页。

基础上，对我国城镇居民住房贫困现状予以分析。

一、城镇居民绝对住房贫困现状

我国城镇住房中存在安全卫生隐患和缺乏基本公建的房屋情况可通过棚户区改造资料予以佐证。棚户区一般配套设施不健全，住房内部结构简易、使用功能不完善、使用年限久、安全隐患多。资料显示，我国棚户区房屋存量较大。根据2008年国家社科基金项目《民生地产与城市低收入人群住房保障问题研究》的调查所示，我国居住在各类棚户区中的家庭为1148万户，其中城市棚户区744万户，国有工矿棚户区238万户，林区和垦区棚户区166万户，但这个测算还比较保守。2013年《国务院关于加快棚户区改造工作的意见》的表述中，可看到"2008~2012年，全国改造各类棚户区1260万套……目前仍有部分群众居住在棚户区中"。2014年"两会"期间，住建部指出，到2017年底计划完成1500万套，到2020年再完成1000万套。按此规划数据和户均3人估算，全国棚户区居民约为7500万人。

对于缺乏基本居住功能和基本私密保障的住房，可以用两类指标予以衡量：一是数量指标，即住房空间低于一定标准；二是质量指标，指所居住的住房仍不能满足基本的功能需要，一般用有无独立厨房及厕所、有无洗澡设施来衡量。

住房最低空间指标具有明显的地域和阶段特征。经济发展水平低、住房建设基础差及人口密集的国家（地区）居住标准往往会低于其他国家。比如20世纪80~90年代的印度，经济发展水平低，1990年人均国民生产总值只有350美元；住房建设基础薄弱，1986年全国人均住房建筑面积仅为8平方米。彼时印度的最低建筑面积标准：成年人仅为5.22平方米，小孩减半。[①] 而在人口密集的亚洲国家（地区），其最低标准也低于欧洲国家（地区）。参照表6-1中日本和英国的最低标准可知，英国最低人均建筑面积标准为20平方米，日本为14.6平方米。综合各国标准，联合国在20世纪70年代末提出将居住水平分为三个层次：一是最低标准，每人一张床，人均居住面积达到2平方米；二是文明标准，每户一套房，人均居住面积达到8平方米（约合建筑面积10平方米）；三是舒适标准，每人一间房，人均居住面积10平方米（约合建筑面积13平方米）以上。

---

① 郭为公：《关于城市住房的居住基本标准》，载于《世界建筑》1994年第2期，第24~27页。

表6－1　　英国和日本住房套型面积最低标准对比

人口（人）	1	2	3	4	5	6
英国 PM 标准（平方米）	43	63	80	98	110	120
日本标准（平方米）	33	38.5	52	67	75	88

注：英国在1961年发布了帕克·莫里斯（Parker Morris）空间标准，简称PM标准；日本标准取自日本住宅建设第三个五年计划；英国PM标准为净使用面积，日本标准为专用面积（墙中到墙中，不包括公共交通），上表数字均按原面积的1.3倍折算为建筑面积。

资料来源：李德新等，《中国城市居住的尺度思考——紧凑型居住面积的标准研究》，载于《建筑学报》2014年第S2期，第82～85页。

我国没有统一明确界定最低住房空间的指标，但在实践中有两类指标可以替代：一是住房建筑控制标准。自1978年以来，我国最低控制指标为户均建筑面积不超过42平方米，以户均3人计算，折合人均建筑面积14平方米；二是各地廉租房保障对象家庭人均住房使用面积准入标准。根据《廉租住房管理方法（中华人民共和国建设部等九部委第162号）》规定，由各地“根据当地家庭平均住房水平、财政承受能力以及城市低收入住房困难家庭的人口数量、结构等因素”综合确定。与联合国标准相比，当前除少部分城市的廉租准入标准接近“文明”标准，如北京7.5平方米、上海7平方米、天津7.5平方米（均为人均居住面积）等；其他城市都接近甚至超过“舒适”标准。故本书基于最小取值法，用人均住房建筑面积10平方米（以人均使用面积7平方米，折算成人均建筑面积9.1平方米，并圆整取得）作为界定我国城镇居民绝对住房数量贫困的标准。

住房质量指标有5个，指标的贫困标准如表6－2所示。

表6－2　　住房绝对贫困质量指标的设置

指标	指标的贫困标准	指标	指标的贫困标准
厨房设施	与其他用户合用厨房或无厨房	燃料设施	燃料为柴草或其他
厕所设施	合用抽水或其他样式马桶或无	饮用水设施	无自来水
洗澡设施	洗澡设施为其他或无		

以下基于2010年人口普查数据和文献调研数据，对我国城镇居民的绝对住房贫困情况进行分析。

（一）城镇居民住房条件普遍改善，但住房绝对贫困现象仍不容小觑，住房质量贫困较数量贫困严重

易成栋等（2013）通过对比2000年全国第五次人口普查和2010年第六次人口普查资料分析表明，近年来，我国城镇居民住房消费数量明显增长，住房

设施质量逐渐提高（见表6－3）。①

表6－3　2000～2010年中国城镇住房建设成就与家庭居住改善状况

住房数量指标								
地区	户均间数（间/户）		户均面积（平方米/户）		人均间数（间/人）		人均面积（平方米/人）	
年份	2000	2010	2000	2010	2000	2010	2000	2010
中国城镇	2.39	2.65	69.63	86.39	0.77	0.93	22.36	30.33

住房质量指标						
年份	厨房值	燃料值	饮水值	洗澡值	厕所值	合计
2000	0.86	0.75	0.81	0.41	0.58	3.42
2010	0.89	0.85	0.87	0.68	0.71	4.00
增速（%）	2.95	14.10	6.85	63.71	22.4	17.01

资料来源：根据2000年、2010年全国人口普查汇总资料计算。转载于易成栋等：《中国城镇家庭住房状况分析——基于第五次和第六次人口普查资料》，载于《中国房地产》2015年第16期，第3～11页。

在肯定住房建设成效的同时，也应看到城镇居民的住房绝对贫困现象仍较为严重。2010年第六次人口普查数据显示，全国城镇人均建筑面积小于8平方米的家庭占比达8.42%，全国城镇人均建筑面积小于10平方米的家庭占比达11.63%。2015年全国1%人口抽样数据显示，城镇人均建筑面积小于等于8平方米的家庭占比达3.26%②。住房质量贫困的比例较数量贫困更为严重，2010年第六次人口普查数据显示，与其他用户合用厨房或无厨房的家庭占比14.77%，合用抽水或其他样式马桶或无占比为25.16%，洗澡设施为其他或无的占比为40.55%，燃料设施贫困与饮用水设施贫困情况稍好（见表6－4）。2015年全国1%人口抽样数据显示，全国城镇与其他用户合用厨房或无厨房的家庭占比仍达7.58%；合用抽水或其他样式马桶或无的家庭占比仍达14.34%。

表6－4　2010年31个省（市、区）城镇家庭户住房数量贫困率基本统计特征

	最小值	最大值	均值	中位数	标准差	偏度	峰度
数量贫困							
人均建筑面积≤10平方米	4.44%	20.55%	12.26%	12.37%	0.05	0.19	-0.89
质量贫困							
厨房设施贫困	2.03%	34.39%	14.77%	13.85%	0.07	0.60	0.77
厕所设施贫困	9.62%	46.73%	25.16%	24.00%	0.08	0.92	1.37

① 易成栋、张中皇：《中国城镇家庭住房状况分析——基于第五次和第六次人口普查资料》，载于《中国房地产》2015年第16期，第3～11页。

② 2015年1%人口抽样数据中，人均建筑面积是按照8平方米及以下、9～12平方米、13～16平方米等进行分段的。

续表

	最小值	最大值	均值	中位数	标准差	偏度	峰度
洗澡设施贫困	17.78%	79.92%	40.55%	36.63%	0.15	0.73	-0.04
燃料设施贫困	2.01%	26.77%	9.82%	9.34%	0.06	0.95	0.92
饮用水设施贫困	4.45%	35.73%	15.13%	14.87%	0.08	0.64	0.40

注：均值为全国平均水平，其余为指标值的描述性统计，未考虑各省（市、区）家庭户数的权重。
资料来源：根据2010年第六次人口普查资料计算所得。

（二）城镇居民住房绝对贫困的地区差异性明显

就省级贫困率数据显示，地区住房绝对贫困程度明显分化。山东省住房数量贫困率发生最低，上海市最高。住房质量贫困中，省际差异最大的是洗澡设施贫困，其他依次为厕所设施、厨房设施、饮用水设施和燃料设施。省际贫困率数据分布右偏，贫困率大于平均水平的省份略少。厕所设施和饮用水设施贫困率的峰度大于3，总体变数的分布较为集中。经济发达地区及落后地区的住房绝对贫困发生率相对较高，2010年人均GDP最高的五省市（上海、北京、天津、江苏、浙江）中，天津和江苏的住房贫困率较低（见图6-2）。

（三）住房绝对贫困居民群体特征明显，集体户显著高于家庭户；非户籍常住人口显著高于户籍人口

城镇集体户的住房贫困发生率显著高于家庭户。罗楚亮等（2013）利用2005年全国1%人口抽样调查的样本数据所作的更为翔实的分析表明，2005年，家庭户和集体户的住房质量贫困发生率均高于数量贫困；家庭户数量和质量双重贫困的发生率为7.62%，集体户发生率畸高，达到53.32%，这也导致住房贫困合计的发生率，集体户为家庭户的两倍（见表6-5）。①

表6-5　2005年全国城镇住房贫困类型及发生率　　单位：%

贫困类型	仅数量贫困	仅质量贫困	数量与质量贫困	住房贫困合计
家庭户	2.78	29.88	7.62	40.28
集体户	5.69	21.28	53.32	80.29

资料来源：本表转编自罗楚亮等，《城镇居民的住房贫困——基于2000年与2005年人口调查数据的经验研究》，载于《经济学动态》2013年第9期，第95~103页。本表的数量贫困指标为人均居住面积10平方米，住房质量贫困根据自来水供应、独立厨房和独立使用厕所来识别。

城镇非户籍常住人口的住房贫困发生率显著高于户籍家庭。以上海为例，

① 罗楚亮、王亚柯：《城镇居民的住房贫困——基于2000年与2005年人口调查数据的经验研究》，载于《经济学动态》2013年第9期，第95~103页。

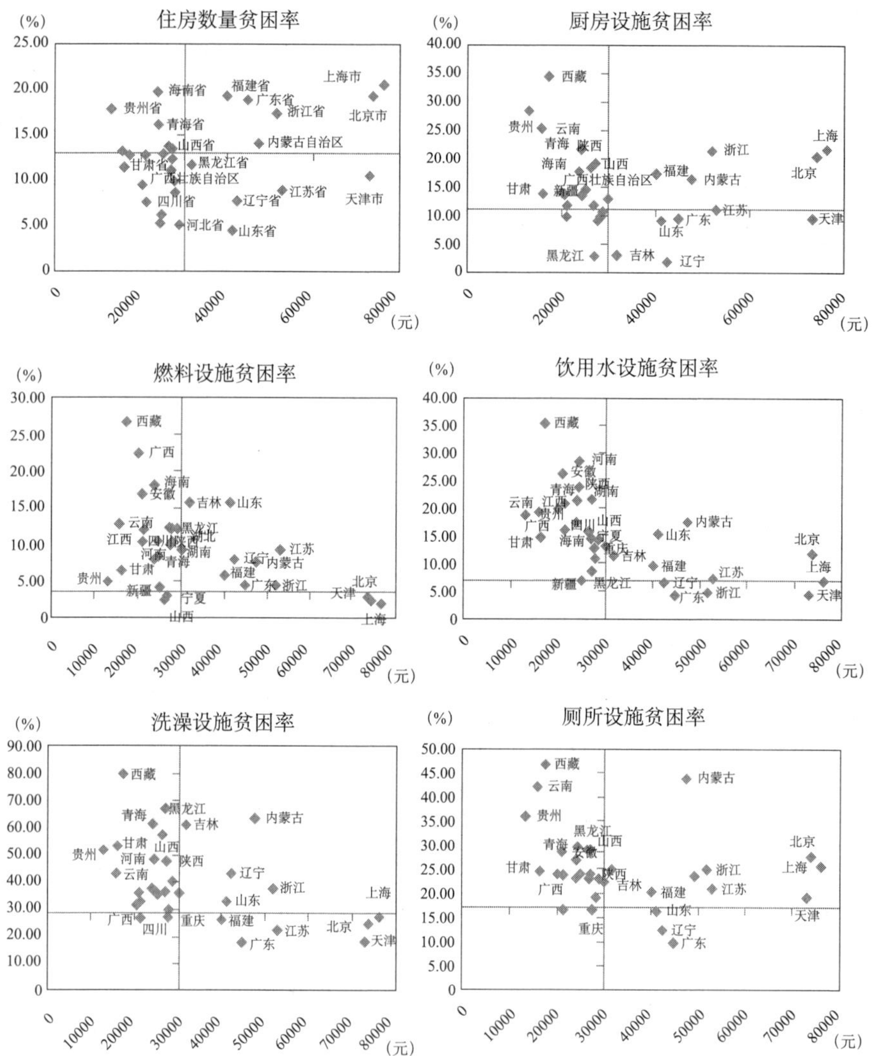

图 6-2　2010 年 31 个省（市、区）城镇家庭户住房贫困率与人均 GDP 四象限图

注：横轴为人均 GDP 水平，纵轴为住房贫困发生率。

资料来源：根据 2010 年第六次人口普查资料计算所得。

根据上海第六次人口普查数据（见表 6-6）计算常住人口家庭人均住房建筑面积低于 15 平方米的约有 242 万户，而上海房地产科学研究院的调查则显示，在此区间的城镇户籍家庭仅为 40 万户。① 城市棚户区居民、外来农民工等与城市

① 上海市房地产科学研究院：《“十二五”后期上海住房保障发展态势和相关政策研究》，2014 年 11 月。

一般居民住房贫困状况有巨大差异，北京2012年城镇居民人均住房建筑面积为29.26平方米，外来常住人口773.8万人，人均住房面积不足6平方米（石忆邵，2014）①。

表6-6　　2010年上海城镇居民家庭人均住房建筑面积分布情况

人均住房建筑面积分档（平方米）	<15	15~30	30~50	>50
上海城镇户籍家庭户数（万户）	40	200	150	92
上海常住人口家庭户数（万户）	242	229	165	94

资料来源：上海常住人口家庭资料根据上海市2010年第六次人口普查数据计算所得，上海城镇户籍家庭资料来自上海房地产科学研究院。

二、城镇居民相对住房贫困现状

我国城镇居民相对住房贫困特征表现为以下几方面。

（一）整体而言，城镇居民平均住房水平远超住房绝对贫困标准，但与发达国家相比仍有较大差距

2012年，我国城镇居民人均住房建筑面积为32.9平方米（折合居住面积25.3平方米），比2000年增加10.5平方米，是前文我国住房绝对贫困标准人均10平方米的3倍多，是发达国家绝对贫困标准（世界健康组织的欧洲地区机构提出人均居住面积12平方米）的2倍，远超联合国提出的舒适标准人均建筑面积13平方米，但与发达国家的人均住房居住水平相比，仍有较大差距。与表4-2的数据对比，我国当前人均居住水平远远不及20世纪90年代初的美国、英国、德国、法国等国，连住房资源相对紧张的日本在当时的人均住房面积亦已达到31平方米。另外，就当前我国人均住房间数亦未达到人均一间的标准。

（二）城镇居民平均住房水平的地区差异显著

省级数据显示，平均每户住房间数指标，河南最高，上海最低；人均住房建筑面积指标也是河南最高，黑龙江最低；人均住房间数指标，西藏最高，天津最低。各项指标数据分布均右偏，人均住房间数数据分布的峰度为4.09，平均每户住房间数为平顶峰，人均住房建筑面积趋向均匀分布（见表6-7）。

① 石忆邵：《中国“城市病”的测度指标体系及其实证分析》，载于《经济地理》2014年第10期，第1~6页。

表 6-7　2010 年 31 个省（市、区）城市家庭户住房平均水平基本统计特征

	最小值	最大值	均值	中位数	标准差	偏度	峰度
平均每户住房间数（间）	1.86	3.17	2.37	2.40	0.35	0.22	2.38
人均住房建筑面积（平方米）	23.72	34.02	29.15	28.81	3.00	0.13	1.87
人均住房间数（间/人）	0.71	1.21	0.88	0.88	0.11	0.81	4.09

注：均值为全国平均水平，其余为指标值的描述性统计，未考虑各省（市、区）家庭户数的权重。
资料来源：根据 2010 年第六次人口普查资料计算所得。

（三）城镇居民住房自有率水平高，住房产权贫困值得重视

近年来，不少研究机构曾发布我国住房自有率报告，均显示我国城镇居民住房自有率水平极高。由中国社会科学院和英国牛津大学合作组织的中国住户收入调查（China Household Income Project，CHIP）项目显示，2002 年城镇居民住房自有率水平为 77.8%；2007 年增加约 11 个百分点，达到 88.7%（见表 6-8）。城镇居民获取房屋产权的主要渠道为房改房，这部分人成为我国住房制度改革的最大获益群体；购买商品房是获取住房产权的次重要渠道，5 年间增加了 20 个百分点，表明我国住房市场发展迅速。① 2015 年全国 1% 人口抽样数据显示，全国城镇家庭住房自有率 79.16%。

表 6-8　农村、城镇和流动人口的房屋保有情况　单位：家庭比例，%

	2002 年			2007 年		
	农村	城镇	流动人口	农村	城镇	流动人口
租房者	0.8	18.2	58.1		9.8	74.5
房主	98.8	77.8	7.2		88.7	3.9
其中：房改房		60.7			54.9	
商品房		7.4			27.0	
继承、自建、其他		9.7			6.8	
其他/缺失	0.3	4.0	34.7		1.5	21.6

注：计算使用的是 CHIP 的调查数据，经过加权。城镇指 CHIP 调查城镇子样本的家庭，流动人口指的是 CHIP 调查的流动人口样本中长期稳定的农村到城市的流动家庭。2007 年的农村房屋保有信息不可得。“其他”包括集体住房安排，如共用住房和集体宿舍。
资料来源：李实等，《中国收入差距变动分析——中国居民收入分配研究Ⅳ》，人民出版社，2013 年版，第 139 页。

城市居民的住房自有率水平略低于城镇居民水平，但住房自有率的绝对水平也不低。2012 年，据浙江大学不动产投资研究中心与清华大学媒介调查实验室等联合发布的《中国居住小康指数》报告公布的中国 40 个大城市的居民住房

① 李实等：《中国收入差距变动分析——中国居民收入分配研究Ⅳ》，人民出版社 2013 年版，第 139 页。

自有率数据，40 城平均住房自有率为 78.7%；北上广深四个一线城市排名最后四位，上海最低，也达到 69.9%（见表 6-9）。

表 6-9　　中国 40 个城市的居民住房自有率　　单位:%

城市	住房自有率	城市	住房自有率	城市	住房自有率	城市	住房自有率
长沙	90.1	重庆	80.2	银川	78.3	包头	76.6
哈尔滨	89.1	合肥	80.1	海口	78.2	乌鲁木齐	76.2
贵阳	86.0	南宁	80.1	珠海	78.1	西宁	76.1
南昌	83.6	南京	79.8	武汉	78	呼和浩特	75.9
兰州	83.3	太原	79.6	大连	77.6	昆明	75.1
沈阳	83.3	天津	79.4	西安	77.4	成都	73.6
郑州	81.8	杭州	79.2	厦门	77.3	广州	72.8
苏州	81.6	宁波	79.0	长春	77.1	北京	70.7
石家庄	81.2	青岛	78.7	无锡	76.9	深圳	70.0
济南	80.5	拉萨	78.6	福州	76.7	上海	69.9

资料来源：《中国住房拥有率近 90%，专家称自有率高是落后标志》，http：//news. focus. cn/bj/2012-06-05/2046841. html.

高住房自有率水平，使得城镇居民中无住房产权者沦为少数群体，构成我国城镇住房相对贫困问题的重要组成部分。

三、保障对象住房准入标准厘定

（一）目标定位

我国城镇居民住房保障应以消除住房绝对贫困、缓解住房相对贫困为目标。

居住权是人的基本生存权利，因而消除住房绝对贫困的意义毋庸置疑。保障中低收入者基本居住需求是政府应尽的义务。

逐步解决住房相对贫困的意义则体现于：一是体现对贫困群体居住尊严的关怀。在社会住房条件普遍改善的背景下，也应考虑贫困群体住房质量的提高，美国就提出让贫困者也应有“体面的住房”。二是符合包容性增长原则，社会群体应平等共享社会经济发展成果。三是创造条件让中低收入者拥有部分住房产权，可以有效减轻贫困马太效应。

（二）标准内涵

1. 绝对住房贫困标准

城镇居民家庭住房符合以下条件之一，即为住房绝对贫困家庭。（1）住房过于拥挤，人均住房面积在 10 平方米以下；（2）住房存在安全与卫生隐患（危旧房屋、危险房屋或严重损坏房屋），排水、交通、供电、供气、通信、环卫等配套基础设施不齐全或年久失修；（3）住房使用功能不全，包括房屋室内空间和设施不能满足安全和卫生要求（无集中供水、无分户厨卫）以及通风与采光没有达到基本要求；（4）基本私密无保障。

关于住房存在安全卫生隐患及周边缺乏基本公建的鉴定标准，包括房屋结构安全、消防、日照、通风、房屋周边安全卫生、基本公建设施等，散见于各项建设部部门法规和地方法规中，如《房屋等级评定标准》《危险房屋鉴定标准》《中华人民共和国国家标准住宅设计规范》《建筑设计防火规范》等。目前我国住房保障政策中，虽将危旧房视为住房困难，但并没有详细、统一的描述。

关于住房缺乏基本居住功能和基本私密保障功能的标准，基于前述建议采用人均建筑面积 10 平方米的数量指标予以衡量。

绝对住房贫困标准应为全国统一标准，并在未来的《住房保障条例》或实施细则中予以明确。对住房绝对困难的低收入家庭，地方政府有义务保障其基本居住需求。

2. 相对住房贫困标准

基于我国城镇居民住房相对贫困的现状，遵循与我国经济和地方住房条件发展水平相适应原则，允许各地在地方财政能力许可的条件下，适度提高保障对象的住房准入标准。

本书将各地制定的高于绝对贫困的住房准入标准定义为相对住房贫困标准。相对住房贫困标准应基于各地实情，具体要求有：一是标准的上限不应突破地方中等居住水平，即面积标准不应超过地方平均水平，建议取为地方平均水平与 10 平方米之间的中位数；二是在我国城镇居民住房自有率奇高的社会背景下，城镇居民无住房产权也可视为住房相对贫困，由政府提供适度保障。

第二节　住房保障对象认定标准之二：住房支付能力不足

尽管住房支付能力在文献中是一个常用术语，但至目前而言并无统一的定义。住房支付能力指标有许多种，包括住房—收入比、不变质量比较和市场篮方法等。[①] 我们这里仅从使用最广泛的住房—收入比角度探讨住房可支付能力。简而言之，住房支付能力是指一个家庭从市场上租赁或购买住房的经济能力，故可分为租赁可支付性和购买可支付性。现有文献认为，家庭收入与住房支付能力有重要联系。通常将有限的家庭收入简化用于两种支出：住房支出和非住房支出。因而对住房支付能力的测度有两种角度，一是直接考虑住房支出与家庭收入的关系；二是考虑家庭总收入在扣除基本非住房支出后的剩余收入与住房支出的关系。基于如上测度角度的不同，现有住房可支付能力指标分为两类：住房支出收入比指标和剩余收入比指标。如上的做法仅考虑了收入因素，并不能全面衡量家庭购买或租赁市场住房的能力。除收入外，财产亦是重要因素，故对住房保障对象支付能力的衡量，应综合其收入和财产状况。由于数据限制，本节在分析整体城镇居民住房支付水平时仅考虑收入因素，采用了住房支出收入比指标，具体为房租收入比和房价收入比；分析保障对象支付能力准入时，综合考虑了收入和财产因素。

一、城镇居民住房支付水平分析

（一）住房租赁支付能力现状

房租收入比，又叫住房消费比，指住房消费支出（包含房租、设施和服务费用等）占家庭可支配收入总额的比重。杨同利等（2000）[②] 对住房消费比进行了国际比较，表明：人均 GDP 越高，住房支出比例越高（见表 6 - 10）；恩格尔系数越低，住房支出比例却相应增长（见表 6 - 11）。但考虑非住房支出的刚性，即使在高收入国家，住房消费比亦应限制在一定范围之内。1968 年美国政府规定房租收入比的标准为 25%，1981 年提高到 30%。在德国，若某家庭的住房开支超过家庭总支出的 15% ~25%（结合了家庭的人口、结构等因素，故为幅度比例），就表明该家庭不具备住房支付能力。英国政府在 1991 年提出，如果租户的租金（含服务费）支出超过其收入的 20% 以上，则该租金水平是不可支付的，1993 年将该比例提高到其净收入的 22%。本书前述的我国低收入家庭最大房租支出标准建议为 25%。

---

① 张清勇：《房价收入比的起源、算法与应用：基于文献的讨论》，载于《财贸经济》2011 年第 12 期，第 114 ~ 135 页。

② 杨同利等：《住房消费支出的国际比较》，载于《建筑经济》2000 年第 12 期，第 35 ~ 37 页。

表 6-10　　人均国内总值与住房支出情况

人均国内总值（美元）	住房支出比（%）	人均国内总值（美元）	住房支出比（%）
250	8.66	2000	10.10
500	9.04	5000	11.29
750	9.30	10000	12.79
1000	9.50	20000	15.39
1500	9.83		

资料来源：杨同利等，《住房消费支出的国际比较》，载于《建筑经济》2000 年第 12 期，第 36 页。

表 6-11　　恩格尔系数与住房支出情况

恩格尔系数（%）	住房支出比（%）	恩格尔系数（%）	住房支出比（%）
60	7.43	30	10.45
55	7.87	25	11.11
50	8.33	20	11.87
45	8.81	15	12.83
40	9.32	10	14.16
35	9.86		

资料来源：杨同利等，《住房消费支出的国际比较》，载于《建筑经济》2000 年第 12 期，第 36 页。

本节对于住房消费比的测算，收入指标选用国家（地区）人均可支配收入，住房消费来源于统计年鉴城镇居民消费支出的“居住”项。从 2013 年起，国家和部分地区统计局开展了城乡一体化的住户收支与生活状况调查，与 2012 年及以前的调查方法有所不同，其中在“居住”项统计口径与以往最大的不同在于，为更准确反映居民住房消费水平，该项包括了自有住房折算租金。故这里数据分析时间从 2013 年起。

就平均水平而言，2015 年全国城镇居民居住消费收入比为 21.5%，显著高于相同经济发展水平国家的平均水平 12% 左右（2015 年我国人均 GDP 为 49992 元，约 7400 美元，依据表 6-10，国际平均住房消费比应为 12% 左右）；东部、中部、西部地区差异不太明显，经济发达的东部地区和经济较不发达的西部地区的住房消费比略高于中部地区①（见图 6-3）。

住房消费比的收入结构特征表现为：一是住房消费比与收入呈负相关关系，随着收入增加，住房消费比比值下降；二是各地中等收入及以上居民的住房消费比差距不大，但低收入户和中等偏下收入户呈现出随地区人均收入减少、住房消费比增大的特征。这是由于住房基本消费支出的“刚性”所致，江苏、安徽和陕西低收入户的家庭人均居住消费分别为 2223 元、2042 元和 1991 元，相

① 由于未取得全部省区的数据，该结论有待进一步检验。

差不是很大，但相应的人均可支配收入分别为12418元、10426元和8612元，差距却较为明显。

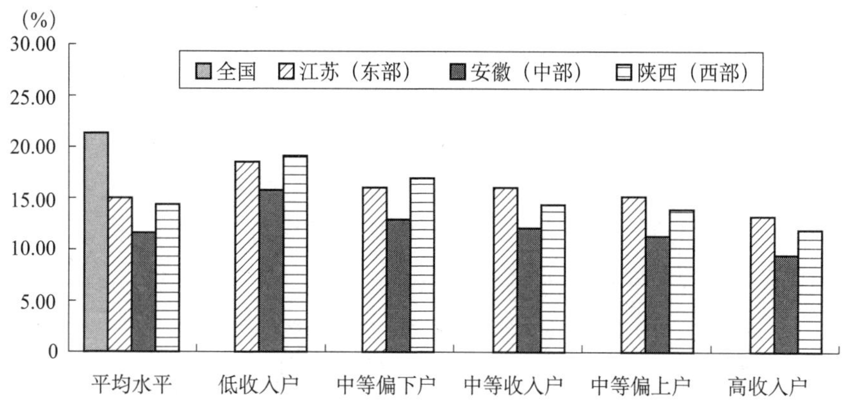

图6-3　2014~2015年我国住房消费比特征

资料来源：基于2016年的《中国统计年鉴》《江苏统计年鉴》《安徽统计年鉴》和2016年《陕西统计年鉴》的相关数据计算所得。

（二）住房购买支付能力现状

尽管房价收入比指标有很多的使用局限，但“如果说有哪个单一指标传递了住房市场整体运行状况的最丰富的信息的话，那就是房价收入比”①，因而学术界广泛使用该指标测度我国城镇居民的住房购买能力。广为引用的是世界银行“4~6倍合理区间”的标准。关于我国城镇居民住房购买能力的分析，大部分文献认同，从房改到2010年左右，我国城镇居民购房支付能力整体上呈现先下降后上升的U型特征（陈杰，2009②；董昕，2012③）。就地区而言，房价上涨快、城市化率高、住房市场供给缺乏弹性地区的居民购房支付能力明显低于其余地区（况伟大，2010④；丁祖昱，2013⑤）。居民购房能力的收入特征表现为，随

① Angel, S. and Mayo, K. “ASEAN Urban Housing Sector Performance.” In T. McGee and I. Robinson (eds.), The Mega-Urban Regions of Southeast Asia. Vancouver: UBC Press, 1996: 109-132.

② 陈杰：《我国房价收入比的变动趋势与区域差异》，载于《价格理论与实践》2009年第6期，第30~31页。

③ 董昕：《动态趋势与结构性差异：中国住房市场支付能力的综合测度》，载于《经济管理》2012年第6期，第119~127页。

④ 况伟大：《中国存在住房支付困难吗?》，载于《财贸经济》2010年第11期，第125~146页。

⑤ 丁祖昱：《中国房价收入比的城市分异研究》，载于《华东师范大学学报（哲学社会科学版）》2013年第3期，第121~155页。

房价的攀升，低收入甚至中等收入居民的购房能力不断恶化（吴福象等，2012①）。

本节基于近几年统计年鉴数据描述我国城镇居民房价收入比的最新状况（见表6－12）。收入指标选用国家（地区）家庭年均可支配收入，由人均可支配收入与家庭户均人口的乘积表示；房价为该地区新建商品住宅的年均销售价格，分别计算60平方米与90平方米两种面积的住房总价。60平方米为我国经济适用房的建筑标准，以此代表当前我国城镇居民家庭住房最基本购房消费标准；90平方米代表当前我国城镇居民家庭住房平均消费水平，因为2012年我国城镇居民人均建筑面积为32.9平方米。

表6－12　　2012～2015年我国城市居民家庭的房价收入比

			平均	低收入户	中等偏下户	中等收入户	中等偏上户	高收入户
60平方米住宅	全国		4.4	11.2	6.4	4.7	3.5	2.1
	一类城市	北京	9.4	18.4	12.2	10.0	8.3	5.6
		上海	9.2	19.7	12.8	10.0	7.8	4.9
	二类城市	重庆	3.7	8.0	4.9	3.8	3.0	2.0
		郑州	6.7	15.1	9.0	7.1	5.4	3.4
	三类城市	贵阳	4.0	6.9	4.6	3.9	3.4	2.6
		兰州	5.2	11.4	6.7	5.3	4.0	2.8
90平方米住宅	全国		6.6	16.8	9.6	7.0	5.3	3.2
	一类城市	北京	14.1	27.6	18.4	15.1	12.5	8.4
		上海	13.8	29.5	19.3	15.0	11.7	7.3
	二类城市	重庆	5.5	12.0	7.3	5.7	4.6	3.0
		郑州	10.1	22.6	13.5	10.6	8.2	5.0
	三类城市	贵阳	5.9	10.4	6.9	5.8	5.1	4.0
		兰州	7.8	17.0	10.1	7.9	6.0	4.2

资料来源：基于《中国统计年鉴—2016》《中国家庭发展报告（2015年）》、中经网统计数据库的相关数据计算所得。

如上计算表明，我国城镇居民的住房购买支付能力不佳。首先，就全国平均水平而言，比照“6倍”标准，只有中等收入及以上的居民具有60平方米住房购买能力，中等偏上收入和高收入家庭才具有90平方米住房购买能力。其次，地区结构特征明显，就地区行政级别而言，省会城市居民住房购买力低于地级、县级城镇；就城市经济发展程度看，经济发展程度越高，所在地居民的购房支付能力越差。再者，就收入特征而言，在一类和部分二类城市，高收入群体中的相对较低者，其房价收入比也会超过“6倍”。

① 吴福象、姜凤珍：《租售比、房价收入比与房地产市场调控》，载于《当代财经》2012年第6期，第80～88页。

二、保障对象收入准入线测算

根据我国城镇居民住房租赁支付能力现状的分析和住房消费比不高于25%的国际标准，各地低收入居民为住房租赁支付能力不足者，故租赁补贴对象的收入准入线为地区低收入标准。在租赁市场需求旺盛的一类、二类城市，可适当提高收入准入线。

典型城市保障对象收入准入线核算如表6－13所示。

表6－13　　典型城市保障对象收入准入线核算

项目		绝对住房困难标准（平方米/人）①	市场租金（元/平方米）②	合理支出收入比③	收入准入线（元/人）④＝②×①×12/③	可支配收入（元/人）⑤	准入线与可支配收入之比⑥＝④/⑤
一类城市	北京	10	70.18	25%	33685	52859	63.73%
	深圳	10	66.84	25%	32085	44633	71.89%
二类城市	南京	10	34.48	25%	16551	46104	35.90%
	郑州	10	29.07	25%	13956	31099	44.87%
三类城市	南宁	10	24.72	25%	11864	29109	40.76%
	西宁	10	22.20	25%	10656	25232	42.23%

资料来源：市场租金数据为近一年该城市市区租金单价（2015年8月～2016年8月），来源于禧泰数据库（http：//www.cityre.cn/）；可支配收入为该城市2015年城镇居民可支配收入，来自中国指数研究院（http：//creis.fang.com/）。

根据我国城镇居民住房购买支付能力现状的分析和房价收入比6倍的国际标准，各地中等收入以下居民为住房购买支付能力不足者，故购房支持对象的收入准入线为地区中等收入标准。在部分房价较高的一类、二类城市，收入准入线可适当提高至中等偏上收入标准。

三、保障对象财产准入线测算

（一）需审核的财产类型

家庭财产根据用途的不同，可分为经营性财产、投资与消费性财产。经营性财产是中低收入家庭赖以取得收入的生产资料，故保障准入审核的资产应局限于投资与消费性财产。上海保障政策中对审核资产的描述较为简单，包括“家庭成员拥有的全部存款、非居住类房屋、车辆、有价证券等”（见文件《上海市人民政府关于调整本市廉租住房准入标准，继续扩大廉租住房受益面的通知》）。深圳对审核资产的内容较为细致，具体如表 6－14 所示。

表 6－14　深圳市保障对象申请家庭资产审核内容

资产类别	具体内容
银行存款	含现金和借出款
土地房产	现自有的住宅、商业及工业物业，停车位及已协议买卖的房产，以出让方式取得的土地，且房产、土地与借贷情况无关，价值以现估价值为准
汽车	自用和经营用车辆，价值以现估值为准
投资类资产	含企业股份、股票、各类基金、债券等投资类资产
收藏品	字画、古币、瓷器等古董，黄金、白银等贵金属，邮票、货币等收藏品

资料来源：侯浙珉，《基于社会福利的住房保障准入条件、模式与策略研究》，华中科技大学博士学位论文，2013 年，第 74 页。

（二）财产准入线测算

传统的住房支付能力定义仅考虑了流量收入因素，忽视了家庭存量收入即财产的作用，故全面衡量应综合考虑该家庭的收入和财产。

关于租赁补贴家庭的财产准入线核算可基于住房消费比关系式的修正。

设某一时期家庭 i 占用社会认可的基本水平或档次的住房需支出 C_i^h，该家庭收入为 Y_i，社会认可的支出比例为 h。

若满足支付能力关系式：$\frac{C_i^h}{Y_i}<h$，则表明该家庭对此住房具有支付能力。

若考虑家庭财产对住房支付能力的贡献，则可设家庭 i 财产量为 P_i，$A(P_i, r, n)$ 为年金，r 为贴现系数，n 为贴现年数。

此时，住房消费比公式修正为 $\frac{C_i^h}{Y_i+A(P_i, r, n)}<h$，则 $P_i<P\left[\left(\frac{C_i^h}{h}-Y_i\right), r, n\right]$，其中 $\left(\frac{C_i^h}{h}-Y_i\right)$ 为年金，$P(\cdot)$ 为年金现值函数。

若以上海为例，2013 年上海主城 9 区的标准租金为 86 元/平方米（见文件《上海市人民政府关于调整和完善本市廉租住房租赁政策标准的通知》），保障租赁面积设为 10 平方米/人，则年租金 C_i^h 为 10320 元/人。h 如前取为 25%，r 依据一年期股份制商业银行存款利率设为 2%。考虑极端情况，该户没有收入，且 n 设为 50 年，则 P_i 的极端值为 129.72 万元。

如上计算存在的缺陷主要表现为：一是期限长，并在未来的 50 年里，参数未做任何变动；二是该数值是在保障对象没有任何收入的情况下计算所得，这与大部分保障对象的实际不符。

因此，可考虑将 n 调整为 5 年，则财产准入线的设计思想为，在没有收入的情况下，家庭所持有的财产应可支付该家庭 5 年的租房开支。该设定下，P_i 为 7.98 万元，与上海目前的廉租房家庭最高人均财产 9 万元（3 人及以上）的标准接近。

关于购房支持家庭的财产准入线核算可基于基准住房的首付。同样以上海为例，若以经济适用房的建筑标准 60 平方米、2015 年上海商品住宅均价 32001 元/平方米（来源于 CRIC 数据库）及首付比例 30%，则财产准入线为 57.6 万元。以 3 口之家计算，人均财产 19.2 万元。这与上海目前的共有产权房准入标准人均 18 万元也很接近。

第三节　住房保障对象分类体系：以困难程度为序

一、住房保障对象分类与构成

基于住房贫困和住房支付能力不足两大标准，可将保障对象分为四类：第一类为住房绝对贫困且租赁支付能力不足者，主要构成为城镇户籍“双困”家庭与外来务工人员；第二类为住房绝对贫困且购房支付能力不足者，主要构成有住房绝对贫困的城镇中等以下收入家庭、无房的新就业青年职工以及外来技术人才；第三类为住房相对贫困且租赁支付能力不足者，主要是有一定居住条件、但较社会平均水平差的户籍低收入家庭；第四类为住房相对贫困且购买支付能力不足者，包括住房相对贫困的户籍中等以下收入家庭及外来一般引进人才。

二、保障受益的当前排序评价

社会保障“3U”原则（universality、unity、uniformity）的首要原则即为普遍性原则，要求社会保障作为公民的一项基本权利由全体公民普遍享有。而当前由于我国住房保障资源稀缺，住房保障群体覆盖范围还不大，并且保障对象受益存在先后顺序，具体表现为以下两点。

（一）居民身份是保障受益排序的重要依据

长期以来，户籍是获取当地住房保障的必要条件。直到 2007 年，《关于改善农民工居住条件的指导意见》才指出将“改善农民工居住条件作为解决城市低收入家庭住房困难工作的一项重要内容”的指导思想，但在具体执行中，文件仍然强调“用工单位是改善农民工居住条件的责任主体”；截至目前，政府文件仅在公共租赁住房领域，明确将“在城镇稳定就业的外来务工人员”（见《公共租赁住房管理方法（中华人民共和国住房和城乡建设部令第11号）》）纳入保障对象。综观各地近年来保障实践，尽管保障对象身份条件有所放松，但并未放开。产权保障绝大多数仅面向户籍居民或要求在本地有较长的居住年限。部分一线城市，如北京，租赁保障亦需5年以上居住年限。

（二）租赁保障优于产权保障的认识有待加强

我国住房保障建设始于经济适用房。1994年《关于深化城镇住房制度改革的决定》明确指出，“建立以中低收入家庭为对象、具有社会保障性质的经济适用住房供应体系”。租赁保障的出现最早见于1998年的《关于进一步深化城镇住房制度改革加快住宅建设的通知》，“最低收入家庭租赁由政府或单位提供的廉租住房”。因而产权保障的观念先入为主，并受我国“有土斯有财”的文化传统长期影响，租赁保障的重要性在很长时间一直未引起社会广泛关注。尽管2007年以后，“有房住”、而非“有住房”的观念在保障领域得以普遍推行，但在实践中贯彻得并不够彻底。本书第八章第二节对保障供给的统计表明，截至2013年，全国实物租赁的廉租房约1007万套，公共租赁房751万套；出售的经济适用房和限价商品房数量要远高于租赁保障房，分别为1983万套和171万套。故而在保障对象的受益排序中，租赁保障需求并未放在优先的位置上。

当前我国住房保障对象受益排序的形成受政策原因影响。如上所述，产权保障供给早于租赁保障。同时这种排序在特定的社会经济条件下，也是具有其合理性的：其一是符合公平原则，住房保障的资金来自地方财政，户籍和居住时间等身份特征反映了居民对地方的贡献，因而在住房保障体系建设初期，保障供给相对紧缺，确实应当优先考虑户籍居民和居住时间较长的外来人员。其二是符合效率原则，政府在供给出售型保障房时，财政压力小，建设成效显著。这是很多住房保障制度完善的国家在初期阶段的选择，相应在初期阶段表征出产权保障优于租赁保障的特征就不难解释了。

但是，在当前城镇化进入快速发展和住房保障建设初有成效阶段，这种排序的弊端逐渐显现。首先，现有住房保障体系，对于年长的户籍居民和前期久居的外来人员的住房困难基本解决，这时再强调居民身份条件，显然带有地域狭隘思想和对先天“出生”身份的偏见；其次，当前人口流动频繁和规模巨大，不妥善解决好外来人口的住房问题，必会带来较大的社会问题；最后，近年来房价的高涨，进一步放大了优先满足部分群体产权保障需求的不公。

三、保障受益排序的理论探讨

本书在社会保障“3U”原则的框架下对住房保障受益排序进行理论探讨。一是普遍性原则，在城镇常住人口口径下划定住房保障对象。二是统一性原则，地区根据保障需求情况和供给能力，统一确定地区保障目标、保障方式和保障对象的准入线，不再设置任何居住身份条件。三是均等性原则，向住房越困难的家庭提供更多的保障。在保障资源不充沛时，优先保障住房绝对贫困家庭，后保障相对贫困家庭；先满足租赁需求，后满足购买需求。

简单而言，地区保障目标分为消除绝对住房贫困或缓解相对住房贫困。保障方式分为提供租赁保障、产权保障或租赁与产权相结合的保障。在保障目标和保障方式确定的条件下，保障对象的准入和受益顺序自然给定。

第一个层次，地区保障目标为仅消除绝对贫困、仅提供租赁保障。保障对象为住房绝对贫困且租赁支付能力不足者。

第二个层次，地区保障目标为缓解相对贫困、仅提供租赁保障。保障对象按受益优先排序为住房绝对贫困且租赁支付能力不足者、住房相对贫困且租赁支付能力不足者。

有住房困难、但收入相对较高者并不纳入前两个保障层次中，在租赁保障房源较为充足的地区，政府可以向这部分群体提供保障住房，但不提供任何财政补贴。

第三个层次，地区保障目标为缓解相对贫困、可提供租赁与产权保障。保障对象按受益优先排序为住房绝对贫困且租赁支付能力不足者、住房相对贫困且租赁支付能力不足者、住房绝对贫困且购买支付能力不足者、住房相对贫困且购买支付能力不足者。此时住房保障的资源还不完全充裕，资源应向满足租赁需求倾斜，提供租赁补贴，对购买保障房的家庭仅提供共有产权之类的金融制度安排或少量贴息减税类的经济支持。

第四个层次，地区保障目标为缓解相对贫困、仅提供产权保障。尽管此时地方政府的保障能力极高，但仍应保持住房绝对贫困且租赁支付能力不足者、住房相对贫困且租赁支付能力不足者、住房绝对贫困且购买支付能力不足者、住房相对贫困且购买支付能力不足者的先后受益顺序。

专题二　上海构建廉租对象退出机制的思路：动态化及人性化

2000 年 9 月，上海颁布了最早有关廉租房的政策——《上海市城镇廉租住房试行办法》，并于同年进行试点，使上海成为全国第一个初步建立廉租房住房供给体系的城市。经过十多年的发展，上海廉租房体系运行程序已经较为成熟和有效，具体包括申请、审核、公示、登记、轮候、配租、复核、退出等环节。其中，退出机制的实施使得上海在廉租房供给资金短缺的情况下，尽可能保障最困难家庭的居住权利，推动房源的循环流动，提升了廉租房体系的运行效率。

一、上海廉租住房退出制度的内容

一个完整的退出制度涉及退出标准的设定、退出租户的甄别和退出方式的设计三个方面。

（一）廉租房退出标准

退出廉租住房的家庭可分为以下两种情况。

1. 不再符合廉租房保障标准

廉租房对被保障家庭的收入及财产有非常严格的限制，因为它致力于为最低收入群体提供基本的居住保障，且租金非常低廉，公共财政支持力度最大。如果承租人收入和财产增长到高于被保障的上限水平，则必须退出廉租房保障体系。此外，对承租家庭的住房状况也有严格限定。只有住房非常困难的家庭才能享受廉租房，如果承租人因购买、受赠或继承等方式获得自有住房，就不再符合廉租房准入标准，必须退出廉租房保障体系。

2012 年 7 月颁布的《上海市廉租住房实物配租实施细则（试行）》规定，租赁合同期满前第 4 个月内，申请户应当按照规定申报复核。经复核审查不再符合实物配租申请条件（即准入标准）的，应当按照规定退出承租的住房。

2. 廉租房承租人行为不当

《上海市廉租住房实物配租实施细则（试行）》《上海市廉租住房租金配租

管理实施细则（试行）》对廉租房承租人的违规行为进行了清楚的列示（见表1）。廉租房承租人如有所列行为，管理部门可收回住房或停止发放租金补贴，要求承租人退出廉租房保障体系。

表1　　廉租房承租人的不当行为

实物配租	租金配租
（1）无正当理由自签订租赁合同之日起3个月内不办理廉租住房入住手续的； （2）擅自将承租的廉租住房转借、转租的； （3）擅自改变廉租住房用途的； （4）无正当理由连续6个月以上未在廉租住房居住的； （5）未按照约定及时足额缴纳自付租金累计超过6个月的； （6）擅自搭建违法建筑（构筑）物的； （7）在廉租住房内从事违法、犯罪活动的； （8）擅自将原住房转让或者抵押的； （9）未按规定申报有关信息的； （10）拒不配合住房保障机构按规定开展工作的	（1）与住房出租方签订虚假租赁合同，骗取廉租住房租金补贴的； （2）将租赁住房转租或者转借的； （3）将租赁住房作为非居住住房使用的； （4）无正当理由连续6个月以上未在租赁住房内居住的； （5）租赁合同提前终止后，未在规定时限内告知区（县）住房保障机构的； （6）租赁合同终止后，未按规定再次签订租赁合同的； （7）未按规定申报有关信息的

（二）廉租房退出租户的甄别

2006年以前，上海廉租房规模较小，实行了周期较短的复核退出机制。每半年时间对廉租房承租家庭的收入、住房情况实施一次审核，复核结果在户籍所在地进行为期7天的公告。之后，上海部分廉租家庭按照“一年一核”的规定进行复核。

近期，上海市确立了“三年一复核”“一年一申报”的原则。即以定期资格复核为基础、重大变更申报为补充、配租标准变更①作调整的复核管理方式。

定期资格复核，要求对配租期满后的廉租家庭重新进行审核，判断其是否仍符合申请准入条件，原则上每三年进行一次。而重大情况变更复核，要求廉租家庭每年向住房保障机构主动申报家庭住房发生重大变动的情况，一年进行一次。

（三）廉租房退出方式的设计

《上海市廉租住房实物配租实施细则（试行）》对退出方式的规定为：申请

---

① 配租标准变更复核，明确配租标准经政府颁布调整后，住房保障机构依职能及时启动复核，按规定调整标准，惠及廉租家庭；配租期间廉租家庭无重大情况变动的，原申请审核认定的条件、申请准入资格、配租类型和方式、实物配租承租的廉租住房等不予变更。

户确有正当理由暂时不能腾退廉租住房的，经申请户提出申请、区（县）住房保障机构审核同意后，可以给予不超过12个月的过渡期。过渡期在6个月以内的，按照原租赁合同的约定收缴自付租金；超过6个月的，超过月份按照届时廉租住房租金标准的50%收缴自付租金。

《上海市廉租住房租金配租管理实施细则（试行）》对退出方式的规定为：经复核，申请户不再符合申请条件的，应当及时退出廉租住房保障；确有正当理由难以及时退出的，经申请户申请、区（县）住房保障机构审核同意，可以给予不超过12个月的过渡期。过渡期内继续给予租金补贴，配租面积按原核定面积执行；过渡期在6个月以内的，租金补贴按届时租金补贴标准执行。超过6个月的，超过月份的租金补贴按届时租金补贴标准的50%执行。

可见，无论是实物配租，还是租金配租，其退出方式的设计基本一致。给予12个月的过渡期，其中后6个月的保障力度减半。

在奖惩措施方面，设计了一些惩罚措施，包括取消申请户5年内申请本市各类住房保障的资格；记录不良信用信息，并按规定纳入上海市社会信用联合征信系统，供有关社会主体依法查询使用。

综合上述分析，上海在退出标准上，目前实施了较为严格的廉租租房退出制度，其准入和退出标准是对等的，当收入或资产两者之一超出准入线规定的标准就必须退出，这将有利于公共租赁住房资源的合理分配和社会公平，但同时也缺乏了一定的人性化；在退出租户甄别方面，上海对租户的收入及资产监管已经较为完善；此外，在退出方式上12个月过渡期的设置，也有利于缓解租户家庭退出时面临的居住困境。

二、上海廉租房退出机制的实施现状

（一）退出租户甄别机制的实施状况

2006年以前，上海市廉租房实施保障的对象是享受城镇居民最低生活保障标准的家庭，且要连续享受民政部门低保6个月以上。这一时期由于保障对象范围较小，退出问题不是很突出。但是随着廉租房保障对象的逐步扩大，由于退出实施中涉及如何确定最低收入家庭的经济来源以及核查问题，因而退出问题将逐渐彰显。而在这方面，上海当时还未建立全面核实家庭收入的制度体系。在面对许多不确定因素、家庭收入缺乏透明度的情况下，难以确定收入的经济来源标准，实现准确核查也具有一定难度。

2006 年 12 月起，上海市民政局受市政府及下属房地局的委托，开始筹建“市民收入核对系统”，2008 年该系统开始在全市 61 个街道开展了收入核对的试点。在这一系统中，民政、劳动、税务、公积金管理等各部门逐步建立信息交换机制，实现对居民实际收入情况的掌握，并以此作为是否可以享受廉租房等社会保障的重要依据。但在保险、银行、证券等领域未进入核对系统前，这套系统的审核只是对“老实人”有效。

2009 年上海成立国内首家“居民经济状况核对中心”，通过与上海市民政局、人力资源和社会保障局、税务局、公积金管理中心、住房和城乡建设管理委员会、中国人民银行上海分行、上海证监局、上海银监局等 14 个部门间建立“电子比对专线”，核查人员可以直接查看申请家庭的存款账户、股市账户、纳税记录、房产登记、公积金缴纳等情况，以了解申请家庭的实际经济状况。上海使用该系统 3 年多来，已累计向房管部门出具 63342 份经济状况核对报告，共有 10313 户家庭经核对发现不符合申请条件，自愿退出廉租房或经适房申请。①

（二）租户退出过程的执行状况

在退出的实施方面，廉租住房保障的监管机构涉及政府房管部门和社区（街道办），但由于目前实物分配的廉租房散落于城市各处，监管难度较大。保障家庭一旦被认定需要退出廉租房，实践中普遍遭遇“执行难”问题。在课题组对原市房管局（现“上海市住房和城乡建设管理委员会”）的访谈中了解到，廉租房住户的退出在执行中非常困难。一方面，因为这些住户一般经济条件较差，交出廉租房后对其生活有较大影响，因此其不愿退出的思想较为严重；另一方面，其没有稳定工作，也缺乏社会责任感，因此很难寻找促使其退出的外部推力。

面对现阶段“退出难”的困境，今后上海廉租住房退出机制的设计可以尝试放宽退出标准和适当延长过渡期，并建设好一套引力机制，尽力做到使低收入家庭退出后在支付合理成本的情况下获得居住条件的改善。

---

① 新华网：《上海：居民经济状况核对机制“劝退”上万“假困难户”》，http：//news. xinhuanet. com/fortune/2012-05/05/c_ 111893456. htm，2012 年 12 月 2 日。

第七章

中国特色城镇住房保障标准

住房保障标准的制定立足于宏观保障水平，而适度的保障水平则决定于保障的供给能力与需求。本章测算了2010～2015年我国住房保障平均水平。比照国际经验，表明当前我国城镇住房保障水平是适度的，但受供需因素影响，保障水平后续扩容的压力较大、能力有限。故而建议在宏观层面，一是继续保持我国当前城镇住房保障范围的目标边界，覆盖住房困难的城镇常住中低收入家庭；二是按照住房困难程度，优先保障基本租赁需求，再扩展至保障购房需求。微观层面的建议是，对保障对象进行分类，提供方式和程度不同的保障。本章还基于国际经验，对补贴的方式和标准进行了探讨。

第一节　当前住房保障水平分析：基本适度

本节主要从宏观层面考量住房保障水平。住房保障水平的"适度"是指，住房保障支出与经济发展水平相适应，在政府财政可负担的范围之内，同时又能满足居民基本住房保障需求或社会认可的稍高住房保障需求。根据贾康等（2012）的研究，政府住房保障支出水平在一个国家通常会随社会经济的发展呈现出一个倒"U"形曲线①。因而适度的住房保障水平由住房保障的供给与需求决定。住房保障的供给一般由政府主导或引导，因而供给水平整体上受国民经济发展的制约、直接供给层面上受政府财政支出能力的硬约束。住房保障的需求主观上与政府的住房发展目标相关，推行住房高福利政策的国家（地区）

① 贾康、张晓云：《政府如何权衡"倒U曲线"演变中的机会公平与结果均平?》，载于《财政研究》2012年第7期，第2～15页。

住房保障需求相对较高；客观上则体现为住房困难家庭的支付能力与市场供给之间的差距，因此保障需求与该地居民的住房贫困程度、住房贫困家庭的支付能力以及房地产市场的发展状况相关。

一、住房保障水平适度性分析

一般采用住房保障支出占国内（地区）生产总值的比例来测度某地某时期宏观层面的住房保障水平。《中国统计年鉴》从2010年起在地区财政支出中列示“住房保障支出”数据，故可利用该数据计算近四年我国国家（地区）住房保障水平。从计算结果来看，就全国范围而言，年均住房保障支出占GDP的比重为0.71%；各地住房保障水平不一。

表7－1　　2010～2015年中国城镇住房保障支出水平

地区	人均GDP（元）	住房保障水平	地区	人均GDP（元）	住房保障水平	地区	人均GDP（元）	住房保障水平
天津	94113	0.14%	河南	32502	0.57%	安徽	29627	1.13%
浙江	65631	0.21%	湖南	34675	0.74%	海南	33419	1.28%
山东	53690	0.22%	山西	32707	0.75%	黑龙江	35332	1.29%
江苏	71450	0.27%	广西	28753	0.85%	云南	23101	1.68%
福建	54958	0.29%	四川	30241	0.93%	甘肃	22471	1.71%
北京	90688	0.32%	内蒙古	63198	0.95%	宁夏	36925	2.21%
广东	56574	0.33%	重庆	40734	0.96%	新疆	34526	2.27%
上海	89361	0.46%	吉林	43691	1.07%	贵州	21446	2.37%
河北	36395	0.47%	陕西	39472	1.11%	青海	34103	3.99%
湖北	40217	0.54%	江西	29922	1.13%	西藏	24603	6.22%
辽宁	57053	0.55%				中国	41389	0.71%

资料来源：基于2010～2015年各年《中国统计年鉴》的数据计算所得。

二、保障水平供给适度分析

设住房保障水平 X 为住房保障支出（X_a）占国内（地区）生产总值GDP（G）的比。现有文献大多采用数理模型或实证计量方法来确定理论的适度住房保障水平。前者借鉴了穆怀中（1997）① 构建社会适度社会保障水平的思路，

① 穆怀中：《社会保障适度水平研究》，载于《经济研究》1997年第2期，第56～63页。

将住房保障水平 X 进行分解，并通过理论或经验的方法论证每个中间变量的合理水平，最后综合取得 X 的合理上下限。张锐（2007）[①] 引入财政支出 F 将住房保障水平分解成住房保障支出系数 D 和财政支出系数 C 进行估算（$X=\frac{X_a}{F}\times\frac{F}{G}=D\times C$）；李娟（2008）[②] 采用的中间变量为社会保障支出 S_a，$X=\frac{X_a}{S_a}\times\frac{S_a}{G}=H\times S$；李娜（2006）[③] 则认为住房保障水平为住房保障支出系数 D、社会保障负担系数 Q 和劳动生产要素投入分配比例系数 H 的乘积，$X=\frac{X_a}{S_a}\times\frac{S_a}{W}\times\frac{W}{G}=D\times Q\times H$，$W$ 代表工资收入总额。但由于中间变量合理区间的确定往往也无统一标准或经验，因而得出的区间范围较大，且以上文献得出的结果重合度并不高。欧阳华生（2014）[④] 构建了回归模型、通过 *IMF* 和世界银行发布的数据测度理论的适度住房保障水平。但模型仅考虑了经济发展水平、政府财力和贫困人口因素，假定了社会住房发展目标（即政府住房保障支出偏好和效率等主观因素）与国家经济发展水平和政府财力等客观因素之间是独立的，但实际上这可能会产生内生性问题。

本节对我国住房保障水平适度性的分析，是利用如上测算出的我国住房保障水平数据，在供给层面，与 OECD 国家发展经验对比，以判定我国当前保障水平的适度性，并结合我国地方财政支出能力推断未来保障水平扩容的能力；在需求方面，通过对住房保障需求整体趋势和结构特征的阐述，分析适度保障水平的扩容压力。

（一）经济发展水平

当前我国城镇住房保障水平支出与经济发展水平基本相适。比较国际水平，以 OECD 国家为例，自 20 世纪 80 年代以来，其人均 GDP 超万美元，住房保障

---

① 张锐：《我国政府住房保障支出水平分析》，载于《山西财经大学学报》2007 年第 1 期，第 112 ~ 113 页。

② 李娟：《基于政府财政能力的住房保障适度水平研究》，载于《中国房地产金融》2008 年第 1 期，第 41 ~ 44 页。

③ 李娜：《中国城镇适度住房保障水平研究——以北京市为例》，中国人民大学博士研究生学位论文，2006 年，第 44 ~ 52 页。

④ 欧阳华生等：《我国住房保障适度性水平测算与分析：一个理论框架》，载于《上海金融学院学报》2012 年第 6 期，第 54 ~ 63 页。

支出保持在0.3%～0.4%之间的低水平（见表7－2）。适用保障倒“U”形曲线的假说，由于当前我国经济发展水平低于OECD国家（近4年人均GDP为37389元，按2016年1月27日1美元＝6.5792人民币元的汇价约合5683美元），故住房保障支出水平相应较高，近4年平均水平为0.68%。进一步比较，我国近年来人均GDP超过万美元的北京、天津、上海等地区，经济发展水平与OECD国家20世纪80年代相当，其平均的住房保障水平0.31%亦与OECD国家水平相一致。

表7－2　　　　历年OECD国家经济与住房保障水平对比

年份	1980	1985	1990	2000	2010
人均GDP（美元现价）	10081	13247	17763	25309	36523
住房保障水平（%）	0.29	0.34	0.31	0.32	0.42

资料来源：基于国研网统计数据库，OECD. Stat的相关数据计算所得。

（二）财政支出能力

基于统计年鉴数据计算，2010～2015年我国城镇住房保障支出占地方公共财政支出的平均比例为3.39%，比重不大。但如果认为其余的公共支出均是合理的，则我国地方政府住房保障支出的扩容能力较差。究其缘由，为我国地方财政一直处于财政赤字状态。这种状况的产生与我国财税体制有关。1994年分税制改革，促进了我国中央政府财政收入的集权化，但原有地方支出责任的保留相应使得地方财政捉襟见肘。图7－1数据表明，分税制改革之后地方财政收支缺口比重一直保持在50%以上，2009年甚至突破87%。财政的压力促使保障水平在今后相当长时间内不可能大幅提高。解决的方法是要推动央地财权与事权改革的深化，并考虑把与房地产业相关的部分税额收作为保障财政专项拨款的来源，形成长期资金供应的制度安排。

三、保障水平需求适度分析

（一）整体趋势

住房保障的需求主观上与政府的住房发展目标相关，客观上则体现为住房困难家庭的支付能力与市场供给之间的差距。第六章分析表明，当前我国城镇居民家庭的住房困难问题还较为严重。住房困难家庭的支付能力与市场供给间的差距明显。就目前全国水平而言，若以住房消费比20%为标准，则低收入群体有租房支付困难；若以“6倍”房价收入比为标准，中等收入以下群体具有购房支付困难。目前的保障支出水平只能确保“廉租房家庭应保尽保”，与惠及中低收入家庭的保障目标而言，支出水平有待进一步增大。

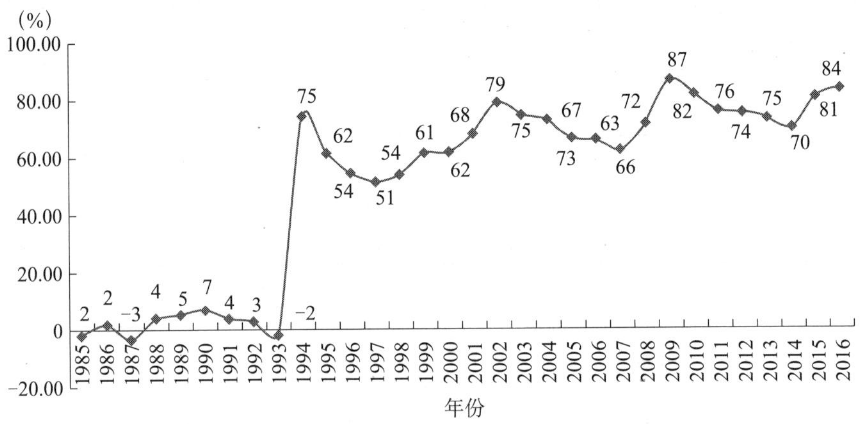

图7-1　1985~2016年地方收支缺口比重情况

资料来源：根据2016年《中国财政年鉴》及公报、2016年《中国统计年鉴》及公报、2016年国库司《2016年财政收支情况》计算整理。

就未来城市化的动态演进，我国城镇住房保障需求也将大幅增长。2015年末，国家统计局发布我国城镇常住人口占总人口比重为56.10%，处于快速城市化进程中。且“公共服务均等化”和“人的城镇化”等政策的推行，将进一步扩大住房保障的覆盖面，推动支出增加。

（二）结构特征

如前分析表明，我国经济最发达和最不发达地区的住房保障压力较大，住房保障支出水平理应表现出两头大、中间低的特征。但在实际运行中，我国住房保障支出水平却呈现出随经济发展水平反向变化趋势（见图7-2）。若考虑地区住房保障福利水平一致的话，发达地区的住房保障支出水平偏低。而这些地区房价高、人口流入大，未来保障需求将较目前严峻。因此中央政府应加大对一类城市的保障资金转移支持。

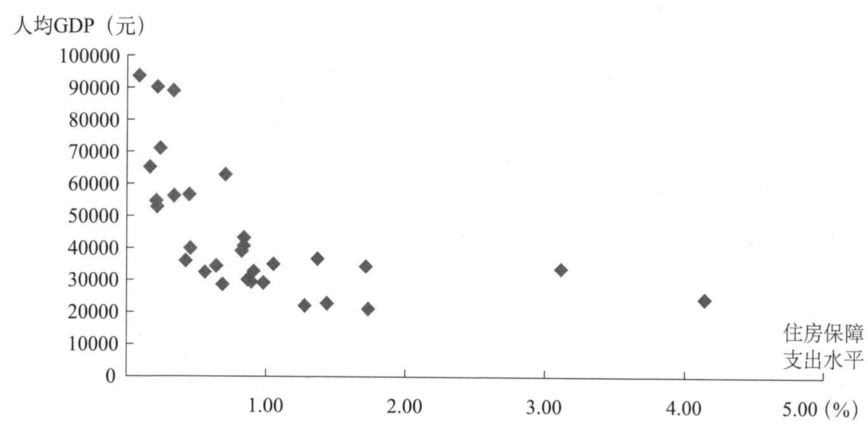

图7－2　2010～2015年我国地区人均GDP与住房保障水平散点图

资料来源：基于2011～2016年各年《中国统计年鉴》的数据计算所得。

第二节　宏观住房保障标准：覆盖范围审慎扩大

一、覆盖范围的当前目标

就总体特征而言，随着经济水平和保障能力的提高，我国城镇住房保障的目标范围应逐步扩大。即从低收入住房困难家庭扩展为“中等偏下收入住房困难家庭、符合规定条件的新就业无房职工、稳定就业的外来务工人员”。

从政策文件看，《国务院关于解决城市低收入家庭住房困难的若干意见》，提出把解决城市（包括县城）低收入家庭住房困难作为住房制度改革的重要内容，作为政府公共服务的一项重要职责。廉租住房制度是解决低收入家庭住房困难的主要途径，经济适用住房供应对象从中低收入住房困难家庭调整为低收入住房困难家庭，并与廉租住房保障对象衔接，即保障的是低收入住房困难家庭。而2012年住房和城乡建设部令第11号《公共租赁住房管理办法》明确，公共租赁住房是面向城镇中等偏下收入住房困难家庭、新就业无房职工和在城镇稳定就业的外来务工人员出租的保障性住房，标志着保障范围的扩大。

根据对各地的实践调查发现，各地住房保障范围虽有差异但不大（详见本书第三章）。具体而言，当前我国住房保障的覆盖范围为城镇住房困难家庭：租赁型保障面向户籍中低收入家庭和外来稳定就业、居住的中低收入员工（上海、重庆和黄石等城市未设收入线）；产权型保障面向户籍中低收入家庭（近年来，在一些保障房源充裕的二类、三类城市，条件有所放松，黄石不设户籍和收入线）。

二、覆盖范围的实际水平

尽管各地的保障目标范围相同，但由于各地的保障压力不同，实际保障水平存在差异。

经过“十一五”“十二五”的努力，至2015年末全国正在实施的实物配租户数（含廉租房）989.28万户，正在实施的租赁补贴户数317.09万户；实物配售经济适用住房418.36万户，货币补贴经济适用住房10.94万户，限价商品住房188.97万户，加上2008～2015年基本建成棚户区安置房1705万套，合计达到3629.64万户，各地对本地户籍低收入住房困难居民的住房保障已基本实现应保尽保；本地户籍中偏下收入困难居民的保障需求也得到根本性缓解。各地对新就业大学生和创业人才，重视程度高，更多地从提高城市竞争力角度出发，纳入保障范围，尽可能提供保障。例如，深圳“十三五”期间，将新筹集建设保障性住房和人才住房40万套，其中人才住房将不少于30万套，并一次性向本科大学生发放货币化补贴1.5万元，研究生2.5万元，博士生3万元。南京、杭州等对人才实现实物配租与货币化补贴并举。

专　栏

深圳于2015年正式实施《深圳人才安居办法》，其人才住房保障的政策具有以下特点：一是人才安居实行以租为主、租售补相结合。二是人才住房用地执行保障性住房建设用地政策，探索利用征地返还地、非农建设用地合作建设人才住房。三是多渠道筹措人才住房房源，包括利用公共设施上盖及周边用地配建人才住房；在招拍挂出让的商品住宅项目用地配建不少于总建筑面积10%的人才住房；提高城市更新项目配建人才住房和保障性住房的比例；利用产业园区适量配套建设人才住房；鼓励利用自有存量用地建设人才住房。四是实行人才住房房源封闭运作，内部流转机制，人才住房原则上不得转变为市场商品房上市交易，需要转让人才住房的，应按照相关规定，由原配售单位或政府回购，或转让给符合购买条件的其他人才。五是建立全市人才住房统一信息平台，实现人才住房产权登记、人才认定等信息互联互通。六是建立全市人才住房专营机构——市人才安居集团，负责全市人才住房的建设筹集、投融资及运营管理等业务，实现人才住房全过程一体化建设运营管理。

南京2015年下发《关于“创业南京”人才计划的实施意见》，计划在“十三五”期间，瞄准创新型、服务型、开放型、枢纽型、生态型“五型经济”主攻方向，重点集聚100名科技顶尖专家、培育200名创新型企业家、引进3000名高层次创业人才、引领2万名青年大学生创业。提出让新就业大学生及各类创业人才住房有保障，高层次人才拎包入住。高层次人才实物保障住房分为专家公寓、人才公寓和青年公寓（创业公寓）三类，主要是为了满足人才的阶段性周转居住需求。2016年起南京市对同时具备以下条件高校毕业生发放住房租赁补贴：（1）全日制普通高校（含海外留学人员）取得学士及以上学位或在全日制技工院校取得技师职业资格证书的毕业生；（2）毕业2年内在南京市纳税的各类企业或民办非企业单位、社会团体等单位就业且签订1年及以上期限劳动合同，或在南京自主创业，缴纳企业职工养老保险；（3）具有南京市户籍且住房困难或者非南京市户籍在南京无自有住房，且租房居住的。补贴标准为：博士每人每月1000元，硕士每人每月800元，学士和技师每人每月600元（实际租金低于补贴标准的，按实际租金补贴），补贴期限累计不超过24个月。

杭州2015年出台人才新政27条，其中明确对博士提供人才租赁房或1200元/月的租房补贴。对本科及以上学历且毕业未满7年（具有硕士及以上学历的不受毕业年限限制）的创新创业人才，根据当年度公租房申请条件，统一纳入市公共租赁住房保障。2015年又在上城区试点补贴新就业大学毕业生、创业人员申请公共租赁住房货币补贴，标准为6元/平方米·月；家庭保障面积标准为人均建筑面积15平方米，保障总面积不低于建筑面积36平方米，不高于建筑面积60平方米。

但是，各地对稳定就业的外来务工人员的租赁型保障水平存在明显差异。一类、二类城市，人口流入多，中低端租赁市场需求旺盛、供应紧缺，因而保障压力大，保障水平明显不足。目前一类、二类城市大都对该部分人群推行实物租赁保障，有限的供给不能满足绝大多数保障对象的需求。本书以下将具体以上海为例予以说明。而与之相反的是，据调研，一些三类城市的公租房源呈现以房等人态势。

上海公租房保障的需求与结构测算如下：根据上海第六次人口普查（2010）数据（见表7－3），上海市常住人口中住房面积为15平方米（上海市公租房人均住房面积保障线）以下的人口约为2233727户。按照2010年户均人口2.7计算，上海市常住人口中住房面积为15平方米以下的人口约为6031062人，约占常住人口之比为31%。考虑2015年末上海常住人口约为2415.27万人。假设住房面积为15平方米以下的人口占比保持不变，该群体人口数将超过750万人。由于上海市公租房政策不设户籍线和收入线，因而“十二五”期末公租房保障主体涉及范围将达到750多万人，以近五年年0.72%的增长率估算，则2020年末将达到770多万人。

表7－3　2010年上海市按人均住房建筑面积分的区段人口分布

指标（平方米）	8及以下	9～12	13～16	17～19	20～29	30～39	40～49	50～59	60～69	70及以上
总计（户数）	1140674	720552	745001	471075	1525598	1042457	680143	327831	224671	424410

资料来源：2010年上海市第六次人口普查统计资料。

就公租房保障群体的结构而言：

一是户籍住房困难家庭实际有效需求不大。据上海房地产科学研究院测算，该市城镇户籍人口家庭人均面积小于15平方米的约有40万户（见表6－6）。在该群体中，住房尤为困难的家庭将纳入廉租房保障。截至2014年，根据对上海市住房和城乡建设管理委员会调研所得，上海在保廉租房户数约为7.2万户。因而除廉租保障对象外，剩余需保障群体达到32.8万户，约89万人。但调查显示，这些户籍家庭大都倾向“挤一挤”，一般而言只有那些家中有成年就业子女的，可能会因工作或父母家住房面积太小不方便居住，从而希望承租公租房。

二是外来务工人员体量庞大。将上海常住人口潜在保障对象减去户籍人口潜在保障对象，可以得到需保障的外来人口，2015年末约为682万人。若以学历划分外来人口中的务工人员和引进人才，大专及以上的为引进人才，高中及以下为务工人员，则依据第六次人口普查外来常住人口文化构成比例（见图7－3），“十二五”期末外来务工人员将达约586万人。

三是引进人才构成上海公租房需求的主体。引进人才包括高端引进人才和一般引进人才。高端引进人才包括海外高层次引进人才和外省市户籍高层次引进人才。一般就业单位为了吸引高端人才的进入，都会为其解决阶段性住房问题，且大都会超过人均15平方米，因而这部分群体往往不在住房困难群体中。

由此一般引进人才构成上海公租房的另一需求主体，2015 年末引进人才潜在保障对象约为 96 万人（682 万人 -586 万人）。

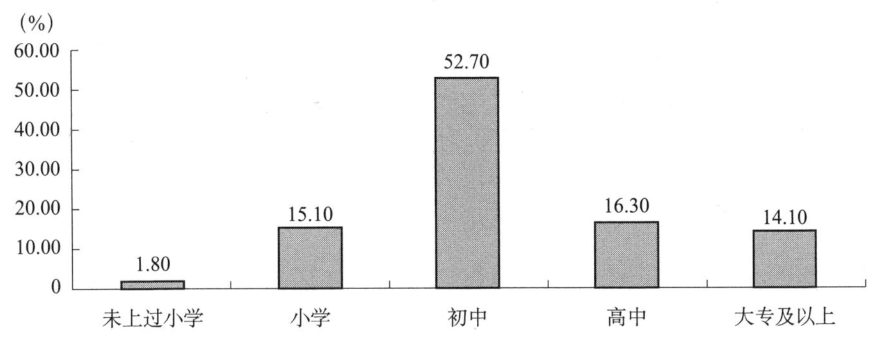

图 7-3 2010 年上海外来常住人口文化构成

资料来源：2010 年上海市第六次人口普查统计资料。

如上测算，2015 年末上海公租房潜在需求达 750 万人左右，而调研结果是上海现有的公共租赁房源仅约 3.6 万套。差距如此之大，表明目前一类、二类城市对外来人员的租赁保障水平极低。

三、覆盖范围的完善建议

由于住房建设的基础薄弱，我国城镇住房贫困现象还较为严重；考虑住房市场租金和房价的攀升，本来就不高的居民住房支付能力未来甚至有可能进一步恶化；再加上城镇化及政策的推进，这些都有需求让政府提高住房保障水平。但受制于地方财政的可负担能力，未来大幅提高住房保障水平的可能性比较小。而就目前的保障水平而言，尽管政策层面已覆盖至住房困难的中低收入常住家庭，但实际执行时并未做到百分百覆盖，特别是外来稳定就业、居住的家庭租赁需求满足缺口巨大。综上所述，我国今后在一段时间内应审慎扩大城镇住房保障覆盖范围边界。对我国城镇住房保障范围界定的建议如下。

一是继续保持我国当前城镇住房保障范围的目标边界，覆盖中低收入、存在住房困难的城镇常住家庭。

二是按照住房困难程度，优先保障基本租赁需求，再扩展至保障产权购房需求。破除以户籍为住房保障优先条件的思想，基于包容性增长和保障无歧视的理念，沿着户籍中低收入居民租赁保障—常住中低收入居民租赁保障—户籍中低收入居民购房保障—常住中低收入居民购房保障路线，稳步解决。

第三节 微观住房保障标准：补贴程度分类递减

对保障对象进行分类，并提供方式和程度不同的保障。对绝对住房贫困的低收入家庭，提供租赁完全保障，补足其可支付能力与市场基本租金之间的差额；对中等偏下收入的绝对住房贫困家庭，主要为外来稳定就业的技术人才，依据财政能力和城市产业升级等多种目标，提供租赁轻度保障，以略低于市场租金水平向其提供公共租赁住房或对急需引进人才提供适量货币补贴；对低收入相对住房贫困家庭，支持其购买共有产权房；对于中等偏下收入的相对住房贫困家庭，对其购买首套住房给予贴息减税等产权激励支持（见表7－4）。

表7－4　　保障对象分类补贴标准

住房支付能力	绝对住房贫困	相对住房贫困
低收入	租赁完全保障	产权轻度保障
中等偏下收入	租赁轻度保障	产权激励支持

对保障对象的收入财产状况，应定期审核，并依情调整其获取的保障收益。另外，地方政府可根据经济、社会发展变化，定期对保障对象认定标准和保障水平进行调整。

一、保障居住标准的厘定

保障房应该安全、卫生和舒适。安全卫生是居住的最基本的要求，这里主要探讨保障房的舒适标准。舒适分为室内环境佳和室外环境佳。所谓室内环境佳是指户型好，房屋功能齐全、良好满足私密要求；室外环境佳则要求公建配套良好。

关于公建配套，主要与保障房的区位有关。由于土地供给有限，保障房建设的区位选择有两种模式，市中心小规模建设和近郊区大规模供给。近郊区大规模供给的保障房，往往存在公建配套不足问题。这就要求近郊区保障房项目在规划阶段重点考虑公建配套设计：一是优化公交路线，在一类、二类城市，项目建设应设于轨道交通沿线；二是结合保障人口数、年龄结构，安排教育、医疗和养老配套；三是设置邻里商业中心，满足居民生活需要。

本节重点考虑保障房的户型设计。前述我国住房绝对贫困的标准为人均建筑面积10平方米，相对贫困的最高标准为地区平均水平，相对贫困的建议标准为地区人均建筑面积与10平方米之间的中位数。尽管有人均居住面积标准，但我们不能简单将此作为户型标准。保障房户型的设计既需节约也需考虑到住房功能齐全，即卧室、厨房、卫生间、起居室等功能空间齐全，同时这些功能空间均应满足最低设计要求规范，且功能空间的数量应随家庭人口的数量和结构进行调整。

关于功能空间的数量规范，各国（地区）大致相同。日本至第三个住宅建设5年计划（1978～1980年）起就开始制定住宅设计细则。关于“最低居住水平”，卧室数量要求为，夫妇有独立房间，最多可与一名5岁以下儿童（学龄前儿童）同屋，6～17岁的孩子（小学生到高中生），需有与父母不同的单独房间，每间房间最多2人，12岁以上的孩子（初中生以上）需按性别分住不同房间，18周岁以上需有自己的单独房间；住房需有厨房兼餐厅，单人家庭只保证有厨房即可；原则上每个家庭需有专用卫生间，单身家庭除外。[①] 世界健康组织（World Health Organization）同样指出除夫妻之外的异性青少年和成年人分室居住规范。

各国（地区）功能空间的最低设计规范会酌情调整。国际住房和城市规划联合会（International Federation of Housing and Town Planning）于1958年联合提出了欧洲国家的住房及其房间统一的最小居住面积标准建议（见表7－5），要求每套住房应至少有一间11.3平方米的房间，每个卧室的面积至少为8.5平方米等[②]。而日本第三个住宅建设规划中标准要稍低，主卧的面积为不低于10平方米，次卧不低于7.5平方米。

表7－5　欧洲不同规模家庭住宅的最小居住面积标准　单位：平方米

房间	居住面积指数（分子为住房卧室数，分母为家庭人数）								
	2/3	2/4	3/4	3/5	3/6	4/6	4/7	4/8	5/8
居住面积	46	51	55	62	68	72	78	84	88
约合建筑面积	60	66	72	81	88	94	101	109	114

资料来源：Ranson R. Healthy Housing. A Practical Guide London. E & FN Spon，1991.

依据我国的家庭人口特征确定卧室数量，具体将我国家庭分为五种：一人户、二人户、三人户、四人户、五人及以上户。我国二人户分为夫妻和二代户

① 马庆林：《日本住宅建设计划及其借鉴意义》，载于《国际城市规划》2012年第4期，第95～101页.

② 姚玲珍：《中国公共住房政策模式研究》，上海财经大学出版社2009年版，第292页。

两档，分别需要1个或2个卧室；三人户是我国典型的家庭结构，一般为夫妻和1个子女；四人户随我国“二孩”政策的施行，未来会出现二代户和三代户两种类型；五人及以上户一般为三代户，需要3～4个卧室。

关于我国功能空间的最低设计可见2011年我国《住宅设计规范》，相应的规定有：双人卧室的使用面积不应小于9平方米，单人卧室为5平方米，兼起居的卧室为12平方米；起居室（厅）的使用面积不应小于10平方米；由卧室、起居室（厅）、厨房和卫生间等组成的住宅套型的厨房使用面积不应小于4.0平方米，由兼起居的卧室、厨房和卫生间等组成的住宅最小套型的厨房使用面积不应小于3.5平方米；卫生间使用面积不小于2.5平方米（见表7－6）。

表7－6　按家庭人口设计的最低保障房户均标准　单位：平方米

	一人户	二人户		三人户	四人户		五人及以上户
		夫妻户	二代户		二代户	三代户	
主卧1	5	12	9	12	9	9	9
主卧2					9		9
次卧1			5	5		5	5
次卧2						5	5
起居室					7	7	7
厨房	3.5	4	4	4	3.5	3.5	3.5
卫生间	2.5	3	3	3	3	3	3
居住面积合计	11	19	21	24	31.5	32.5	41.5
约合建筑面积	15	25	28	32	41	43	54

注：2011年《住宅设计标准》起居室的最低使用面积为10平方米，这里降为7平方米，设计可行性阐述可见上海市房地产科学研究院：《上海住房保障体系研究与探索》，人民出版社，2012年版，第297页。

基于如上信息设计按家庭人口分类的最低保障房建设标准，保持人均居住建筑面积10平方米左右。由于一二人户不具规模效应，突破标准较多，因而在实际保障中也应注意这一点。

而基于相对贫困原则，各地制定的保障房标准最高不应超过地方人均水平，建议按下四分位法则，取绝对贫困10平方米和地方人均居住水平之间的中位数水平。若按2012年全国人均居住建筑面积32.9平方米计算，则保障标准为人均21.5平方米。

二、租赁补贴标准的确定

（一）租赁完全保障

目前，我国对绝对住房贫困的低收入家庭的补贴目标是实现完全保障，但在实际操作上保障精准度略差。各地的租赁补贴政策大致相同，在拟定的面积标准基础上，参照项目周边的住房市场租金或略低于市场租金水平（一般为8～9折）确定基本租金水平，其后按保障对象的收入差异实行分档补贴制度。以上海公租房为例，3人及以上申请家庭年均可支配收入小于1.44万元，按基本租金补贴标准的全额实施补贴；3人及以上申请家庭年均可支配收入在1.44万～2.04万元之间，按基本租金补贴标准的70%实施补贴；3人及以上申请家庭年均可支配收入在2.04万～2.52万元之间，按基本租金补贴标准的40%实施补贴。北京的补贴政策大致相同，如表7－7所示。

表7－7　北京城六区公共租赁住房租金补贴标准

补贴对象	租金补贴占房屋租金的比例（%）	租金补贴建筑面积上限（平方米）
民政部门认定的城市最低生活保障家庭、分散供养的特困人员	95	60
民政部门认定的城市低收入家庭	90	
人均月收入1200元及以下的其他家庭	70	
人均月收入1200元（不含）至1600元（含）之间的家庭	50	
人均月收入1600元（不含）至2000元（含）之间的家庭	25	
人均月收入2000元（不含）至2400元（含）之间的家庭	10	

资料来源：北京《关于完善公共租赁住房租金补贴政策的通知（2015）》。

分档补贴制度旨在通过对低收入家庭的分档实现累退补贴，但政策的设计和操作较为复杂。一是对低收入家庭的分档和每个档次的补贴标准设定均应有合理依据；二是会增加对低收入家庭收入审核的难度。同时，分档设计还存在的一个最大问题，是在级点处会出现负担跳跃问题。

国际上常用的补贴方式是比例收入法。以美国为例，住房租赁补贴的标准为符合条件的住房租金与家庭年可支配收入30%的差额部分，从而确保保障家庭的住房开支不高于家庭收入的30%。英国的补贴对象为租房开支不超过其净收入22%的家庭。比例收入法政策操作相对简单，但一些学者会质疑这种做法的保障精准性和累退性。

理论上更为精准的补贴计算，应核算出低收入家庭除住房以外的其他开支，该家庭租房可支付能力为可支配收入与其他开支之差，补贴额应为市场租金与其住房支付能力之差。如此计算的补贴占家庭可支配收入的比例应是可变的。但英美国家采用单一比例的做法亦有其道理。首先，这个比例应是经过核算的，可确保绝大部分低收入家庭不会因支付自付租金导致其他基本开支“入不敷出”；其次，除租房补贴外，英美国家往往有“一揽子”补贴计划，确保低收入家庭维持基本生存，比如美国的粮食券（food stamp）、家居能源补贴计划（home energy assistance program）等。国内也可借鉴这样的思路，以住房补贴解决低收入家庭的居住问题，低保政策解决其“衣、食、行”基本开支。

关于累退性，比例收入法虽然没有相对累退，但具有绝对数额的累退。尽管比例相同，但保障对象的家庭收入是不一致的，低收入者中相对收入较高者支付的绝对数额是高的。同时单一比例可避免级点跳跃问题。况且本书认为，累进（退）政策适合在高收入群体中施行，享受租赁完全保障的群体均为低收入者，无必要锱铢必较。

比例收入法还有一个重要的特征，是只要保障对象具有收入均需自己支付部分租金。这样做的好处也很明显，对低收入者自身发展具有重要意义：一是低收入家庭通过自身的努力部分解决了住房问题，这可以帮其赢得社会尊重；二是强调低收入者也应支付房租，可起到倡导社会勤勉之风，降低福利性。

对我国租赁完全保障政策的设计建议为：一是对老弱病残等低收入特殊群体施行实物保障，免费租住公租房；二是对一般的低收入家庭，借鉴英美的做法，补贴市场租金超过保障家庭可支配收入某个比例的部分。但国外30%和22%等比例不可拿来直接使用，各国租金水平、居民收入支出状况都存在很大差异。刘琳等（2011）基于国家统计局城调队“中国价格及城市居民家庭收支调查统计”数据，利用扩展线性支出系统模型求出1998年和2008年我国城镇居民的基本消费需求支出，在各等级收入分组的可支配收入中扣除掉基本消费需求支出（不包含居住基本消费支出）之后，所剩的收入即所求的居民家庭所能承受的最大住房支出额，所剩收入与可支配收入之比即为不同收入阶层所能支付的最大住房支出比例。[①] 依据测算，作者建议选取30%作为低收入家庭住房支付能力的判断标准。对比本书第六章第二节的计算，2014年我国江苏省、安徽省及2013年陕西省城镇低收入居民家庭平均的住房消费比分别为17.90%、19.59%和23.12%，考虑近年来我国房租行情上涨行情和对低收入群体资源倾斜的原则，本书建议将补贴准入线下调至25%，补贴居民家庭可支配收入的25%与基本租金的差额部分。补贴面积上限依据各地实践，取为20平方米/人。

（二）租赁轻度保障

当前我国已将住房绝对贫困的中低收入群体纳入保障体系。该群体主要构

① 刘琳等：《我国城镇居民住房问题研究》，中国计划出版社2011年版，第68~77页。

成有住房绝对贫困的城镇中等以下收入家庭、新就业青年职工以及刚引进的外来技术人才等。各地主要提供公租房实物保障，公租房租金较市场水平略低，一般为8～9折。极少数地区也施行过货币补贴，如上海浦东张江园区，对区里职工租住园区公租房给予租金补贴，但这并不是普遍的政策。中低收入群体租赁公租房没有租金补贴，因此保障水平远低于低收入保障对象。且当前各地提供的公租房数量不多，面对庞大的符合公租房准入条件的保障对象整体而言，保障水平微乎其微。

尽管保障水平极低，但该部分群体本身具有市场租赁能力，故8～9折的租金水平和实物保障补贴方式是合理的。而这部分庞大社会群体不能解决居住问题的关键在于需求与市场供给结构不相符合。据2015年本书撰写团队对上海地区新就业大学生（包含硕士和博士）的调研显示，新就业大学生工作第一年税后月收入平均在5000元左右。该调查群体的租金需求显示，希望租金在1000元及1000元以下的占20.7%，1001～2000元的占45.7%，2001～3000元占比23.1%，3000元以上只有10.6%。而上海租赁市场低房价出租房屋比例甚少，市场挂牌租金在3000元以上占72.22%，1000元以下只有1.48%，1001～2000元占7.28%，2001～3000元占19.02%（见图7－4）。因此，解决中低收入群体租房困难的核心举措不在于对保障者如何补贴，而在于如何调动社会资源提供中低端出租房。

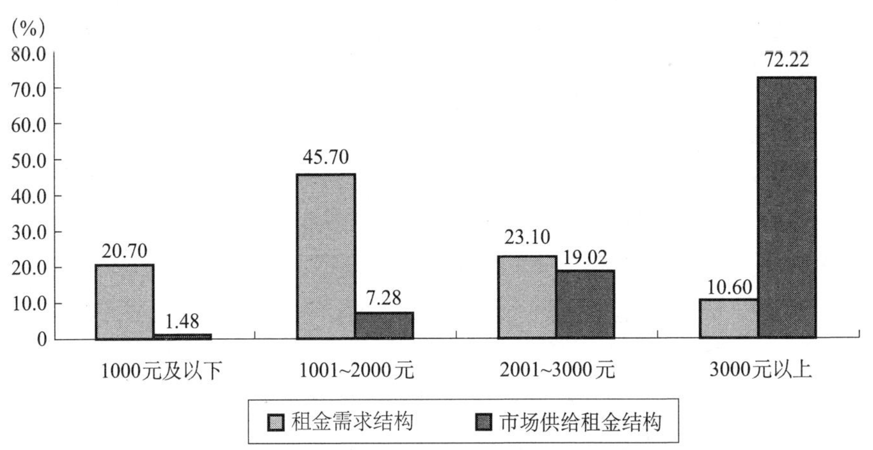

图7－4　公租房租金需求结构和市场出租挂牌租金比较

资料来源：市场挂牌租金分布数据来源于上海财经大学房地产数据库。

三、购房补贴方式的设计

（一）产权轻度保障

当前我国对低收入群体的购房保障补贴方式主要有两种。

一是直接给予一次性购房补贴。如常州，2015 年对符合户籍且实际居住 3 年以上、家庭人均月可支配收入在 3290 元（含）以下、无房或家庭人均住房建筑面积低于 18 平方米三项条件的家庭在购买新建成套普通商品房一套时，发放 10 万元补贴（见《2015 年常州市市区经济适用住房货币补贴政策指南》）。这种方式对补贴对象的要求较为严格，但补贴力度非常大，实际上是经济适用房政策的货币体现。国际上采用这种大额一次性直接补贴方式的案例也较少，住房保障体系完善的国家中仅见于新加坡的中央公积金住房资助计划（“CPF housing grant” scheme），政府对于符合条件的新加坡居民购买二手组屋提供直接资助。[①] 因而本书建议在今后的保障中减少使用这种方式。

二是共有产权方式。“共有产权房的价值由保障对象支付购房资金和政府投入组成，在实践操作中，政府占有的份额小于政府实际投入占房地产全部价值的比例，而且购房人拥有全部的住房使用权”[②]，这些实际构成了政府对保障对象的补贴。以上海为例，基于 2016 年《上海市共有产权保障住房价格管理方法》，保障对象购买共有产权房的销售基准价格以开发建设成本为基础，参照共有产权保障住房周边一定时期、一定区域内新建同品质商品住房的市场平均成交价，并综合考虑结算价格、保障对象支付能力，以及相近时期、相邻地段共有产权保障住房项目销售价格平衡等因素确定（销售基准价格 = 周边房价 × 折扣系数），购房人产权份额参照共有产权保障住房销售基准价格占周边房价的比例予以合理折让后确定，计算公式为：购房人产权份额 = 销售基准价格/（周边房价 ×90%）。如此计算，单价格上的折让，保障对象获取的补贴在房价的 11% 以上，同时保障对象还拥有政府产权部分住房的免费使用权。

与经济适用房相比，共有产权房这种保障方式具有极大的优势。首先，与经济适用房一样，可有效解决低收入家庭的住房困难；其次，这种方式极大地

---

① 姚玲珍：《中国公共住房政策模式研究》，上海财经大学出版社 2009 年版，第 122 页。

② 上海市房地产科学研究院：《上海住房保障体系研究与探索》，人民出版社 2012 年版，第 160 页。

压缩了保障房与商品房之间的价格差距（经济适用房土地为行政划拨，售价无地租，按照建设成本加微利低价供应，一般低于同类市场住房价格 20% 以上），避免了“福利陷阱”问题；最后，以“有限产权”的方式，让居民实现了“买房梦”，保证了财富随房价的增长而增值。

未来对这种补贴方式的建议是降低补贴标准，保持在 10% 以内的水平，毕竟这还是一种福利性保障措施。另外，政府产权的比例不应高于 50%。以居民和政府 5∶5 的构成为例，若居民通过按揭首付 20% 购买，实际居民购房成本仅占 10%（20% ×50%），过高的杠杆会在房价波动时产生巨大的系统性风险，2008 年美国的次贷危机就是值得警示的例证。

（二）产权激励保障

产权激励保障，补贴标准低、受众面广、政府财政压力低并能促进中低收入群体通过自身努力解决住房问题，是住房保障体系完善的国家最常用的方式。产权激励保障政策通常为税收或金融政策。

我国当前并没有此类保障政策。目前与住房相关的税收优惠政策，通常指向个人唯一住房、普通、持有时间长等特征，并非只有保障对象才能享受。例如，2016 年最近出台的《关于调整房地产交易环节契税营业税优惠政策的通知》和《营业税改征增值税试点过渡政策的规定》等政策，规定个人购买家庭唯一住房、面积为 90 平方米及以下的，减按 1% 的税率征收；个人将购买不足 2 年的住房对外销售的，按照 5% 的征收率全额缴纳增值税；个人将购买 2 年以上（含 2 年）的住房对外销售的，免征增值税（限北上广深一线城市之外地区）。与住房相关的金融优惠政策，主要有公积金政策，但也是面向全体社会居民，且很多人认为公积金具有“劫贫济富”的特征。

国外对住房保障对象的专项税收优惠政策主要是在住房持有环节。在流转环节的税收优惠政策并不突出，这是由于大部分国家和地区为缓解交易桎梏、推动住房市场交易活跃度，在房地产税制设计上通常采用轻流转、重持有模式，税收少，故优惠也少。住房持有环节的税种主要包含财产税性质的房地产税和个人所得税。

房地产税是国外普遍征收的税种，优惠极少，大多面向特殊群体，因而对住房保障对象而言，是重要的税收减免措施之一。美国对低收入群体赋予的优惠有：（1）计税额减免。一种是从住宅价值中扣减一定数额，另一种是从住宅价值中减去一定比例，如俄亥俄州从住宅价值中扣减12.5%[①]，减免力度为房地税额的10%左右。(2) 税额抵免。比较著名的有“断路器”政策，对超过家庭收入一定比例的房地产税，政府通过直接归还或减免所得税等方式予以税收抵免。(3) 延期纳税和税负冻结政策。主要针对老年人，这里不作详述。瑞典房地产税的一个特殊优惠是按房产扣除抵押贷款后的余值且超过免征额以上的价值部分计税。

所得税的税收优惠设计常见的是在税基中抵扣购买、建造和大修房屋的抵押贷款利息，部分国家还可以扣除抵押贷款的部分本金甚或购建住房或维修住房的部分费用，如德国。所得税额的抵扣比例，美国近年来大约是人均8.6%[②]。国外抵税的时限一般为10年左右。所得税额的直接减免，主要是超过家庭一定收入比例的房地产税额。

国外对住房保障对象的专项金融优惠主要有贴息和担保政策。

很多国家为提高居民住房自有率，对居民自购建房均有贴息优惠，但为了增强对低收入群体的扶持力度，在普惠安排之外，针对低收入群体会有特殊政策。如德国的公营抵押银行和储蓄银行专门向低收入者、残疾人、多子女家庭提供购建住房的长期无息或低息住房贷款。这显然与我国公积金制度不一样。就贴息力度而言，德国的优惠较大，前述的低息贷款利率为1%，而当前德国商贷利率大约在3%~4.5%（资料来源于百度经验《德国房产贷款》)，补贴率超过60%；瑞典在2008年7月1日前的利息补贴率为30%。

担保政策构成了政府的或有补贴。美国的中低收入家庭抵押贷款担保政策做法较为完善。联邦住房管理局为抵押贷款提供100%的保险，但仅购房债务支出占家庭收入比为29%~41%的中、低收入家庭，才有资格获得该抵押贷款，且抵押贷款保险有上限数额。“这种做法，既体现了政府积极执行向中低收入家庭倾斜和扶持弱小阶层的政策取向，也防止了人们利用政府保险的抵押贷款来购买过于奢侈的住房的倾向。”[③] 德国对减免税后还本付息仍有困难的低收入家庭也进行专项债务补贴。

除了如前所述的税收金融政策外，一些特殊激励政策也十分新颖。如美国的家庭自给计划FSS（Family Self-Sufficiency Program)，由领受住房券的家庭自

---

① 柳德荣等：《美国财产税制度设计及其启示》，载于《经济体制改革》2011年第6期，第156~160页。

② 姚玲珍：《中国公共住房政策模式研究》，上海财经大学出版社2009年版，第56页。

③ 姚玲珍：《中国公共住房政策模式研究》，上海财经大学出版社2009年版，第60页。

愿选择参加，这些家庭成员通过教育和培训后，达到合同约定的就业和收入提高等目标后，公共住房管理机构将返还其由于收入增加而多付的租金份额①。

国外的这些产权激励政策值得在我国推广。就税收优惠而言，一是我国未来势必会开征的房地产税，其税制设计中务必加入面向中低收入群体的税收减免政策；二是每月还贷额的一定比例可以在个人所得税税前抵扣，建议扣除额不超过个税税基的10%，扣除年限为10年。金额支持政策，一是贴息政策，对保障家庭购买的单价不超过平均市价、人均面积低于当地平均水平的商品房，可享受15%～30%的贴息，这个幅度比例参照了瑞典的贴息标准、同时考虑了我国商业贷款和公积金贷款的利差水平，具体比例可由地方政府酌情制定；二是创新中低收入家庭抵押贷款担保产品。除此以外，住房保障制度也可引入如FSS类的激励项目，鼓励中低收入家庭通过自身努力购买住房。

专题三　上海公租房保障主体的需求特征调查与启示

引进人才为上海公租房需求的主体，对其需求特征进行分析为更好设计公租房产品提供了有力依据。课题组通过发放调查问卷，对该群体公租房需求特征进行分析。此次调研通过微信回收259份，有效问卷259份，问卷有效率为100%。调查对象的学历背景：大专/高职学历占5.41%，本科生占31.27%，硕士研究生占43.24%，博士研究生占20.08%；工作年限：工作1年的占14.67%，2年的占12.36%，2～5年的占23.17%，在上海工作5年以上的占49.81%。调查对象符合调研要求，且分布均匀。

一、保障对象市场租金承受力不佳

调查者工作第一年税后月收入平均在5000元左右，不算高的收入水平决定其租金支付能力不强。在租金需求上，要求租金在1000元及1000元以下的占20.7%，1001～2000元的占45.7%，2001～3000元占比23.1%，3000元以上只有10.6%。而上海租赁市场低房价出租房屋比例较少，市场挂牌租金在3000

---

① Housing Choice Voucher Program Guidebook，http：//portal. hud. gov/hudportal/HUD？src =/program_offices/public_ indian_ housing/programs/hcv/forms/guidebook.

元以上的占 72.22%，1000 元以下只有 1.48%，1001～2000 元的占 7.28%，2001～3000 元的占 19.02%（见图 1）。对比租金需求结构和市场供给租金结构，可以看出，市场出租住房供给与夹心层的需求结构存在严重错配。

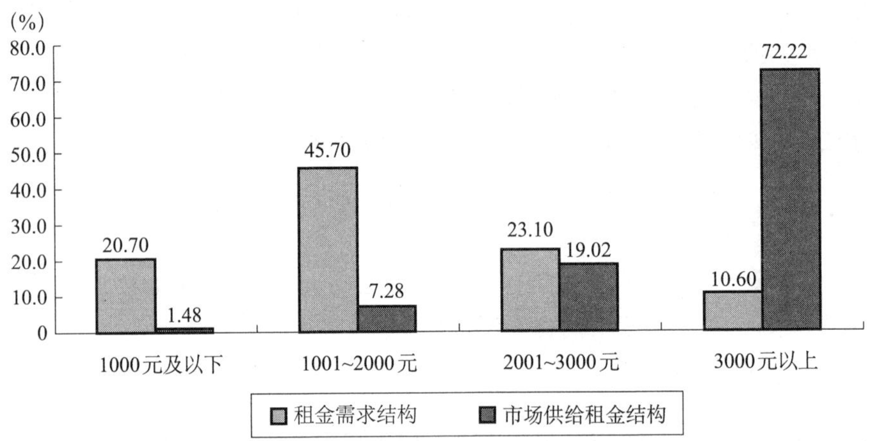

图 1　公租房租金需求结构和市场出租挂牌租金比较

资料来源：市场挂牌租金分布数据来源于上海财经大学房地产数据库。

二、保障对象对房源的区位要求高

对于公租房距离工作单位的距离需求，41.31% 的调查对象选择 3～5 公里以内，31.46% 的选择 5～10 公里，只有 9.39% 的人愿意接受超过 10 公里以上的距离，其中还有 11.74% 的人要求距离在 1 公里以内（见图 2）。

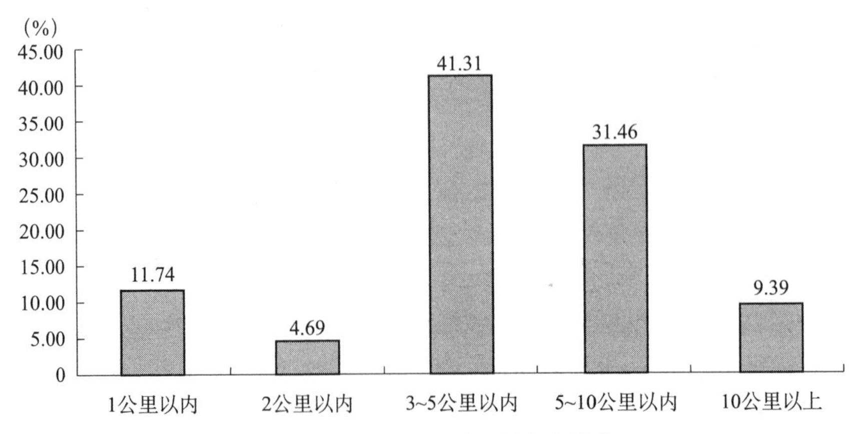

图 2　公租房与工作单位的距离需求

对于通勤时间的要求，7.55%的调查对象要求在15分钟以内，60.85%要求在15~30分钟之间，30.66%可以接受半小时到1小时之内，只有0.94%的人愿意在1小时以上（见图3）。

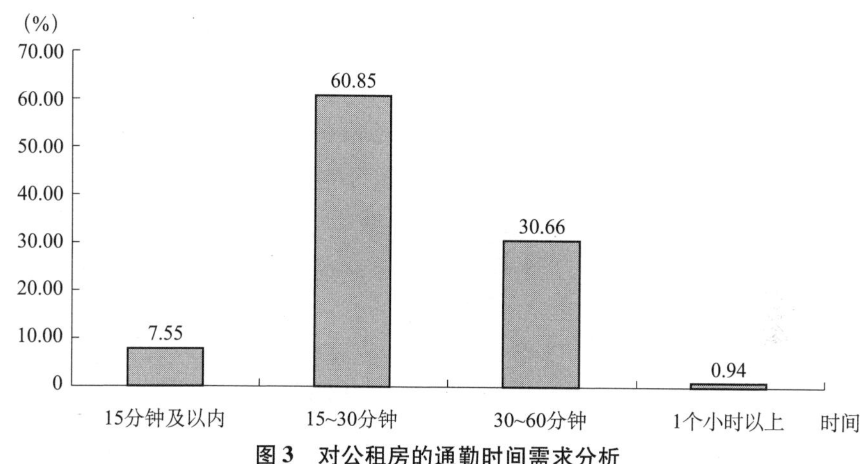

图3　对公租房的通勤时间需求分析

对于交通工具的要求，52.58%的调查对象选择乘坐地铁，11.74%选择乘坐公交，10.80%接受地铁或者公交（包括转乘）的交通方式，21.13%的对象则要求可以步行或者骑车的方式（见图4）。

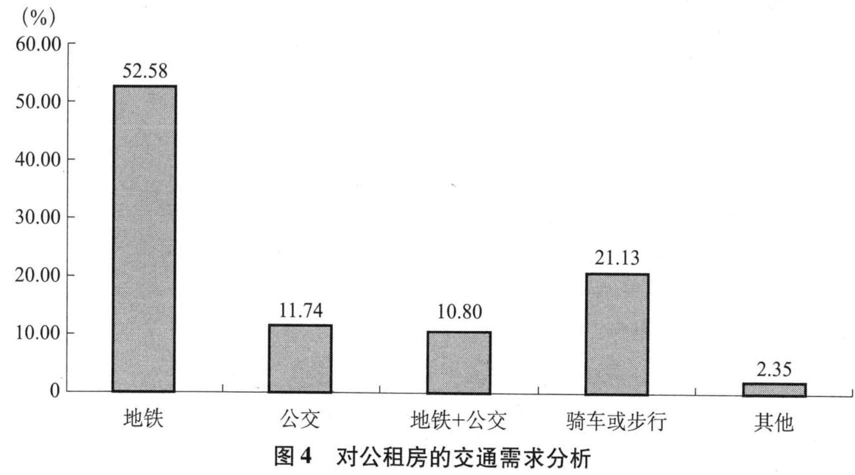

图4　对公租房的交通需求分析

三、保障对象倾向节约居住

在户型的需求上，调查对象中28.57%的人选择了一室户型，38.22%的人选择二室户型，12.69%的对象选择了三室户型，7.31%的人选择了三室以上的户型，没有人选择集体宿舍形式（见图5）。调查表明，一般引进人才由于收入不高或需要储蓄购房资金，从而对居住的要求不高，愿意合租以降低租金支出。另外，对比市场挂牌房屋的户型结构可知，总体上市场供给与保障对象需求是相一致的。

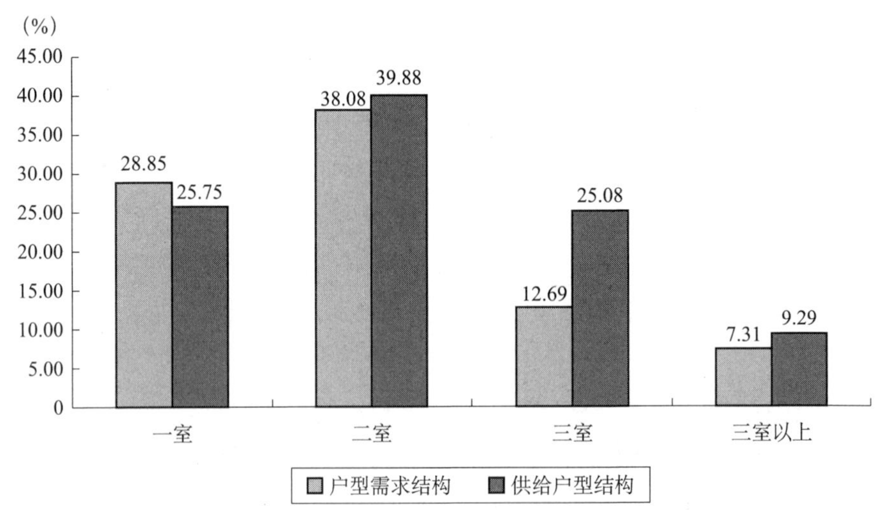

图5　公租房户型需求结构和市场户型供给结构对比

资料来源：市场挂牌户型分布数据来源于上海财经大学房地产数据库。

综上所述，对公租房保障主体住房需求特征的调查对公租房产品设计具有重要意义。第一，由于考虑就业通勤时间和成本，外来引进人才希望租住离工作单位较近或交通方便的住房，这就要求公租房产品的供给应采用新建与存量筹集相结合的方式。存量筹集的公租房往往位于市中心，区位较好。集中新建的公租房小区由于土地稀缺，往往只能位于城市外围区域，这是应考虑建于产业园区内，并注重商服配套、交通等设施的完备。第二，外来引进人才就业初期收入水平不高或想为未来购房储蓄，大部分人对居住质量要求不太高，愿意接受合租方式，因而公租房的户型设计可集约化。

第八章

中国特色城镇住房保障供给与保障方式

我国住房保障供给体系的改革历经四个阶段：经济适用房供给体系确立、售补供给体系初步形成、租赁保障方式优化探索和“租售补改”供给体系初步建立。从前期供给总量来看，供给体系表现出以产权形式的实物补贴为主的特征。前期供给体系建设极大缓解了住房保障需求，但在实践中的弊端逐渐显现。本章基于对各种供给方式绩效的理论及实证分析，探讨住房保障供给体系的建设原则，并对我国住房保障供给体系的理想模式进行构想。由于我国住房保障供需的地区差异性明显，故本章认为在相同的体系框架下，各地保障体系的供给结构重点应存在不同。

第一节　供给体系的中国实践：“租售补改”的初步构建

一、中国城镇住房保障供给体系历史沿革

1994 年，我国全面推进城镇住房制度改革，开始建立以中低收入家庭为对象的住房保障供应体系和以高收入家庭为对象的商品房供应体系。发展至今，保障供给体系的改革历经四个阶段，具体如图 8－1 所示。

（一）1991～1998 年：经济适用房供给体系确立

“经济适用住房”这一提法可追溯到 1985 年。当时，国家科委蓝皮书《城乡住宅建设技术政策要点》中曾提及，“根据我国国情，到 2000 年争取基本上实现城镇居民每户有一套经济实惠的住宅”。1991 年 6 月，国务院在《关于继

续积极稳妥地进行城镇住房制度改革的通知》中提出，“大力发展经济适用的商品住房，优先解决无房户和住房困难户的住房问题”。1994 年国务院在《关于深化城镇住房制度改革的决定》中提出了实施国家安居工程的方案，开始了以安居工程为主要形式的经济适用住房建设。1998 年，国务院在《关于进一步深化城镇住房制度改革　加快住房建设的通知》中明确提出，“建立与社会主义市场经济体制相适应的新住房制度，即建立以中低收入家庭为对象、具有社会保障性质的经济适用住房供应体系和以高收入家庭为对象的商品房供应体系”。至此，将经济适用住房建设作为解决城镇住房问题以国家政策的形式被确立下来。

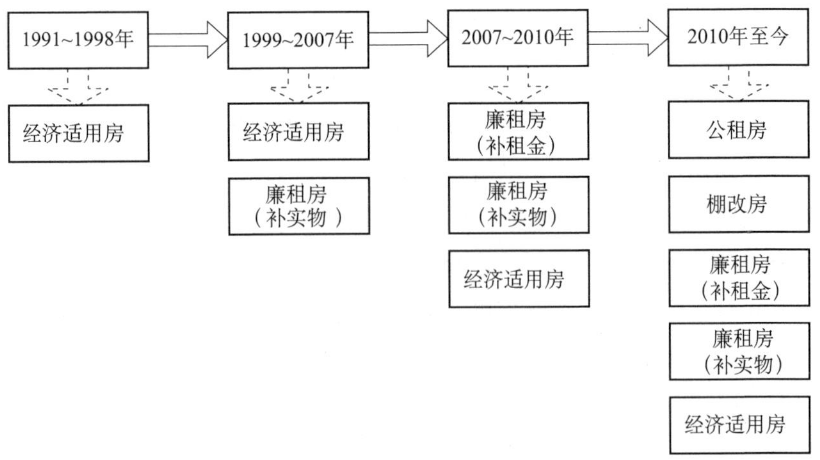

图 8－1　我国住房保障供给体系发展路径

资料来源：根据中指院研究报告进行修改。

（二）1999～2007 年：售补供给体系初步形成

1998 年，全国停止住房实物分配，开始实行住房分配货币化。国务院在《关于进一步深化城镇住房制度　改革加快住宅建设的通知》中明确提出，建立以经济适用房为主的多层次住房供应体系。其中，政府或单位提供的廉租住房解决最低收入家庭住房问题，中低收入家庭购买经济适用住房，其他收入高的家庭购买、租赁市场价商品住房。由此，租售并举的住房保障供给体系开始形成。

随后，经济适用住房建设迅速铺开。1999～2002 年经济适用房新开工面积占商品住房新开工面积的比例达 18.77%，经济适用房销售面积占比为 19.79%①。

① 根据《中国统计年鉴（2003）》相关数据计算所得。

这一方面解决了城镇中低收入家庭的住房问题，另一方面对稳定住房价格、促进住房消费及推动经济增长也起到了积极作用。但2003年国务院在《关于促进房地产市场持续健康发展的通知》中提出更大程度地发挥市场在资源配置中的基础性作用，调整住房供应结构，逐步实现多数家庭购买或承租普通商品住房，经济适用住房开发比重开始下降。2007年经济适用住房销售面积占商品住房总销售面积的比例仅为5%。

但同时，廉租房建设相对缓慢。截至2002年，35个大中城市中只有不到一半的城市制定廉租房建设实施方案①。2006年5月，国务院常务会议提出了促进房地产业健康发展的6条措施（即“国六条”），将廉租房制度建设置于重要地位，其后中央政府在相关会议和相关部委文件中也多次强调廉租房制度的重要性，将其作为住房制度改革和住房建设、特别是解决最低收入居民家庭住房问题的重要抓手。至此，我国廉租房制度开始进入深化和完善过程。② 在实际工作中，这一时期廉租房保障大多采用货币化补贴。

（三）2007～2010年：租赁保障方式优化探索

1999年，建设部发布的《城镇廉租住房管理办法》并没有明确规定廉租房的保障方式。但各地在实践中，逐渐倾向货币补贴方式，很多城市确立了以货币补贴为主、实物配租及其他补贴方式为辅的廉租房供应模式。以北京市为例，截至2005年底，享受廉租住房保障的1.4万多户家庭中，采用租赁住房补贴或变相补贴的家庭占99%以上，而政府廉租房实物补贴的家庭还不到1%。③ 随后，2007年国务院在《关于解决城市低收入家庭住房困难的若干意见》中，确立廉租房实行货币补贴和实物配租相结合的保障方式，并“主要通过发放租赁补贴，增强低收入家庭在市场上承租住房的能力”。

尽管货币补贴在廉租房保障中占主体，但其保障效率仍有待提高。廉租户租不到合适的住房或将补贴挪作他用等现象比比皆是。另外，实物配租过少，更加剧了租赁房市场供应的紧缺。故各地纷纷探索，以完善配租住房供应和货币补贴供后管理等机制设计。

---

① 从“按兵不动”到“全面突击”，廉租房历经坎坷，http：//rent. cd. soufun. com，2008年9月15日。

② 韩立达、李耘倩：《我国廉租房制度发展演变及对策研究》，载于《城市发展研究》2009年第11期，第117～121页。

③ 廉租房严重短缺，各地“迷”上发补贴，http：//tj. goufang. com/Company/gsdtxx. aspx。

（四）2010 年至今："租售补改"供给体系初步建立

自 2010 年起，我国住房保障建设突飞猛进。各地加大住房保障用地供应，切实落实资金，积极推动保障住房建设，到"十二五"期末全国保障性住房覆盖面达到 20% 左右。

"十二五"期间，遵循建立健全中国特色城镇住房保障体系的准则，"租售补改"的住房保障供给体系初步建立。"十二五"之前，保障房供给主要以廉租房、经济适用房为主；"十二五"期间，多层次住房保障供给体系初步建立。其中，"十二五"前期，建设部 2012 年颁布《公共租赁住房管理办法》，面向城市"夹心层"群体的公租房在全社会推广，并逐渐与廉租房并轨；"十二五"中期，棚户区改造成为保障房建设的主力类型。2014 年全国计划新开工城镇保障性安居工程 700 万套以上，其中以各类棚户区房屋改造为主（达到 470 万套以上）①；"十二五"后期，共有产权房试点在北京、上海、深圳、成都、淮安和黄石 6 个城市推进，并有逐步替代经济适用房的发展态势。

二、"租售补改"供给体系的保障内涵

（一）实物配租

所谓实物配租，是指政府以低廉的租金向保障对象提供符合一定标准的普通住房。实物配租最大的好处，是保障"人人有房住"，避免了产权补贴的福利扩大化问题，也避免了保障福利的"悬崖效应"。

前期我国实行实物配租的保障房，包括廉租房和公租房两类。实物配租的公租房和廉租房在保障对象和补贴标准方面又有较大区别。廉租房的保障对象为城镇户籍"双困"居民，即低收入且住房困难家庭；公租房的保障对象则较为宽泛，包括住房困难的城镇中低收入居民和外来就业稳定人员。就补贴标准而言，廉租房的租金极其低廉。以上海市为例，廉租房租金标准为市场租金的 80%②。

从 2014 年起，各地公共租赁住房和廉租住房并轨运行，并轨后统称为公共

① "十二五"达标无悬念，2015 年棚户区改造多于 470 万套，http：//news. dichan. sina. com. cn/2014/11/17/1264592. html。

② 见《上海市廉租住房实物配租申请条件和配租标准》（2012）。

租赁住房。“公廉”并轨有利于各类保障房的调剂使用，优化资源配置；简化保障对象申请程序；促进政府对保障对象管理效率的持续提高。对于保障对象住房支付能力的差异问题，则通过差异化租金和租补分离等方式解决。

（二）实物配售

所谓实物配售，是指政府以优惠价格向中低收入者出售的普通住房。实物配售的保障性，体现在对保障对象的界定、建设标准的限定、供给价格的低廉和住房产权的不完全等方面。各地实物配售对象限定为户籍中低收入家庭；建设标准为中小户型，有住房面积上限标准；政府对各类配售住房给予土地、税费等不同程度的补贴，并敦促保本微利开发，从而保证了保障房价格低于同类市场住房价格。为防止住房保障的福利化，保障对象拥有有限产权，对保障房上市时间、出售对象都有所限制。

我国长期以来实物配售的保障房有经济适用房和限价商品房。目前，上海市则采用共有产权房模式。该类保障性住房的土地一般实行行政划拨，免收土地出让金，对各种经批准的收费实行减半征收。因而出售价格极其低廉，福利水平最高，对保障对象的限定条件也最严苛。共有产权体现为中低收入住房困难家庭购房时，可出资购买部分产权，与政府共同拥有房屋。然后再逐渐买回政府产权，或共同上市，或被政府回购。

（三）货币补贴

所谓货币补贴，是指政府向城镇部分中低收入住房困难家庭发放购房补贴或租房补贴，提高其住房支付能力，使其通过从市场上购买或租赁房屋解决住房困难。具体形式包括租赁补贴、购房补贴以及安置补贴等。

目前，我国在国家政策层面仅涉及租赁住房补贴。各地大多按保障对象的住房支付能力差异实行分档补贴制度。上海租金配租补贴标准为：3 人及以上申请家庭年均可支配收入小于 1.56 万元，按基本租金补贴标准的全额实施补贴；3 人及以上申请家庭年均可支配收入在 1.56 万 ~2.4 万元之间，按基本租金补贴标准的 70% 实施补贴；3 人及以上申请家庭年均可支配收入在 2.4 万 ~ 3.0 万元之间，按基本租金补贴标准的 40% 实施补贴。基本租金补贴标准为补贴面积与区单位面积补贴价的乘积。

由于各地住房市场供求的差异，一些城市也曾积极开展购房补贴的实践。大连市曾推行过购房补贴与经济适用房实物补贴并行的保障模式，长沙和常州等城市甚至以购房补贴代替经济适用房的实物补贴。

（四）特殊地区改造工程

改造工程包括两大类，一是通过拆迁新建，二是通过改造提升，都旨在消除住房贫困，改善居民居住条件。

棚户区改造工程，是指对城市建成区范围内平房密度大、房屋质量差、使用年限久、人均建筑面积小、治安和消防隐患大、基础设施配套不齐全、交通不便利、环境卫生“脏乱差”的区域及“城中村”进行拆除重建或改造，彻底改善居住条件和居住环境。2015 年《政府工作报告》将危房改造列入棚户区改造范围，就是对现在危房予以改造，消除住房危险，改善居民居住条件的项目。

老旧小区综合改造工程，主要通过修复小区路面，增设停车位和休闲设施，铺设燃气管网，疏通排水管网，整治小区绿化以及住宅扩面，增加独立厨卫设施等，标本兼治，在不拆不搬迁的情况下，改善居民生活环境，提升城市整体形象。

从本质而言，棚户区改造具有阶段性特征。我国拟在 2020 年基本完成现有城镇棚户区、城中村和危房改造。而老旧小区综合改造工程是长期的。随着时间的推延，原来的小区总面临功能落伍、设施陈旧、环境欠佳等，需要改造升级。

第二节　“租售补改”的效率评价：各供给方式的阶段最优

一、保障供给方式效率的理论分析

（一）租赁保障与产权保障

从福利水平看，租赁保障旨在“人人有房住”，产权保障旨在“人人有住房”。因此，后者的福利水平远高于前者，但在一国或地区“有人无房住”时，大力保障另一部分群体“有住房”，显然有失社会公平；从保障资源的占用看，单套保障房若出售仅可解决一户保障家庭的住房问题；若出租，则能提高住房的使用效率，当前一住户退出时仍可供后来者使用。因而在一国或地区城镇住房供求矛盾突出时，应大力推行租赁型住房保障政策。

在一国或地区城镇住房供求基本稳定后，可以逐步将住房保障体系重点由租赁型保障政策转向住房产权保障。资产积累对于反贫困的重要性，在谢若登的资产建设理论中有较详细的阐述。[①] 穷人因没有资产，抵御风险和跨越贫困的能力较差。中低收入家庭获取住房产权的意义不仅于此，由于住房通常具有保值升值的特征，因而拥有住房可避免房价增长带来的社会财富差距拉大的马太效应。同时，产权型住房保障，可以促进社会和谐稳定，所谓“有恒产者有恒心”。

对中低收入家庭的住房产权保障，应避免一次性低价转让住房的方式。基于资产建设理论，政府可以帮助和激励被保障家庭积累资产，通过自身收入的提高，获取完整的住房产权。

（二）实物补贴与货币补贴

实物补贴是指政府直接投资建设保障性住房，或者通过给房屋供应方提供税费等方面的优惠政策，降低保障住房开发成本，为低收入人群提供低售价或低租金的住房。而货币补贴指政府为保障对象提供资金帮助，通过提高低收入人群的住房可支付能力，使得保障对象能够在市场中自主进行房屋的购买或租赁。

从局部静态而言，不管是实物补贴还是货币补贴，补贴的都是保障对象支付能力与市场房价（租金）相比不足的部分，理论上效率相当。但在不同的社会经济环境下，两者效应明显不同。

1. 市场效应

（1）货币补贴与涨价效应。部分家庭领取货币补贴后，增强了住房支付能力，促使需求曲线 D_1 右移到 D_2（见图 8－2）。在供给不变的情况下，一般市场价格会出现上涨。由于租金（房价）上升，在补贴标准不变的情况下，引致受助家庭的消费数量比预期减少，降低了补贴效率；未获补贴的家庭则需承担涨价之痛。但这种涨价效应未必一定或长期存在，当住房市场的供给弹性很大，涨价幅度并不明显；长期看来，由于涨价带来的住房投资的超高收益，会促使住房市场外资源的流入，增大住宅供给，从而推动租金（房价）下跌。

（2）实物补贴与降价效应。当保障体系和住房市场严格分离时（保障家庭

---

① ［美］迈克尔·谢若登著，高鉴国译：《资产与穷人——一项新的美国福利政策》，商务印书馆 2005 年版。

不具有市场住房支付能力，不是住房市场的需求者)，政府主导增加保障房的供给，这些住房定向供应给保障家庭，因而不会引致住房市场供求关系发生变化。但当保障家庭也是住房市场需求者时，政府主导增加保障房的供给，促使供给曲线 S_1 右移到 S_2（见图 8 -2），会引致市场租金（房价）下跌。

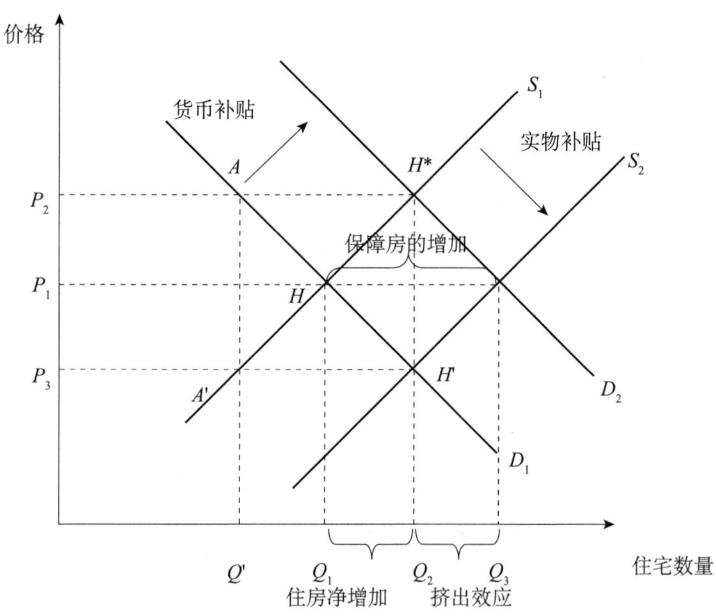

图 8 -2　实物补贴与货币补贴的市场效应

2. 资源利用

货币补贴增大了低收入家庭住房的有效需求，同时这些需求将由住房市场的供给予以满足，故将最大地促进市场资源的利用。

反之，实物补贴会阻碍市场资源的使用，主要表现为以下两点。一是政府投资对私人部门的挤出效应。如图 8 -2 所示，实物补贴下，保障房增加了 Q_1Q_3，但由于住房投资收益的下降，会使一部分私人供应退出市场，实际住房净增加只有 Q_1Q_2，政府对私人部门的挤出效应为 Q_2Q_3。二是延缓市场住房过滤。据斯威尼（Sweeney，1974）① 的住房过滤模型所述，住房市场分为高端市场和低端市场两个子市场，并分别对应高收入人群和低收入人群；随着一些高端住房的老化，高收入者会将该部分住房淘汰给低收入者，并去追求新的高端

① Sweeney，J. L. “Quality，commodity hierarchies，and housing markets.” Econometrica，1974（42）：147-167.

住房。而政府向低收入者提供住房，会减少低收入者对市场低端住房的需求，并降低低端住房出租（售）的收益，因此，会从低端住房供需两端影响老化的高端住房过滤到低端市场。而高收入者由于不能出租（售）自己原先的住房，故也会减少对新高端住房的消费，影响高端住房市场的更新。

3. 制度效率

住房保障的制度效率分为经济效率和行政效率两类。本节对经济效率的探讨主要从社会福利损失和成本效益两方面展开。

（1）经济效率：社会福利视角。依据蔡荣生等（2012）①、林荣茂（2006）②等学者的研究成果，与货币补贴方式相比，实物保障方式存在着社会福利的净损失。

如图8－2所示，初始市场的均衡在点 H。实施实物补贴后，市场在点 H' 处形成新的均衡。但在供给量为 Q_2 时，开发商的意愿价格（基于初始供给曲线）为 P_2，但市场价格实际降低为 P_3，因此政府必须对开发商予以补贴，价值为 $P_2P_1H'H^*$，其中 $P_2P_1H'A$ 被消费者所获得，但 $AH'H^*$ 既未被开发商获得，也未被消费者获得，是一种福利净损失。若实施货币补贴，市场在点 H^* 处形成新的均衡，但在价格为 P_2 时，消费者的意愿需求量（基于初始需求曲线）为 Q'，因而为使需求量增大至 Q_2，政府的货币补贴为 $AQ'Q_2H^*$，其中 $AA'H^*$ 三角形为生产者剩余，四边形 $A'Q'Q_2H^*$ 为弥补开发商的成本，社会没有净福利损失。

（2）经济效率：成本效益视角。价格弹性会影响实物补贴和货币补贴的大小。图8－3显示，在市场初始均衡相同与补贴后均衡数量相同时，不同的需求价格弹性与供给价格弹性对政府补贴的影响。

在需求价格弹性与供给价格弹性相等时，实物补贴 $P_1P_2H_2H_1$ 与货币补贴 $A_1Q_2Q_1H_1$ 等值。当保持供给价格弹性不变、需求价格弹性变小时，实物补贴后的市场在 H_3 点处实现新的均衡，但此时均衡价格 P_3 小于 P_2，同时由于需求曲线变得更为陡峭，Q_3 大于 Q_2，因而使得实物补贴 $P_1P_3H_3H_1$ 较在供需价格弹性相等时变大，货币补贴 $A_1Q_3Q_1H_1$ 相较减小，表明在需求价格弹性相对较小时，货币补贴更为有效。当保持需求价格弹性不变，供给价格弹性变小时，货币补贴后的市场在 H_4 点处实现新的均衡，但此时均衡价格 P_4 大于 P_2，同时由于供

① 蔡荣生、吴崇宇：《我国城镇住房保障政策研究》，九州出版社2012年版，第183页。

② 林荣茂：《论经济适用房制度的政策调整——土地划拨与货币补贴的福利、效率与产权分析》，载于《消费经济》2006年第8期，第52～54页。

给曲线变得更为陡峭，Q_4 小于 Q_2，因而使得实物补贴 $P_4P_2H_2H_4$ 较在供需价格弹性相等时变大，货币补贴 $A_4Q_4Q_1H_4$ 相较也增大，但可以证明实物补贴 $P_4P_2H_2H_4$ 小于货币补贴 $A_4Q_4Q_1H_4$，表明在供给价格弹性相对较小时，实物补贴更为有效。

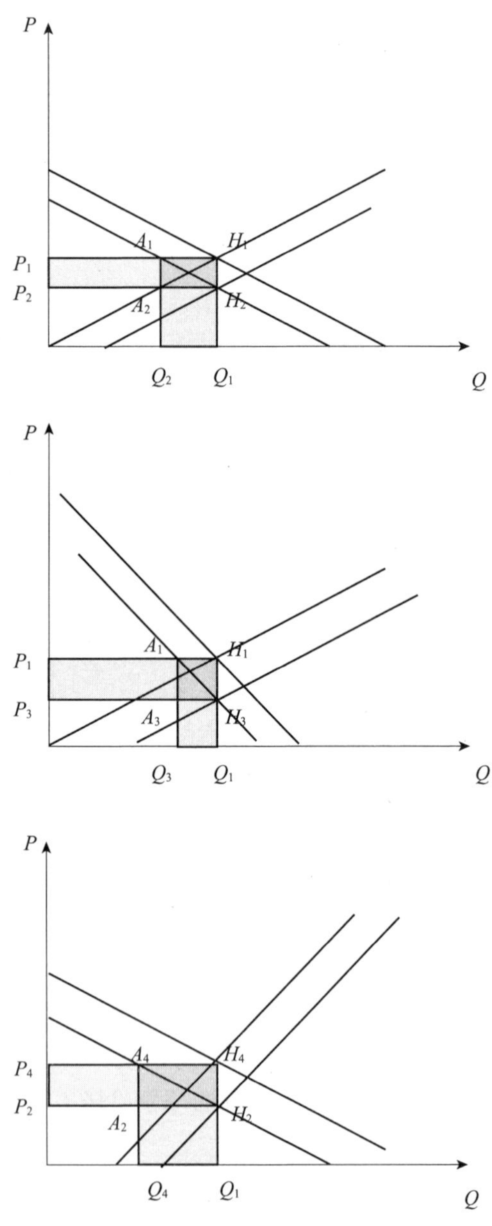

图 8 -3　实物补贴与货币补贴的经济效率

（3）行政效率。政府提供实物补贴，必须有相应的组织机构，负责保障房的规划、设计、组织建设，甚至进行开发、销售或出租。例如，日本中央政府组建负责中心城市住房供应的住宅都市整备公团和地方政府属下的住宅供应公社、新加坡的建屋发展局以及香港政府的房屋署①。众所周知，政府对资源的配置效率比市场弱，因而在生产方面，货币补贴比实物补贴有更高的生产效率。格林和马尔佩齐（Green and Malpezzi，2003）② 的测算表明，公共住房的生产效率为0.50，而对私人住房提供租金补贴产生的效率在0.61～0.85之间。公共住房分配后，政府还需承担维护责任。

与之相对应，货币补贴不需对“房”进行管理，并可利用市场配置资源的力量来保证公平，成本最低，效率最高。同时，其虽与实物补贴一样，要承担对“人”的管理，但在保障对象退出管理时，较腾退公房相比，则更为便利。

二、“租售补改”供给体系的保障成效

（一）“租售补改”的供给总量与结构特征

尽管建设部门未公布保障住房供给的统计数据，但通过查找一些文件和资料，依然能大致了解我国各类型保障房的供给数量。

根据《国务院关于城镇保障性住房建设和管理工作情况的报告》，“到2010年底，全国累计用实物方式解决了近2200万户城镇低收入和部分中等偏下收入家庭的住房困难，……还有近400万户城镇低收入住房困难家庭享受廉租住房租赁补贴”；而前至2006年底，全国经济适用住房累计解决了1600多万个城镇家庭的住房保障问题③；在之后的2007～2010年间，仅由开发企业销售的经济适用房就约为143万套（据《中国统计年鉴2011》相关数据计算所得）。依据以上信息，截至2010年底，我国经济适用住房的分配总量至少达到1743万套，实物补贴廉租房分配约为574万套。棚户区改造的数据信息为：住建部发布“2006～2011年底，全国累计开工改造各类棚户区超过1000万户”。结合表8－1，假设2013年及以前建成的保障性住房均已分配，则我国当前“租售补改”各类

① 文林峰：《城镇住房保障》，中国发展出版社2007年版，第22～23页。

② Green，Maipezzi. “A Primer on U. S. Housing a Policy.”，Washington DC：Urban Institute Press（2003）.

③ 刘琳等：《中国城镇住房保障制度研究》，中国计划出版社2011年版，第110～111页。

方式的供给情况如下所述。

表 8-1　　2009~2015 年全国城镇保障性安居工程基本建成情况

单位：万套（户）

指标		2009 年	2010 年	2011 年	2012 年	2013 年	2014 年	2015 年
合计		330	370	432	601	544	511	772
保障性住房	小计	200	220	251	332	326	282	271
	廉租住房	65	114	99	123	96	—	—
	经济适用住房	85	68	56	56	42	28	25
	公共租赁住房	38	21	67	119	148	216	218
	限价商品住房	12	17	29	34	40	38	28
各类棚户区改造	小计	130	150	181	269	218	229	501

资料来源：依据建设部和地方住房保障文件整理所得。

"租"，实物租赁的廉租房约 1007 万套，公共租赁房 751 万套；"售"，经济适用房 1983 万套，限价商品房 171 万套；"补"，货币补贴的廉租房家庭估计为 500 万户左右（我国廉租房政策是"应保尽保"，2010 年后各地的保障准入标准虽进一步提高，但整体不会增加太多）；"改"，棚户区改造 2592 万套。

基于以上数据分析，不考虑具有明显过渡性特征的"补"，我国保障房供给体系的特征表现为：以实物补贴为主，约占住房保障供给的 89%；实物补贴又以产权形式为主，2010 年底经济适用房占实物保障量的 79%，目前仍占 51% 左右。

（二）以"售"为主供给体系的效率实证分析

我国住房保障体系以实物补贴为主，这与住房保障制度完善国家的早期发展特征相同（具体阐述可见本书第二章第四节）；而其又以"售"为主，这也是符合效率原则的。在经济适用房制度中，政府以既有的土地投入，同时通过预售制度快速回收建设成本，因而不会对财政产生较大的现金流压力。2010 年前，我国廉租房建设缓慢就可以佐证。

且关于经济适用房的经济和社会意义不止于此。经济适用房建设具有抑房价、促增长的作用。蔡荣生（2012）[①] 基于 VAR 模型，对"经济适用住房投资完成额"与"全社会固定资产投资额"之间的动态关系进行分析表明，前者对

① 蔡荣生、吴崇宇：《我国城镇住房保障政策研究》，九州出版社 2012 年版，第 77~89 页。

后者起到投资带动作用。更多的实证文献表明，经济适用房具有稳定房地产市场、平抑房价的作用。王先柱等（2009）[①] 通过省级面板模型，指出是经济适用房的修建分流了住房需求，从而降低了整体房价。邓宏乾（2007）[②] 通过时间序列分析，得出经济适用房的销售对整体住宅价格起着反向作用，并且影响力度大于高端住房对整体住宅价格的正向影响。潘爱民等（2012）[③] 的研究支持经济适用房在短期内有抑价作用，但长期却会推高住房价格。

但如前所述，若经济适用房对商品房价造成影响，则表明保障边界与市场边界有交叉，此时不可避免会对市场投资产生“挤出效应”。对经济适用房的挤出效应，文献一般采用经济适用房建设对商品房销量和投资额的影响来衡量。张跃松（2013）[④] 指出，经济适用房的销售量是普通商品房销售量的格兰杰原因，经济适用房每增加1%的建设量会挤出0.254%的普通商品住房销售量。刘斌（2014）[⑤] 利用中国省级面板数据进行分析表明：在整个住宅市场，每增加1单位的经济适用房挤出了约0.6～0.7单位的普通商品房；在中低收入住宅市场，每增加1单位的经济适用房可挤出1单位的中低收入商品房。陈杰等（2016）[⑥] 的研究也支持了经济适用房对纯商品住宅供应存在挤出效应的观点，但作者使用非线性门限面板模型进一步分析表明，挤出效应具有地区差异性和时间差异性。这些研究结论为我们在不同地区和不同经济、市场环境下，设计产权实物保障政策提供了有益借鉴。

保障边界与市场的交叉与政府不断扩大经济适用房保障对象范围有关，也可能与经济适用房的错误瞄准，即“保不应保”有关。刘斌（2014）进一步探讨了挤出的结构效应，表明经济适用房对私人商品房市场存在几乎完全的挤出效应。这种挤出效应的产生主要是通过对普通商品房的完全挤出表现出来，对

---

① 王先柱、赵奉军：《保障性住房对商品房价格的影响——基于1999～2007年面板数据的考察》，载于《经济体制改革》2009第5期，第143～147页。

② 邓宏乾、陈峰：《中国住宅市场结构与房价的关系》，载于《开放时代》2007第4期，第62～71页。

③ 潘爱民、韩正龙：《经济适用房、土地价格与住宅价格——基于我国29个省级面板数据的实证研究》，载于《财贸经济》2012第2期，第106～113页。

④ 张跃松：《基于VAR模型的保障性住房对普通商品房挤出效应分析》，载于《中央财经大学学报》2013年第7期，第79～82页，第96页。

⑤ 刘斌：《中国住房保障政策的经济效应实证研究》，西南财经大学博士研究生学位论文，2014年，第38～72页。

⑥ 陈杰、农汇福：《保障房挤出效应的存在性及其时空异质性：基于省级面板门限模型的证据》，载于《统计研究》2016年第4期，第27～35页。

高档住宅的挤出效应很小。如此大规模的挤出效应及对高档住宅的低挤出效应表明，保障体系与住房市场交叉的原因主要归于经济适用房政策的错误瞄准。在很多地方，经济适用房成为公务员、技术人才等群体的福利房。这些家庭大都具有购买普通商品房的能力，并非市场住房支付能力不足者。

除错误瞄准外，学者和社会大众对经济适用房的众多制度效应大多满意度不高。首先，经济适用房定价机制存在缺陷。经济适用房价格较同类商品住房明显偏低，具有高福利性，不利于社会勤励向上之风。其次，经济适用房政策执行中存在种种问题，一是除如上讨论的瞄准错误的"保不应保"外，由于收入、财产审核的复杂性导致对保障对象审核不力甚或部分故意寻租，各地开宝马住经济适用房的案例比比皆是；二是由于在经济适用房建设过程中，政府和开发商的责、权、利难以清晰划分导致政府监督低效、部分开发商违规现象产生。最后，经济适用房的品质不高。如第七章所述，经济适用房的建设选址有两种方式，市中心小规模建设和市郊大规模建设。由于土地稀缺及经济适用房与土地财政的冲突，前期各地政府倾向于市郊大规模建设。但项目的位置偏远，导致住户职住分离现象严重，继而引致通勤时间和经济成本升高，同时郊区除交通外的其他基础和公建配套设施也较弱，这些均严重影响了居民满意度，并造成经济适用房的空置现象。且集中独立建设的保障房，加剧了居住空间分异和社会分化，长期不利于社会安定团结。

第三节　"租售补改"的结构优化：远期理想模式与当前区域分化

住房保障供给体系建立初期，一直推行以经济适用房和廉租房为主的实物保障政策；2007 年颁布的《国务院关于解决城市低收入家庭住房困难的若干意见》则建议廉租房以货币补贴为主。但从开始实施"保障性安居工程"以来，住房保障政策方针又逐渐向实物保障方式倾斜。2008 年底，国务院发布《国务院办公厅关于促进房地产市场健康发展的若干意见》，明确指出"主要以实物方式，结合发放租赁补贴"。当前，在各地住房市场出现结构分化趋势时，《2015 年政府工作报告》明确指出，住房保障"逐步实行实物保障与货币补贴并举……对居住特别困难的低保家庭，给予住房救助……支持居民自住和改善性住房需求"。尽管从表面看来，我国住房保障供给体系结构优化的政策指导方针并不十分统一，但实质表明供给体系的优化是一个动态调整和区域分化的过程。

一、“租售补改”供给体系结构优化的原则

（一）发挥市场的决定性作用

市场是住房保障资源配置的最佳手段。因而推动市场在资源配置中起决定性作用，是任何领域中首要遵循的原则。

市场是推动住房保障体系可持续发展的基石。我国的住房保障体系建设时间短、任务重，单靠财政支持是杯水车薪。通过政府引导，撬动社会资源的参与，才能源源不断地保证要素的供给。

（二）建立动态调整的机制

通过前述对各种保障供给方式效率的理论探讨和中国实践分析表明，各种保障方式并无绝对的孰优孰劣，而是都各存在条件最优。由此，住房保障供给体系必须增强对社会经济条件变化的反馈机制，具有一定的灵活性与可调整性才能具有长期的生命力。首先，依据环境变化，动态调整保障方式。针对外部环境进行动态评估，确定“租售补改”方式是否适应当前的需要。例如，城中村改造与棚户区改造工程，随着改造进程会逐步减弱；实物出售亦会随着住房存量市场时代的来临而退出保障体系，货币化补贴比例将加大。其次，针对地方财政水平、住房市场运转现状，动态调整住房保障的重点供给方式。地区差异性是住房保障体系必须面对的问题，住房保障的水平与标准需要与当地的财政水平相适应，并基于当地住房市场供求和住房存量，规划阶段最优供给。由此，各地需依据社会经济发展水平与住房保障需要，形成住房保障水平与标准随之调整的思路与方法。

（三）推动分类保障的实施

首先，实施分类保障符合帕累托最优。在不考虑实际约束的条件下，保障“人人有住房”当然是最优的，但约束条件是客观存在的。基于保障对象当前的住房困难现状，相应改善其居住条件，能使每个保障对象的福利均变好。其次，分类保障体现社会的公平性。随着保障对象住房支付能力水平的

提高，补贴水平随之下降。最后，分类保障规划出完整的解决住房问题的路线。保障对象住房支付能力增强时，可进入下一梯度的保障层级；保障对象住房支付能力降低，也可进入上一梯层，从而形成保障需求与供给的动态匹配关系。

二、“租售补改”供给体系结构的理想模式

“租售补改”供给体系的理想模式依据循序渐进的改革原则分为近期和远期两种。

（一）近期理想模式

近期理想模式包含两个体系（配租体系、配售体系）、三个梯度（见图8-4），以公租房为主、共有产权房为辅。

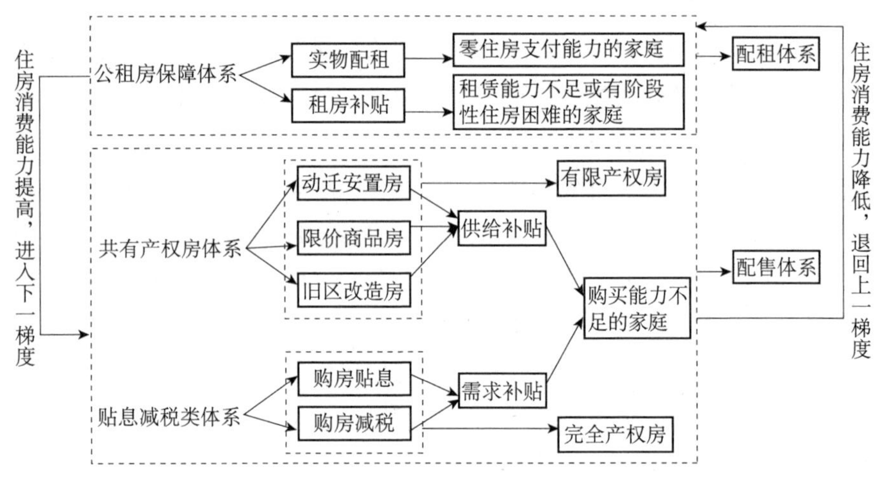

图8-4 “租售补改”供给体系结构的近期理想模式

配租体系里公廉并轨，保障对象覆盖无租赁能力、租赁能力不足的低收入家庭及有阶段性住房困难的中低收入家庭；实行先租后补政策；保留一部分实物租赁房源，除了可以方便老、弱、残、病群体直接解决居住问题外，在中低端市场租赁住房供不应求时，还能直接形成有效供给，因而即使在全面推进住房保障货币补贴的美国，政府仍然持有一定数量的公共住房（具体可见表2-1）。

配售体系包含共有产权体系和贴息减税体系两个分体系，覆盖范围为购买

能力不足的家庭。共有产权体系包含目前的市政动拆迁安置房、棚户区改造房以及各类政策性住房等项目，采用供给补贴方式，通过土地、规划、税收、金融等优惠政策，引导社会主体投资建设，低价供应给保障对象，在产权安排上实行政府和购房家庭共有产权制度，参考家庭实际出资额占同类商品房价格的比例和政府权益适当让渡原则确定产权比例。贴息减税类补贴属需求补贴，支持中低收入家庭购买首套商品住房，具体的方式和标准可参见本书第七章第三节。

（二）远期理想模式

长期来看，应取消共有产权房体系，逐步加大需求补贴力度，积极发展贴租、购房贴息及减税政策（见图8－5）。综合前面的研究表明，取消共有产权房的原因在于：一是借鉴国际经验和学者研究，住房保障水平与经济发展水平之间呈倒“U”形关系，随着经济发展水平的提高，未来保障水平和规模会降低。比照近期模式的三梯度，公租房保障是政府解决中低收入家庭住房困难的义务，贴息减税类保障本身补贴程度不高，故较适合取消的只有共有产权房。二是考虑经济效率，分析表明在保障体系与住房市场没有严格隔离时，共有产权房建设会产生挤出效应，而在实践中难以确保严格隔离。三是因为共有产权房仍存在福利效应，不利于保障对象的自身发展。四是在共有产权房的开发和分配过程中易产生寻租现象。

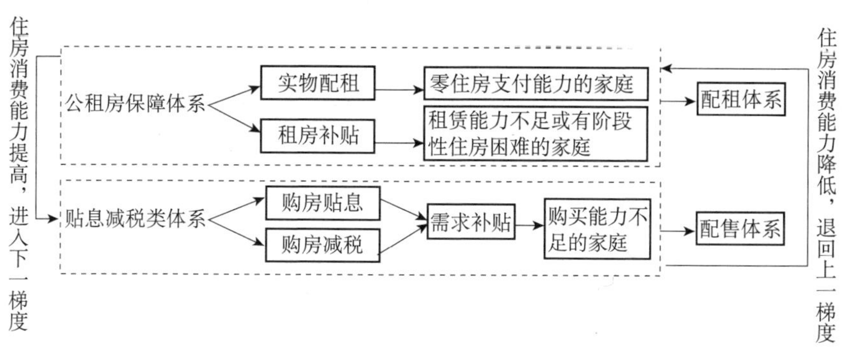

图8－5　“租售补改”供给体系结构的远期理想模式

远期理想模式以货币补贴为主，实物补贴为辅。货币补贴充分利用市场资源，具有无社会福利损失、制度行政效率高的特征。尽管如此，在体系中仍需保持部分可供租赁的实物房源。实行租售并举，初期以租为主，随着保障水平的提高，逐步提高产权保障的比重，帮助中低收入者实现置业理想。

三、"租售补改"供给体系结构的空间特征

地区差异性是住房保障供给体系结构设计的重要问题。在考虑要素约束的前提下，各地应根据保障需求形势发展，妥善安排"租""售""补"的比例关系。

（一）我国各级城市的保障需求差异

1. 各类城市保障需求的静态特征

基于第六章的分析，评价我国各类城市的保障需求压力。对住房贫困现状的考察表明，依绝对贫困程度轻重排列，依次为第二类、第一类和第三类城市；依相对贫困而言，二类、三类城市大致相当，一类城市住房贫困差距稍大。就所在城市居民住房支付能力的分析表明，各城市居民的租房消费能力相差不大，但住房购买能力表现为一类城市最差、三类城市最强。若简化认为各指标权重相当，则表明我国一类城市的保障压力最大，三类城市次之，二类城市的保障压力最小（见表8-2）。

表8-2　　中国各级城市保障需求情况

城市类别	住房贫困现状		居民住房支付能力		保障需求
	绝对贫困	相对贫困	租房消费能力	住房购买能力	
第一类城市	2	3	1	3	最大
第二类城市	1	1	1	2	最小
第三类城市	3	1	1	1	中等

注：住房贫困依程度从轻到重分别赋值为1、2、3，居民住房支付能力从强到弱依次赋值1、2、3，将各指标得分相加，则得分越大者表明保障需求越大。

2. 各级城市保障需求的动态趋势

人口流动与住房市场供求状况，是影响城市住房保障需求变动的最重要因素。

（1）人口流动。人口大量流入，会对所在城市的住房保障工作带来极大挑战。虽然城镇稳定就业的外来务工人员已被纳入住房保障的范围，但目前住房保障对象仍以户籍人口为主体。[①] 外来人口中尽管不乏收入较高及资产雄厚的

① 齐慧峰、王伟强：《基于人口流动的住房保障制度改善》，载于《城市规划》2015年第2期，第31～37页。

群体，但绝大多数外来人口对大城市的住房支付能力较低。以上海第六次人口普查数据为例，外来人口中仅有14.1%的人群学历为大专及以上，这部分群体相对收入较高。而绝大部分外来人口学历较低，收入较低。据上海市人口计生委2011年的调查，外来人口的平均月收入仅为2764元，只有同期全市从业人员平均工资的63%。如表8－3所示，我国第一类城市的人口持续巨幅流入，将大大增加这类城市的保障负担；第二类城市也保持较高水平，外来人口的住房保障将成为这些城市的保障重点；第三类城市的人口吸引力减弱，预期可缓解这些城市的保障压力。而上述三类城市以外的小城市或城镇由于人口流失，保障压力会进一步降低。

表8－3　中国2009～2015年部分城市人口流入情况　单位：万人

一类城市							
深圳	186	上海	504	北京	396	厦门	129
二类城市							
天津	253	杭州	32	大连	27	宁波	22
南京	23	武汉	82	青岛	38	沈阳	18
广州	80	长春	18	郑州	94	长沙	39
济南	32	贵阳	30	昆明	19	成都	38
呼和浩特	19	福州	38	西安	24	南昌	26
合肥	209	重庆	132				
三类城市							
哈尔滨	2	南宁	32	石家庄	54		

资料来源：各地国民经济与社会发展统计公报。转载于《近五年中国迁徙状况：人口离不开北上广》，http：//data.163.com/15/1026/00/B6QIQLIH00014MTN.html。

（2）住房市场供求。进入2014年，我国各地住房市场开始出现结构分化，第三类及以下城市库存高企，部分第二类城市的库存亦不容小觑。2015年以来，尽管在促消费、去库存的总基调下，市场宽松政策频出，但市场分化仍较为明显。核心一类、二类及周边城市轮番领涨，量价高位运行（见图8－6）；而部分二类及多数三类、四类城市库存依然严峻。这表明我国除第一类城市和少数第二类城市外，住房市场进入存量时代。这种市场的结构分化，使得一类城市的保障压力进一步增大，二类、三类城市的保障压力极大缓解，同时也会对现有实物保障为主的住房保障供给体系形成巨大冲击。前述表明，在住房供给充裕的地区，实行货币补贴具有更高的效率。

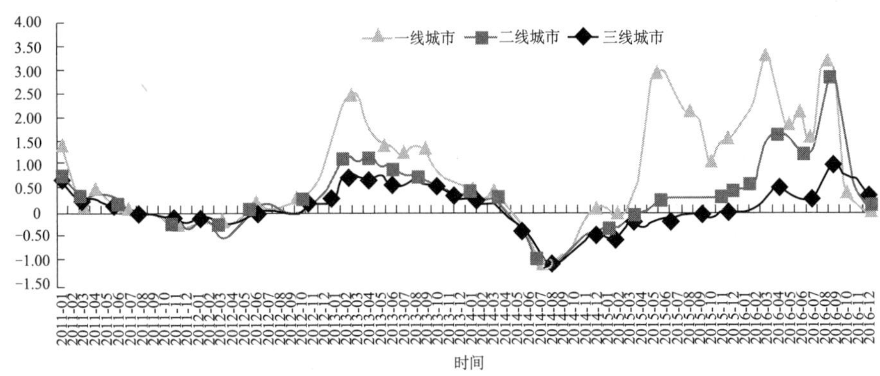

图8-6　2011年1月~2016年12月百城各类城市不同阶段累计涨跌幅度

资料来源：中国指数研究院。

(二) 当前我国各级城市供给方式的重点

面临财政约束，在结构分化的住房市场环境中，各类城市应根据保障需求的实际，调整住房保障供给的重点方式。首先，对于保障压力较重的一类城市，保障水平和标准不宜过高；而保障压力相对舒缓的二类、三类城市，可适当提高保障水平。其次，对于人口大量流入的城市，应切实做好对外来人口的住房租赁保障，根据人口政策选择性实施外来人才的产权保障。最后，在住房供给充裕的地区，进一步加大住房货币补贴的比例。

基于此，当前我国各类城市住房保障供给的重点分别如下所述。

一类城市"租""补""改"并重、辅以"售"。其一，重"租"，即大力推进公租房的实物筹措。一类城市有庞大的公租房潜在保障群体。如前所述，上海2015年末公租房潜在保障对象为750多万人，全面实行货币补贴，财政根本难以承受。重"租"不是一味地要求政府着力新建公租房，更重要的是要通过税费减免鼓励社会力量提供中低端市场住房。本书调研了上海部分长租公寓产品，显示其价格与沪上新就业大学生的承受能力较为符合（见表8-4）。而对于收入更低的外来务工者，建议政府鼓励产业园区、企业或其他社会组织投资建设职工宿舍予以解决。其二，重"补"，即加大对保障对象的租赁补贴。目前，一类城市大都仅对户籍双困居民发放租赁补贴，未来可扩大受益范围，推动对外来优秀紧缺人才的补贴。其三，适当增加实物配售。一类城市房价水平高，居民购房收入比极高，购房困难，因而当前适当增加实物配售是必要的。且如本章第二节所述，实物配售具有抑制房价增长的作用，这可整体上增强居民购房支付能力，缓解保障压力。

表 8-4　　上海住房代理经租公司情况汇总　　单位：元/间或元/套

公司名称	房源类型	产品特点	主力租金	公司名称	房源类型	产品特点	主力租金
青客	散租	单间	1000~2000	优家	散租	整套/单间	2000*
蘑菇	散租	单间	1500~3000	魔方	整栋	一室套间	2800~4000
我爱我家	散租	整套	4000	未来域	整栋	一室套间	4000~7000
	散租	单间	1500~2500				

注：*指单间出租的价格。整套出租享受租金优惠，如3室1厅，88平方米左右，单间租金为2000元，整套出租租金为4400元。

资料来源：依据对上海长租公寓市场的调查所得。

二类城市“租”“补”并重，完全摒弃“售”。一些热点二类城市的人口流入较多，因而公租房的实物筹措是必要的。考虑部分二类城市的市场库存，地方政府应积极推进把存量房转为公租房。大力推进公租房货币补贴，除了对优秀紧缺人才发放货币补贴外，可逐步扩大对新就业大学生与外来引进一般人才的补贴覆盖范围和补贴程度。

三类城市“租”“售”“改”并重，适当筹措增量房源提供实物保障。尽管第三类城市商品住房库存问题较为严重，但这些城市的住房贫困问题却较为严重，城镇居民的整体住房水平也不及前两类城市，因而这些城市的地方政府可将住房保障与去库存政策紧密结合起来，鼓励开发企业将库存转化为公租房和共有产权房。

专题四　上海共有产权保障住房运作的经验：独具特色

2014年4月，全国在北京、上海、深圳、成都、淮安、黄石6个城市实施共有产权住房试点，希望通过各地积极的实践探索，形成合理的发展模式。上海作为试点城市之一，在完善经济适用住房基础上，形成了共有产权保障住房运作模式。该模式在运作上有哪些经验特征，未来发展的方向如何，是值得我们探讨与思考的问题。

一、面向中低收入住房困难家庭

上海共有产权保障住房主要面向本市户籍中低收入住房困难家庭，该覆盖范围与国家层面和其他外省市规定相比更为广泛①。上海在制度设计之初就将保障对象范围扩大至中低收入家庭，使得更多缺乏住房市场支付能力的家庭获得了保障。

上海共有产权房的申请准入条件涉及多个维度，包括收入、财产、住房和户籍等方面。截至 2015 年，准入标准经历了 4 次调整（见表 1），准入条件不断放宽，从最初的人均年可支配收入 3.48 万元扩大到 8.64 万元，家庭人均财产从 12 万元扩大到 21.6 万元。该准入标准的动态调整，是与上海市居民生活水平、物价水平以及保障房供应价格的变化相匹配的。现有的准入条件基本覆盖了既有一定的购房能力、但购买商品住房的能力又不足的人群，这在很大程度上帮助了居民实现“住有所居”的愿望。

表 1　　上海市共有产权保障房 2011～2014 年申请准入标准的调整

项目		2011 年	2012 年	2013 年	2014 年
收入准入标准	3 人及以上家庭人均年可支配收入	第一批申请条件为家庭人均年可支配收入 3.48 万元、家庭人均财产 9 万元	6 万元（含）以下	6 万元（含）以下	7.2 万元（含）以下
	2 人及以下家庭人均年可支配收入		7.2 万元（含）以下	7.2 万元（含）以下	8.64 万元（含）以下
财产准入标准	3 人及以上家庭人均财产	第二批申请条件为家庭人均月收入 3300 元、家庭人均财产 12 万元	15 万元（含）以下	15 万元（含）以下	18 万元（含）以下
	2 人及以下家庭人均财产		18 万元（含）以下	18 万元（含）以下	21.6 万元（含）以下

二、严格的住房申购流程

上海市共有产权保障房申购流程主要包括了申请、审核、轮候、选房、购买五个部分。房源每年分批次集中供应，基本一年一批次，按批次集中申请受理主要是考虑每年政策都在调整。申请审核实行“两级审核、两次公示”，通过审核的家庭都有机会进行选房，选房按区县分项目进行，选房顺序完全按“摇号”的方式实施，并由公证部门全程公证，所有摇号工作通过媒体直播，确保了公平和公正。

严格的审核机制是保障制度规范执行的基础。上海形成了集户籍、婚姻、经济、住房状况四方面为主的申请条件审核系统，并形成了以信息化手段取代

① 在我国《经济适用住房管理法》第一章总则的第二条中提到，该办法所称经济适用住房，是指政府提供政策优惠，限定套型面积和销售价格，按照合理标准建设，面向城市低收入住房困难家庭供应具有保障性质的政策性住房。

纸质的审核信息，利用互联网实现了不同部门间的信息比对。其中，最难核查的是经济状况信息，上海在市级层面成立了居民经济状况核对平台，涉及社保、税务、银行、证券、公积金等 14 个部门的信息化比对，做到及时准确地审核申请家庭的收入、财产状况①。整个流程保证了供应的公平、公开和公正，没有对公务员等特殊人群、特殊对象的特殊政策。

上海市共有产权保障住房申请审核流程如图 1 所示。

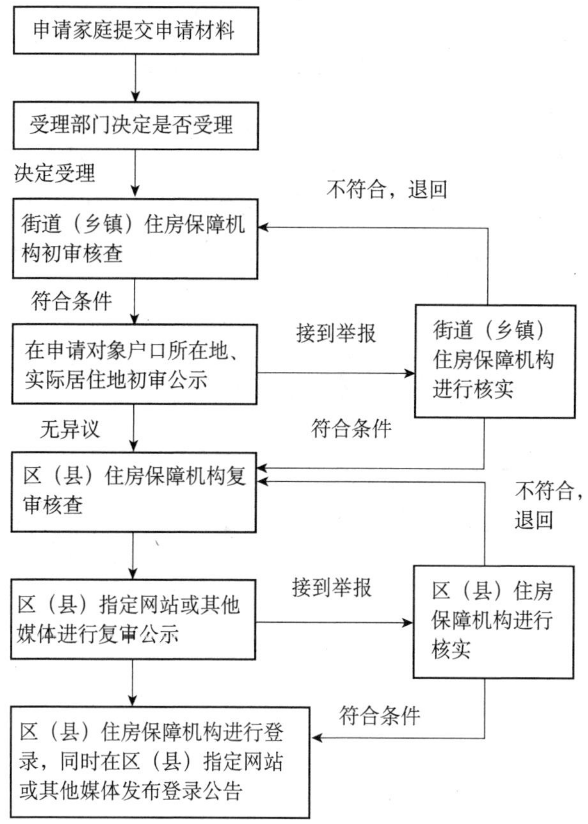

图 1　上海共有产权保障住房申请审核流程

三、合理的住房供应标准

上海市严格将共有产权保障住房的建筑面积控制在 40～70 平方米。具体而

① 崔光灿、姜巧：《上海共有产权保障住房运作模式及效果分析》，载于《城市发展研究》2015 年第 7 期，第 118～124 页。

言，单身或2人家庭，可申请购一居室，3人家庭购二居室，4人及以上家庭购三居室。针对申请家庭人员较多、申请家庭人员代际结构较复杂或者经区（县）住房保障机构同意，申请家庭将原有住房交由政府指定机构收购的，区（县）政府可以酌情放宽住房供应标准，但需上报市住房保障房屋管理局备案（现上海市住房和城乡建设管理委员会）。这样既体现了保障标准的灵活性，同时也不会使共有产权保障住房失去应有的保障性质。

共有产权保障住房有两种建设方式。一是集中建设。充分利用市场机制，通过项目招投标，确定由具有良好资质和信誉的房地产开发企业进行建设，建好后直接由开发企业按政府定价销售给通过政府审核的保障对象。二是配建。凡新出让土地开发建设的商品住宅项目，按照不低于该项目住宅建设总面积5%的比例配建保障房，住房建成后无偿移交政府用于住房保障。所有共有产权保障住房由全市统一建设供应，根据各区的住房保障申请对象数量，分配给各区使用。

四、共有产权房的产权份额与退出机制

共有产权保障住房的产权比例按不同地段与商品住房价格的关系确定，具体计算公式为：购房人产权份额 = 销售基准价格/（周边房价 ×90%）。周边房价越高，相应购买共有产权住房的产权份额就越小。针对不同项目，政府与个人的产权比例存在3∶7、4∶6等多种情况，这一比例在合同中约定，主要用于以后共有产权住房上市时的收益分成。

《上海市共有产权保障住房管理办法》对共有产权保障房的退出机制做出了规定，共有产权保障房可在5年以后上市，上市时购买人取得按产权份额的出售价款，而政府具有“优先回购”权。政府回购共有产权保障房后，可继续提供给符合条件的家庭作为共有产权保障房或作为其他保障住房。被回购或者转让的，原共有产权房拥有者及其同住人不得再次申请共有产权保障房。

五、上海模式与其他试点城市的对比

在共有产权保障房的实施运行中，以黄石、淮安、上海、北京四个城市的运作模式最为典型。其中，淮安在共有产权保障房上尝试最早、上海运行共有产权经济适用住房规模最大。

与黄石、淮安、北京对比，上海共有产权保障房的运作表现出明显的特点（见表1）。一是上海模式的用地性质依旧为划拨用地，政府将免收的土地出让金、行政事业性收费、城市基础设施建设费用及其他税费的减免等显化为政府出资，与购房者共享住房产权。二是黄石、淮安对个人获得全部产权方式做出了明确的规定。例如，黄石规定在3年内个人可按原价购买，超过3年按市场价格购买；而上海允许居民在满5年后将剩余产权购回获得完全产权，并未对超过5年后是否按市场价格购买或加收同期贷款利息做出明确规定，向保障对象提供了较为宽松的购房条件，但也使得政府资金的使用效率受到一定损失。共有产权保障房各试点城市运行模式比较如表2所示。

表2　共有产权保障房各试点城市运行模式比较

城市	产权比例分配	政府出资方式	个人获得全部产权方式
上海	个人60%～70%产权；政府30%～40%产权	免收土地出让金、行政事业性收费、城市基础设施建设费用、其他税费的减免等	5年内原价购买
北京	个人100%	价格比周边商品住房低30%	—
淮安	个人70%产权；政府30%产权	出让土地与划拨土地之间的价差和政府给予经济适用住房的优惠政策，显化为政府出资，形成政府产权	5年内原价购买；5～8年原价加上同期贷款利息；8年后按市场评估价购买
黄石	被拆迁人还建房中超出应还建面的部分，由政府持有产权，实行先租后售、边租边售	由政府持有产权，实行先租后售、边租边售	3年内原价购买；超过3年按市场价格购买
成都	分批购买共有产权	减免的土地收入和相应税费	—

总体而言，上海共有产权保障房的运作经验值得其他省市借鉴，但同时也存在着一定的缺陷，后续需要不断完善，如集中申请受理带来的问题、后期居住行为的管理不足以及产权流转工作机制尚不完善等。

第九章

中国特色城镇住房保障要素供应体系建构

2008年以来中国开始了大规模的保障性住房建设。在2008~2016年八年时间里，总共开工建设保障性安居工程6300万套，基本建成4300万套。[①] 在短时间内，建设如此大量的保障性住房，是任何国家都未曾发生过的事情。要实现这一壮举，不仅需要充足的土地与资金，也需要多样化的房源筹措方式。

第一节　土地供应：多元与多样供给并重

土地是住房建设最基本的投入要素。土地投入的数量与质量[②]在很大程度上决定了住房建设的数量与质量，对于保障性住房建设尤其如此。中国特色的土地制度，决定了保障性住房建设中的土地供应主要采用行政配置方式。

一、保障性住房用地的行政化配置

城市土地公有制为我国保障性住房用地的行政配置提供了前提条件。同时，中央政府通过政策文件对各类保障性住房用地的配置方式又做了具体规定，奠定了保障性住房建设用地以行政划拨为主、供应主体单一的格局。

《国务院关于解决城市低收入家庭住房困难的若干意见》，规定廉租房和经济适用房建设用地实行划拨方式。住建部《关于加快发展公共租赁住房的指导意见》规定："各地要把公共租赁住房建设用地纳入年度土地供应计划，予以

① 数据来源：2009~2013年数据来源于住建部调研数据，2014年与2015年数据来源于审计公报。

② 主要指土地区位。

重点保障。面向经济适用住房对象供应的公共租赁住房，建设用地实行划拨方式供应。其他方式投资的公共租赁住房，建设用地可以采用出让、租赁或作价入股等方式有偿使用。”具体各类保障性住房用地供应方式如表9－1所示。

表9－1　各类保障性住房土地供应方式

类别	保障对象	保障方式	产权	土地供给
廉租房	城市困难家庭	货币或实物	无产权	划拨
经济适用房	城市低收入、住房困难家庭	实物	有限产权	划拨
公共租赁房	城市困难家庭	实物	谁投资谁所有	划拨或出让
棚户区改造房	城市低收入、住房困难家庭	货币或实物	有限或全部产权	划拨或出让
限价商品房	城市中等偏下收入住房困难家庭	实物	有限产权	招拍挂出让

资料来源：顾建发、陈晟，《上海房地产发展报告（2014～2015）》，上海社会科学院出版社2015年版，第149页。

通过对保障性安居工程建设用地数据的梳理，发现2011～2015年中央下达城镇保障性安居工程用地任务用地落实大约16.2335万公顷，数量巨大。鉴于数据的可得性，仅以2013年全国保障性安居工程用地供应计划汇总表为例（见表9－2），当年不包括中小套型商品住房和限价商品房用地的保障性住房计划用地26540公顷。其中，通过划拨方式供应的土地达96%，采用出让方式供地仅占4%。公共租赁房用地总量中，划拨土地4769.74公顷，占81.98%①。

表9－2　2013年全国保障性安居工程用地供应计划汇总表　单位：公顷

全国	保障性住房用地		各类棚户区改造用地			公共租赁房		限价商品房
	廉租房	经济适用房	廉租房	经济适用房	中小套商品住房	划拨	出让	
合计	5710.05	7961.60	1570.85	5482.33	10376.29	4769.70	1048.40	3977.50

资料来源：国土资源部网站，2013年保障房用地计划供应情况。

这种以行政划拨、无偿使用为基本特征的土地供应模式，可以在短期内无偿投入巨量土地，有利于大规模、低成本、高速度推进保障房建设，但缺点也很突出。地方政府在政策目标明晰、路径清晰、但激励不足的情况下，更可能对住房保障政策采取变通式的执行。② 出于自身利益的考量，为了完成上级政府下达的保障房建设指标，仅注重土地供应的数量而忽视土地供应的质量（区

① 计划供给数与实际数有一定差距。但因为政府一般通过年度计划控制当年土地供应，使计划与实际数据差距不大，从而也可在很大程度上说明问题。数据来源于2013年全国保障性安居工程用地供应计划汇总表。

② 杨宏山：“政策执行的路径—机理分析框架：以住房保障政策为例”，载于《政治学研究》2014年第1期，第78～92页。

位）。大部分土地区位偏僻，交通不便，设施不全；又由于集中建设，为保障房的分配、使用和后续管理带来了极大隐患。

二、拓展保障性住房用地供给主体

中国各类城市住房保障压力各异，进而对其用地的需求也不一样。为了从土地层面增加保障性住房建设的数量和提高其质量，近年从中央到地方进行了有益探索（见表9-3）。

表9-3　各地对保障性住房用地的探索

地区	政策
国家层面	商品住房价格较高、建设用地紧缺的直辖市和少数省会城市，确需利用农村集体建设用地进行公共租赁房建设试点的，由省级政府审批同意试点方案并报国土资源部审批后，可以试点；在符合城乡规划和土地利用总体规划的前提下，利用单位（包含开发区、产业园区等）自用土地建设保障性住房
上海	发布《关于单位租赁房建设和使用管理的试行意见》，引导单位利用自用土地建设单位租赁房，鼓励集体经济组织利用存量集体建设用地建设市场租赁房
浙江	鼓励村集体经济组织利用集体留用地，建设外来务工人员公寓；鼓励住房困难职工较多的单位，在符合城乡规划前提下，利用自用土地建设公共租赁房
山西	支持太原市利用集体建设用地建设公共租赁房；企事业单位可利用存量土地，在依法变更为住房建设用地后建设保障性住房；允许大中型企业利用自有土地建设公共租赁房；加大对工矿企业废弃用地的整治和复垦，盘活存量土地，通过城乡用地增减挂钩确保棚户区改造用地需求
山东	依法收回的闲置土地、具备净地出让条件的储备土地和农用地转用计划指标，应优先保证保障性住房用地；在符合城乡规划、不改变土地用途和权属的前提下，探索利用农村集体建设用地进行面向新职工、外来务工人员的公共租赁房建设

资料来源：全国与各省市“十二五”住房规划文件汇编。

各地在颁布上述规定的同时，在实践中纷纷进行了探索。目前，保障房用地的供应主体除代表国家行使国有土地权力的地方政府外，还有拥有集体土地的经济组织以及拥有存量土地使用权的企事业单位。

但是，对后两类主体在供应保障性住房用地时，中央政府的管理并没有到位。第一，缺乏顶层设计。保障房用地的全国供应总盘子如何？每类供应主体所供应土地的比例和进度如何？三种供应主体如何相互补充、相互竞争？第二，集体经济组织和拥有存量土地使用权的企事业单位在供应保障房用地时，其激励和规范机制如何建立？企事业单位在将存量土地使用权转化为保障房建设用地时，是否会造成与没有存量土地使用权的企业在市场竞争、特别是人才竞争方面的不公平？

三、探索多样化的保障性住房用地供应方式

保障性住房用地的供应方式，既取决于一国的土地制度，又与住房保障的定位相关。从各国实践看，多数国家实行土地私有制，但政府及公共部门也会拥有一定数量的土地，这为保障性住房建设用地提供了基本条件。从使用制度看，多数发达国家与新兴工业化经济体以有偿和有限使用为基本特征。有偿使用是土地使用制度的核心；而通过城市规划、建筑条例等对土地使用进行种种限制，即有限使用，则是土地使用制度的条件。

保障性住房用地的供应方式分为无偿和有偿。新加坡与中国香港地区长期采用划拨方式，德国和法国在特殊时期也曾采用无偿供给土地的方式。例如，"二战"后法国政府直接提供土地，但一般位于郊区或远郊区①。有些国家则采用有偿方式供应土地。例如，韩国采用低于市场价格的方式供应土地，以市价60%～80%的价格提供公共租赁住房开发用地②；英国采用市场价格供应土地，但适度调整土地使用费的缴纳方式与缴纳时间；美国一些地方采用容积率奖励，间接鼓励私人或单位提供保障房用地；日本地方政府实行类似土地银行的做法购置大片住房建设用地③，地方政府负责出地，其中保障性住房土地优先供应④。

建议中国以产权理论为依据，根据以有偿为核心、有限权利为条件的土地使用原则，针对不同类别的保障性住房，采取多样化的土地供应方式。具体地，廉租房可以采取划拨方式，公租房可以采取土地租赁、作价入股等方式有偿使用。所谓土地租赁，是指土地供应主体（政府，集体经济组织或拥有闲置国有土地使用权的企事业单位）把土地租给公租房项目投资主体，通过分期缴纳土地使用费，降低公租房投资者的资金压力。而作价入股，就是以PPP思路，借鉴经济适用房中共有产权的做法，土地供应主体以土地入股，与公租房投资方进行合作，但政府不参与公共租赁住房经营期间的收益分享。这样，既降低了

① 王一、张尚武：《法国〈社会团结与城市更新法〉对中国保障性住房建设的启示》，载于《国际城市规划》2015年第1期，第42～61页。

② 陈杰、张鹏飞：《韩国的公共租赁住房体系》，载于《城市问题》2010年第6期，第91～97页。

③ 张运书：《日本住房保障制度的法理分析与借鉴》，载于《现代经济探讨》2011年第6期，第88～92页。

④ 黄海洲、汪超、王慧：《中国城镇化中住房制度的理论分析框架和相关政策建议》，载于《国际经济评论》2015年第2期，第31～54页。

公租房投资方的一次性投资成本，又使土地供应主体掌握了土地增值潜力，有利于调动双方的投资积极性，进而推进保障房建设。

鼓励集体经济组织利用集体土地、企事业单位利用存量土地开发面向社会的保障房，政府可以采用购买服务的形式，与集体经济组织或企事业单位签订协议，按市场价格长期租赁住房或以缺口补助的方式锁定保障房房源，调动社会力量开发建设保障性住房的积极性。

第二节　资金筹集：财政与社会资金并重

保障房建设的第二个决定性要素是资金。在大规模保障性住房建设中，仅2009～2016年中国就投入资金（各级财政筹措、银行贷款、发行企业债券等）共107591亿元。这还不包括保障性住房用地的市场价值与减免的税费（见表9－4）。①

表9－4　保障性安居工程2009～2016年年度建设与投资情况

年份	新开工（万套）	基本建成（万套）	完成投资（亿元）
2009	527	292	4880
2010	590	370	7000
2011	1043	432	12140
2012	769	590	8796
2013	673	589	10369
2014	745	551	16233
2015	797	716	20358
2016	993	659	27815
总计	6137	4199	107591

资料来源：2009～2011年数据来源于住建部调研数据，2012～2016年数据来源于审计公报。

一、财政资金为主的保障资金筹集

主要包括经济适用房、限价商品房的出售型保障房，可通过产权出售在较短时间内回收资金，所以社会资金愿意投入，政府的资金压力较小。棚改房的资金主要通过土地商业开发收益来补偿，但随着较好位置的棚户区改造的完成，后续棚改房的资金将出现较大的困难。主要包括廉租房和公租房的出租型保障

① 数据来源：2009～2013年数据来源于住建部调研数据，2014年与2015年数据来源于审计公报。

房，由于资金回收期长、投资收益低，对社会资金的吸引力较小，财政负担较重，所以出租型保障房的资金压力要远远高于出售型（即产权型）保障房。这也是各地政府对产权型保障房建设特别青睐的原因（见表9-5）。

表9-5　　　　各类保障房资金压力分析

保障房类型	资金注入	资金回流	还本付息压力	后续支出
廉租房	建安成本	租金+政府补助	大	大
公租房	(1) 土地价款（出让）+建安成本 (2) 建安成本（土地划拨）	租金+政府补助	大	大
经济适用房	建安成本	售房款	小	无
限价房	土地价款（出让）+建安成本	售房款	小	无
棚改房	土地价款（出让）+建安成本	少量售房款+腾退土地出让金	取决于土地出让进度与商业价值	无

资料来源：顾建发、陈晟，《上海（中国）房地产发展报告2014～2015》，上海社会科学院出版社2015年版，第159页，作者整理。

根据审计署公报，2007～2009年重点调查的32个城市筹集廉租房保障资金448.65亿元。其中，中央补助资金67.25亿元，占14.99%；从土地出让净收益和住房公积金增值收益中安排296.79亿元，占66.15%；地方各级财政安排52.47亿元，占11.70%；其他渠道筹集32.14亿元，占7.16%（见表9-6）。①

表9-6　　　　2007～2009年32个城市廉租房资金来源

	地方财政	中央财政	土地出让净收益和公积金增值收益	其他渠道	总计
资金（亿元）	52.47	67.25	296.79	32.14	448.65
占比（%）	11.70	14 99	66.15	7.16	100

政府主导的资金筹集模式在廉租房建设中体现得非常明显。表9-6显示，中央和地方财政直接投入的占比为26.69%。土地出让净收益也属于财政资金的范畴；公积金增值收益，虽然2007～2009年投在廉租房建设领域的资金量较少，但这种资金一定程度上也具有财政资金性质。由此，这三类财政性资金投入占比高达92.84%。

以安徽省为例，同样表明地方政府在保障房资金供应方面的主导作用（见表9-7）。廉租房建设资金中政府资金占比达82.43%。如果考虑政府信用在资金筹措中的隐形担保，政府资金要远高于这一比例。公共租赁房因为部分为产业园区企业所建造，产权属于企业，资金由企业支付；如单独考虑政府筹建的

① 2010年第22号："19个省市2007～2009年政府投资保障性住房审计调查结果"。

公共租赁房，政府资金比例将远高于49.56%。产权类保障房中，经济适用房与限价商品房，政府资金占比较少，分别为8.53%和0。这是因为这种保障房可以通过出售回收资金，社会资金是愿意投入的。棚改住房中政府资金占比也较大，为46.77%。考虑棚改时原有土地的再开发获得的资金以及国家开发银行政策金融对棚改的资金投入，考虑这两类资金与政府的紧密关联性，可以认为，棚改中资金投入也以政府为主导。

表9-7　安徽保障性安居工程建设资金来源（2011年）

	资金总额万元	占比（%）	政府资金万元	占比（%）	银行贷款万元	占比（%）	其他资金万元	占比（%）
合计	3865645	100	1978198	51.17	183507	4.75	1703940	44.08
廉租房	531584	13.75	438182	82.43	3117	0.59	90285	16.98
公共租赁房	698166	18.06	345997	49.56	77776	11.14	274393	39.30
经济适用房	94363	2.44	8050	8.53	1233	1.31	85080	90.16
限价商品房	6000	0.16	0	0	0	0	6000	100
棚户区改造	2535532	65.59	1185969	46.77	101381	4.00	1248182	49.23

资料来源：根据《2012年安徽统计年鉴》相关数据整理。

二、财政资金与社会资金并重的中国实践

前已述及，由政府财政直接投入、土地出让净收益和住房公积金增值收益构成的财政性资金，是我国保障房建设最重要的资金来源，但保障房不仅建设期的资金投入巨大，后期运营也需要持续的资金投入，因而以财政资金为主的模式具有明显的不可持续性。从各国实践看，保障性住房建设资金主要依靠财政投入（包括财政资金与税收减免两部分）和社会资本两大类。

专　栏

英国工业化较早，其保障性住房建设资金筹集模式在一百多年的发展过程中发生了很大变化，即从公共筹资向私人筹资模式转变。1935年，英国开始实行地方政府住房收支账户（HRA）制度。该账户由收入与支出组成，收入包括租金、地方税补贴和国家补贴，支出包括住房建设贷款支付、管理和维修费用。当账户出现赤字时，联邦政府将增加补贴额度，以实现收支平衡。当社会住房出现短缺时，联邦政府通过增加住房补贴，以刺激地方政府建设更多的住房；当联邦政府推动贫民窟拆迁时，就相应增加贫民窟改造补贴的额度；当政府鼓励节约用地时，就规定高层公寓可以享受额外补贴。20世纪70年代，公共住

房建设的筹资模式开始转变，私人筹资模式逐步成为主要的融资方式。这种转变主要是由保障性住房供给主体由地方政府逐步转变为住房协会造成的。2005年英国住房协会住房供给量升至180万套；到2010年，英国大部分公共住房都由独立的住房协会、而不是地方政府提供和管理。在住房协会建设公共住房的过程中，政府对其建设成本补贴的方式也逐渐调整。1989年政府取消全额补贴，改为对建设成本进行比例补贴。根据相关数据，住房协会获得补贴的平均比例从1989～1990年的75%下降到1998～1999年的56%（Cope，1999）。这时，住房协会开始转向资本市场向私人筹资。住房协会在早期从资本市场获得的资金有限，1989～1990年为3亿英镑；同时利率较高，一般高于地方政府的低风险贷款利率。到2002年4月底，英国住房协会的私人融资达到了260亿英镑；同时利率下降，2001～2002年住房协会的私人贷款利率与制造企业的私人贷款利率基本持平。

美国以公共筹资建设少量的保障性住房。因为作为自由市场经济发达的国家，美国政府对住房市场直接干预较少，直接建造的少量保障房的建设资金来自财政投入。而另一种具有保障性质的住房，即政府资助的私有租赁住房，在建设过程中享受政府提供的补贴与利率优惠，但社会资金是其主要来源，具有私人筹资模式特点。

韩国保障房包括公售房、公租房、永租房和国租房四类。其中，后三类统称为韩国的公共租赁房。公售房的建设资金可由出售获得回收，而公共租赁房的建设资金主要由财政投入，同时吸收社会资金参与。比如，永租房建设的资金85%来源于政府投资。为推动公共租赁房建设，韩国成立专门的政策性住房金融机构——国民住宅基金（NFF）。由于私人资本的积极参与，2004年公共租赁住房存量中，由私人开发建设的占60.3%①。

放眼中国国内，各地也正在进行资金筹集方面的探索。

第一，发行地方政府债券或转借国债。已有城市（如新疆、安徽）通过财政部代发地方政府债券用于廉租房建设。除财政部代地方政府发行债券外，2011年上海、浙江、广东、深圳四省市还试点自行发行地方债支持保障房建设。

① 中南财经政法大学房地产研究所课题组：《中国保障性住房投融资方式创新研究》，载于《湖北省住房保障课题成果汇编》，第247页。

第二，包括政策性和商业性贷款在内的银行贷款。根据国家开发银行公布的年报数据，该行贷款是保障性住房建设的主要融资渠道，而且利率低（5.39%）、期限较长（一般为15年）。2008～2014年国家开发银行对保障房建设贷款情况如表9-8所示。

表9-8　2008～2014年国家开发银行对保障房建设贷款一览　单位：亿元

年份	2008	2009	2010	2011	2012	2013	2014
新增贷款额度（亿元）	475.8	853	1315	1095	1166	1628	4086
同业占比（%）	—	—	—	63	65	60	80
累计发放额度（亿元）	815.8	1680	2995	4600	6744	6235	10560

资料来源：根据2008～2014年国家开发银行年度报告整理得到，由于统计口径有差异，各年数据略有出入。

①2008～2010年新增贷款数据统计口径为中低收入家庭住房建设贷款数额。

②2011～2012年新增贷款数据统计口径为保障性安居工程建设贷款数额。

③2013～2014年新增贷款数据统计口径为棚户区改造贷款额度数据。

④2008～2011年累计发放额度数据为向中低收入家庭住房发放贷款数额。

⑤2013～2014年累计发放额度数据为保障性安居工程累计发放贷款数额。

商业银行在公租房建设中融资的作用也日益增强。2010年，中央在北京、河南等地试点开展连接住建部、公积金中心的保障性住房建设贷款业务。当年，工商银行全年累计发放保障性住房开发贷款94.15亿元，同比增长55%；建设银行累计发放保障性住房开发贷款44.3亿元，比年初增加31.4亿元，支持了67个保障性住房建设项目。当然，商业银行贷款有资本金和担保抵押要求，利率也较高。

第三，项目自身的经营性收入。包括保障房租金收入以及经营性配套设施的租赁或销售收入。

第四，其他融资渠道。2010年以来，南京、上海、天津等城市先后试点社保基金、保险资金、房地产信托投资资金等新型融资渠道，融资规模在30亿～40亿元。

2016年全国城镇安居工程投资完成1.66万亿元，各级财政投入达7549.75亿元（同比增长14%），通过银行贷款、发行企业债券等社会融资方式筹集安居工程资金20264.95亿元，上述两大来源占总投资的83.8%。

整体来看，当前阶段，我国保障房资金必须采取财政资金与社会资金并重的模式。财政资金以间接投入为主、直接投入为辅，对社会资金进行利率补贴和税收优惠，起到引导与激励的功能。

三、社会资金参与保障房投资的模式创新

目前，公租房是我国住房保障发展的主要方向，同时也是资金筹集的难点所在。公租房建设资金投入量大，但回收期长，收益有限，使其融资困难重重。因而公租房要得以全面快速发展，必须借助社会资金。在这方面，世界各国有着成功的先例。英国住房协会经历了从政府投资到社会资金的转型，虽然从1989/1990年度到1998/1999年度获得政府补贴的平均比例从75%下降到56%（Cope，1999），但到2002年4月底，英国住房协会的私人融资达到了260亿英镑。韩国保障房包括公售房、公租房、永租房和国租房四类，其中，后三类统称为韩国的公共租赁房。永租房建设的资金85%来源于政府投资，但其他公共租赁房建设则大量依赖社会资金。为推动公共租赁房建设，韩国成立了专门的政策性住房金融机构——国民住宅基金（NFF）。由于私人资本的积极参与，2004年公共租赁住房存量中，由私人开发建设的占60.3%①。社会资金参与保障房投资结构如图9-1所示。

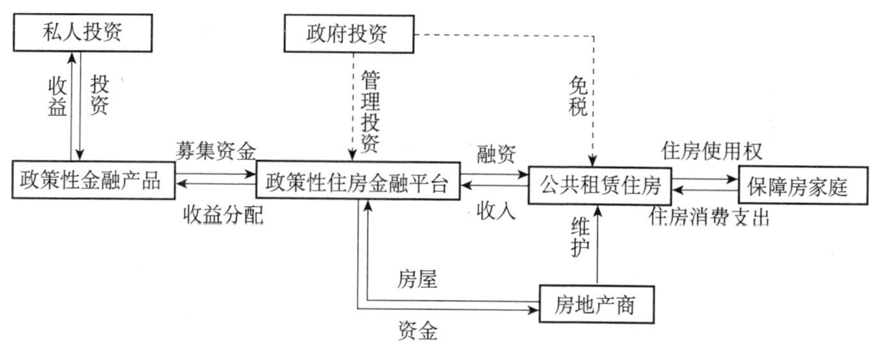

图9-1 社会资金参与保障房投资结构示意

公租房的融资借助资本市场工具，才能得以快速和高效地发展。房地产信托投资基金在美国及全球是房地产投资金融产品中发展最快，也最成熟的产品。公共租赁住房投资信托基金（REITs）利用住房租赁的稳定现金流和房地产未来的增值，吸引以社保及养老基金为主力的机构投资者进行长期投资。从美国公开上市的房地产信托投资基金历史表现来看（见图9-2），它具有相对稳定

① 中南财经政法大学房地产研究所课题组：《中国保障性住房投融资方式创新研究》，载于《湖北省住房保障课题成果汇编》，第247页。

和较高的收益。公租房如果能够利用这一金融产品进行融资，将极大提高其融资效率。

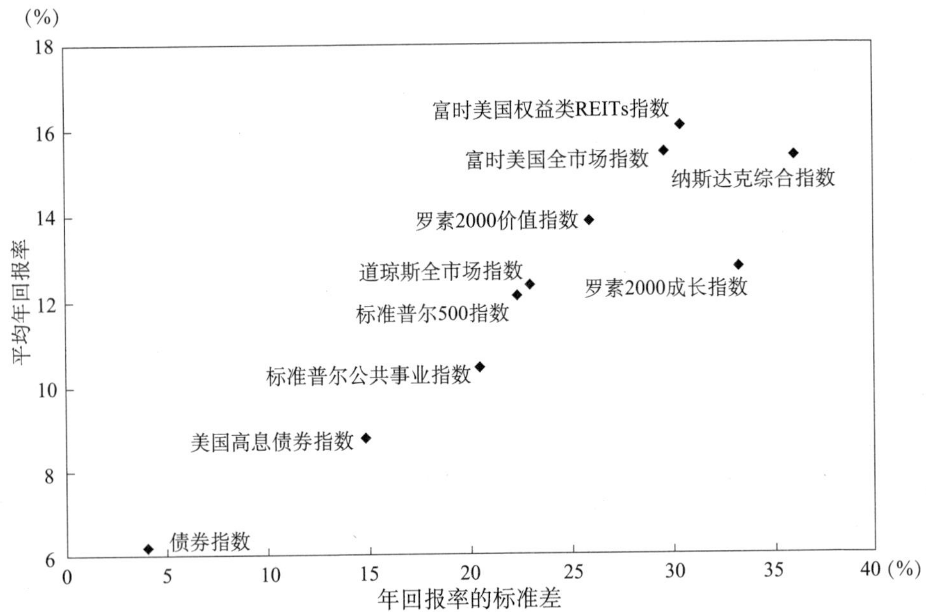

图 9－2　美国 REITs20 年平均年收益与其他证券比较（1995～2015 年）

资料来源：美国国家房地产投资基金协会（NAREIT）。

实务及学术界对于以公租房为基础发行房地产投资信托基金有所争议，其难点在于公租房收益的有限性。公租房租金一般低于市场租金，如何在低租金情况下保证公租房投资信托基金能够满足投资者的正常回报要求，本书认为可以从以下三个方面考虑。

第一，应该认识到公租房投资信托基金的合理回报会低于其他同类住房投资信托基金。其原因是公租房有低租金和政府担保的优势，使其投资风险大大降低。它适合于相对低风险和低收益的长期投资者。

第二，公租房投资信托基金需要政府在资金之外的投入和支持。在上一节中提到，住建部《关于加快发展公共租赁住房的指导意见》规定，“面向经济适用住房对象供应的公共租赁住房，建设用地实行划拨方式供应。其他方式投资的公共租赁住房，建设用地可以采用出让、租赁或作价入股等方式有偿使用。”划拨和作价入股的方式取得土地，都可以极大降低公租房投资者的成本，从而提高其投资回报率。而政府通过牺牲公租房土地的部分土地使用金，促进公租房的建设和发展。在这样的假设下测算，公租房投资信托基金的回报率，可以满足投资者的要求。

第三，允许公租房投资信托基金项目在适当时期、适当条件下从租转售，实现投资者对基金的增值要求，同时可兑现政府的土地收益。公租房的先租后售是发展趋势，也是本书所提出的合理发展模式之一。当公租房由被保障人购买部分产权时，基金投资人就可以获取公租房增值收益，并部分或全部退出该套公租房的投资。另外，由被保障人购买产权后上市交易的住房，需要按照其与政府在该套公租房之间的共有产权比例进行收益分享，实现政府在该公租房的退出，同时获得土地收益。

通过此模式，政府在没有直接资金投入的前提下，借助社会资金，实现了公租房的开发建设，同时获得了土地的增值收益。

第三节　房源筹措：政府与市场互动

一、政府新建为主的房源筹集方式

当前，我国保障性住房由政府主导、并以新建为主。这一模式的特点，主要表现为建设资金主要由政府财政直接投入，建设用地由政府提供，规划选址由政府决定，保障房的分配与运营也由政府主导。这种模式能在较短时间内建设大量保障房，是其优点。但长期看，政府投入过多，对商品房市场产生挤出效应，政府承担责任过大，财政负担重，效率低。政府新建的保障房可具体分为集中新建和分散配建两种模式。

（一）集中新建

地方政府一方面为完成中央政府规定的保障房建设目标，另一方面又要考虑自身面对的资金、土地资源的约束。基于保障房建设任务与单一项目资金平衡的考虑，保障房大多采用“单独选址、集中新建”的方式。

2009 ~ 2015 年开工建设的大规模保障性住房，以集中新建为主，配建较少。这种现象在房价高、外来人口多、土地资源紧缺、保障压力大的城市，尤为严重。例如，上海保障房主要依托大型居住区建设。大型居住区占地面积大约 5 平方公里，能容纳 10 万人左右。保障房在大型居住区率先开发，带动新区人气集聚，加快政府基础设施与配套设施建设，提升大型居住区商品房用地的价值。

如前所述，政府主导集中建设，尽管具有在短期内大量增加保障房的优点，但容易造成阶层隔离，影响社会和谐稳定。

（二）分散配建

为了实现保障房分散布局，中央政府对商品房中的保障房配建比例进行了规定，即在普通商品房中按建设项目住宅建设面积5% ~10%的比例配建廉租住房、公共租赁住房。根据我们对各地政府出台的配建比例的整理（见表9－9），北京规定的比例达到30%，其他各地规定的配建比例仍有待提高，同时大多数地方对配建比例没有明确规定，即使有规定也未有效执行。

表9－9　各省市对商品房中配建保障房比例的规定

北京	商品住宅用地原则上均需配建保障性住房，配建比例不低于30%，在轨道交通沿线等周边区域的住宅用地配建比例还应适当提高①
福建	按照年度住宅建筑面积不低于10%的比例配建公共租赁住房；棚户区改造项目，扣除拆迁安置房后，按照不低于5%的比例配建公共租赁住房或者廉租住房
云南	按照不低于总建筑面积5%的比例在普通商品住房项目中配建公共租赁住房
江西	在普通商品房中按建设项目住宅建设面积5% ~10%的比例配建廉租住房、公共租赁住房

资料来源：部分省（区、市）住房发展规划文本汇编，住房城乡建设部住房发展与改革司，2014年3月。

分散配建有利于防止中低收入居民过于集中带来的社会问题，也有利于减轻政府的财政负担。但是，不同收入的居民同住一个小区，存在的明显收入差距、理念差距，也带来管理难等问题。

而无论政府集中新建还是分散配建，都不利于利用社会存量房资源。这两种方式在住房短缺的情况下可以采用，但在住房供需基本平衡的情况下不宜再采用。这一模式从长期来看，由于部分出租型保障房产权属于政府，同时住户支付能力有限，随着时间推移，住房维修成本上升，给政府财政造成了长期巨大压力，是难以持续有效运行的。

二、从政府主导到政府引导的房源筹集方式

我国保障房建设前期虽然大多采用政府新建为主的方式，但目前已出现不

① 资料来源于《北京市“十二五”时期住房保障规划》。

少政府引导下的房源筹集方式的创新与试点。而这一从政府主导到政府引导的房源筹集方式策略的改变，与欧美国家住房保障发展的历史经验也相符合。

在欧美国家，由政府主导的大规模保障性住房建设，大多伴随着城市化进程的发展、城市人口的快速增加、城市住房需求快速增长的社会背景；或者由于战争的原因，存量住房遭到了严重的破坏，在较短时间内，需要大量的住房，其中以德国最为突出。德国在“二战”后建设了大量的保障性住房，具体情况如表9－10所示。除了德国以外，英国、匈牙利、波兰等欧洲国家也建设了大量或者较高比例的保障性住房，这可能与其信奉的有计划的市场理念有关；而北美的加拿大、美国政府建造的保障性住房较少，政府对住房市场的干预也多采用财政与金融手段。虽然多数欧洲国家曾经建设过大量保障性住房，但政府直接建设的情况依然较少，多数通过对企业的资金、财政税收补贴以及土地方面的优惠来激励保障性住房建设。随着时间的推移，一般在住房供需大体平衡后，政府不再大规模支持保障性住房建设；同时，由于大规模的存量保障性住房所带来的严重财政负担，政府通常会选择出售大部分保障性住房。

表9－10　　各国保障性住房建设情况

国家	政策	保障房占比
德国	“二战”后住房短缺时期，政府通过无息或低息贷款支持私人和企业建设用于出租的社会保障房；1998年以后，随着经济发展和居民收入的增加，德国政府不再直接参与住房建设。在住房供需基本平衡时期，住房保障方式以租金补贴为主	最多时600多万套。目前仅剩余150万套左右，约占市场租赁住房的8%①
美国	一是政府建房。即政府出资、政府建设并拥有的公共住房；美国约有公共住房130万套，大多数建于20世纪60～70年代，到80年代后停建。二是合作建房。即政府出资或提供政策支持、非政府部门建设或购买并拥有的住房。美国于1961年开始合作建房，目前大约建成住房300多万套。三是市场租房。即低收入家庭在私人住房市场上自选租房、政府给予租金补贴的住房。1974年，美国修订《住房法》，建立了对低收入家庭在私人住房市场上租房给予租金补贴的制度。1983年美国再次修订《住房法》，进一步完善了这种做法，实行租房券制度。目前，联邦政府通过租房券制度支持的家庭约220万户。其中，纽约市95807户	美国历史上共建设430万套公共住房②

① 陈怡芳、高峰、于江涛：《德国、瑞士低收入家庭住房保障考察报告》，《财政研究》2012年第3期，第54～56页。

② 借鉴美加两国经验，完善我国住房保障制度，http：//zhs.mof.gov.cn/zhengwuxinxi/tashanzhishi/201303/t20130318_ 780585.html。

续表

国家	政策	保障房占比
加拿大	一是政府建房。即政府出资、政府建设并拥有的公共住房。加拿大从20世纪40年代开始建设公共住房，1985年停建，共有4800个公共住房项目、约20.5万套公共住房。二是合作建房。即政府出资或提供政策支持、非政府部门建设或购买并拥有的住房。加拿大从20世纪40年代开始合作建房。目前，联邦政府大约建成25万套合作住房。三是市场租房。即低收入家庭在私人住房市场上自选租房、政府给予租金补贴的住房。1973年，加拿大修改《国家住房法》，明确政府对低收入家庭在私人住房市场上租房给予补贴。目前，联邦政府委托加拿大抵押贷款与住房公司（CMHC）支持的市场租房家庭约有2.9万户	加拿大历史上总共建造45.5万套公共住房
匈牙利	“预制板楼”的快速修建，给现行政府留下了历史包袱。住房租金援助制度，国家和地方政府各承担50%，对于密集型公寓式住房的维护与修缮，国家财政和地方政府各提供维修费用的1/3、业主自付1/3	匈牙利“预制板楼”单元房总数约有70万套，居住在这种住房中的人口约200万，占匈牙利人口总数的20%①
波兰	“社会租赁住房体系”（简称“TBS”体系）是指波兰政府为解决低收入者住房问题，通过向依据《社会个人购房法》成立的房屋建造商提供贷款支持而建造专门供低收入者租用的住房。该类住房简称为“TBS”住房，建造该类住房的建造商简称“TBS”公司或组织。“TBS”政府建设基金、启动资金完全来自国家财政投入，同时中央财政每年向该基金注入新资金。2006年之前注入额平均每年约4亿兹罗提，2006年为3亿兹罗提。同时，“TBS”住房所收租金全部划入该基金	2005年以前，平均每年建造量为5000~7000套“TBS”住宅。2006年有所好转，但也只建造了7000套“TBS”住宅

资料来源：根据住房保障相关文献与资料整理得到。

我国当前大多数政府引导下房源筹集方式的创新与试点，出现于公租房房源筹措领域。本书从保障性房源筹措的主体与客体出发，对不同房源筹措方式的特点进行了归纳。

第一，从公租房房源筹措主体看，需要处理政府与社会组织的关系。根据政府在公租房房源筹措中的角色以及社会组织参与的程度和方式，可分为政府主导方式和政府引导社会经营两种方式（见表9-11）。政府主导的房源筹措方式中，政府参与度相对较高，组织房源筹措过程的实施，通常会获得房屋的所有权或使用权，再出租给保障对象，租金由政府确定，通常低于市场租金。政府引导的房源筹措方式中，政府对保障房建设和分配的过程不直接参与，只实施审核和监督职能；同时，利用土地出让、税收及金融优惠政策等方式引导社

① 匈牙利、波兰低收入家庭住房保障考察报告，http://zhs.mof.gov.cn/zhengwuxinxi/tashanzhishi/200807/t20080731_60044.html。

会组织参与保障房的供应及管理，以实现政府的住房保障职能。

表9-11　　保障房源筹措的基本方式

	政府主导	政府引导
增量	政府筹建	社会组织建设
存量	政府收购（获取所有权） 政府经租（不获取所有权）	所有者出租（开发商、企业、居民） 中介公司经租

第二，从公租房房源筹措客体看，房源可以是增量建设，也可由存量转化。其中，存量转化既可将工业厂房等其他性质建筑改建，也可以从存量保障住房或商品住房中选择适当房源纳入保障性住房体系中。增量方式适合房源短缺时使用，存量方式适合房源总体供应充足时使用。

三、政府引导下市场化手段筹措保障房房源的机制构建

本节继续以公租房为例，通过前期调研成果，并根据我国城市现状和住房特点，构建以下三种市场化的房源筹集机制。

（一）政府主导，区县公租房机构代理经租

该方式可将其他保障房房源快速转化为公租房。具体由有政府背景的区县级公租房公司对保障性住房聚集区内的潜在公租房房源实施代理经租，以发挥体制优势，快速并顺利推进。由保障房开发商协助装修，可以确保质量，提高效率。同时，通过快速成批量的人口导入，有利于提升保障房聚集区的成熟度。

该房源按其所有权主体分为两种。第一种房源，政府从保障房开发商处以成本价集中购买或租赁滞销的共有产权房或配套商品房房源；第二种房源，与居民达成长期租赁协议，将居民多余房源适当集中，便于装修、租赁和管理。此方式的运行机制如图9-3所示，包括房源收租、房源装修和房源分配三个过程。

（二）政府引导，社会机构代理经租

对于社会闲置的可出租房源及可改造的非居住房屋，鼓励已初具规模的社会代理经租公司经营此项业务（见图9-4）。

代理经租公司通过在住房市场上寻找合适房源，与房主签订中长期租赁协议，按公租房标准装修后按略低于市价的价格租给保障对象。政府负责以下事项：第一，保障对象与房源的定期审核；第二，审核通过后落实承租人补贴和

其他优惠政策。

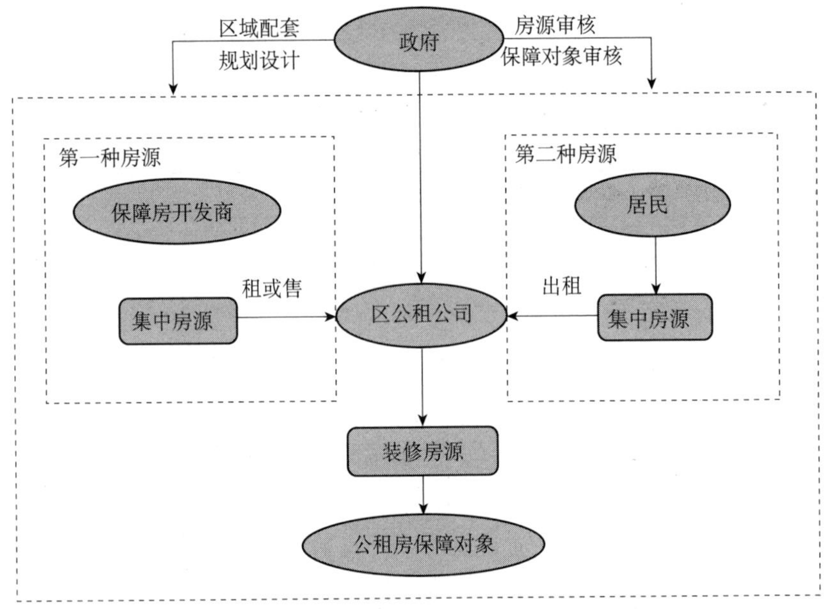

图9-3 “政府主导，区公租机构代理经租”运行机制

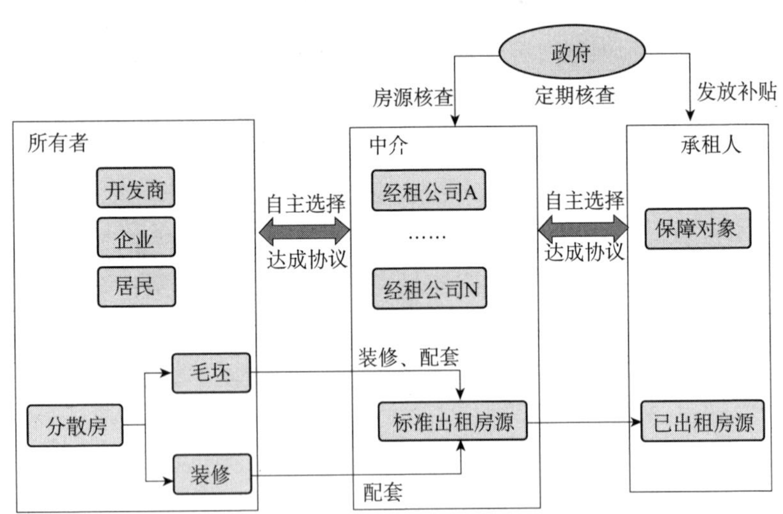

图9-4 “政府引导，社会机构代理经租”运行机制

该方式下政府担负引导职能，即负责对社会代理经租公司的公租房运营进行监督和规范，保障公租房承租对象的合法利益，制定税收等优惠政策进行扶持。上海调研发现，青客、蘑菇等以散租公寓为主的经租公司有大量出租房间

的月租金在2000元以下。其中，青客的出租房中月租金1500元以下的占50%以上，以刚毕业在沪就业大学生等目标人群为对象，符合公租房保障对象定位。

（三）政府引导，所有者出租

“政府引导，所有者出租”方式是一种公租房房源的自主寻找机制。公租房房源由保障对象在市场上自主寻找，达成租赁协议后申请补贴；政府主要承担房源及补贴资格审查和发放公租房补贴的职责（见图9－5）。

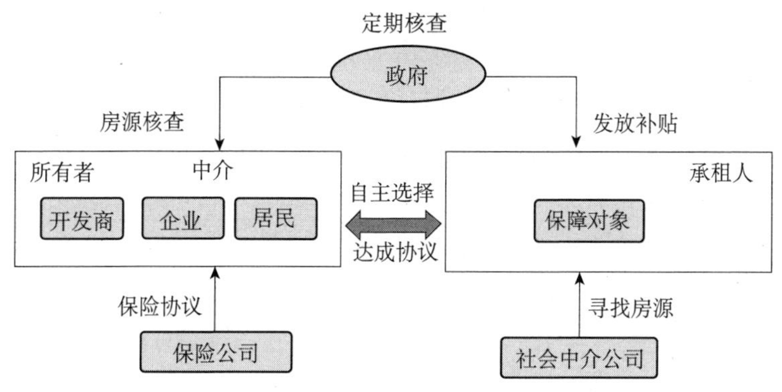

图9－5 “政府引导，所有者出租”运行机制

该方式下政府主要提供需求方补贴。按照公共政策学中的成本—效益分析，其政策效益是使公租房被保障群体获得住房，其成本主要指补贴的租金。基于为被保障者提供同样数量和品质的住房，以上海市闵行区翔泰公租房为例，比较“新建公租房”与“需求方补贴”的政策成本。该项目90平方米二房的租金为1520元/月，其建设成本为3500元/平方米（不含土地成本）。与现行政府主导、规模建设模式相比，成本约为每套31.5万元；所有者出租模式，政府在50年内的成本现值为17.25万元（假设政府提供的补贴为租金的30%，即456元/月；租金增长率为3%，折现率为现行贷款基准利率为5.15%）。可见，政府引导、所有者出租的方式在实现相同的政策效益时，政府成本大大降低。

专题五　上海公共租赁住房房源筹措模式的探索：市场化手段

上海市公租房主要面向青年职工、引进人才及来沪务工人员等，解决其阶段性住房困难。“十二五”期间，上海以政府主导筹措公租房为主体，积极探索市场化手段筹措方式，形成了多元化筹措模式，并迅速形成规模保障能力。但在肯定成绩的同时也应看到，现有筹措模式的供给效率仍存在“瓶颈”。

一、市场化筹措方式探索①

“十二五”期间，上海市政府通过社会机构定向投资新建、利用农村集体建设用地建造、闲置非居住房屋改建及社会经租等方式探索以市场化手段筹措公租房源（见表1），极大增加了公租房的供给，如陆家嘴金融城人才公寓一个项目就供给了3000多套，占浦东全区的1/7多②。

表1　　上海市场化手段筹措公租房房源模式

市场化程度	筹措方式	实例	实施主体	资金来源	房源类型
市场化手段	社会机构定向投资建设	陆家嘴人才公寓、张江高科技园区人才公寓	国有企业	国有企业	新建
	社会代理经租	塘镇代理经租（暂未被认定为公租房）	民营企业	民营企业	存量转化
	集体土地新建公租房	七宝镇联明村联明雅苑	集体组织	农民集体	新建
	闲置非居住房屋改建	静安区汉森手帕厂厂房改造、浦东上海平板玻璃厂厂区改造	国有企业	国有企业	存量转化

（一）社会机构定向投资建设

2010年上海颁布《本市发展公共租赁住房的实施意见》后，部分企业将其拥有的职工宿舍转为公租房，或者在所属闲置的存量用地上直接投资新建公租房，以低于市场价格出租给指定社会人群。运营公司自行设定准入条件和负责日常管理，在税费缴纳上享受公租房建设运营的优惠政策。

企业或社会机构定向投资建设模式如图1所示。

张江高科技及陆家嘴金融园区的人才公寓模式，是该模式的典型代表。两个项目均有较好的运营成效，前者内部收益率约为5%～6%；后者年租金收益约6000万元，净收益约占管理成本的10%左右。

① 本部分数据除特别说明，均来源于课题组调查所得。

② 数据来源于陆家嘴金融城人才公寓网页。

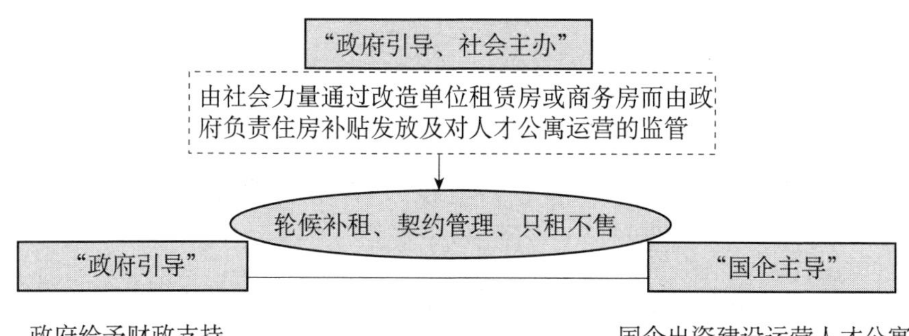

图1　企业或社会机构定向投资建设模式

（二）集体土地新建

集体土地新建模式是由村集体提供土地，通过农民自愿集资或者以集体名义向商业银行贷款，投资建设和运营管理公租房。该模式的公租房准入条件、出租方式及管理方式由集体组织自行设定，租金低廉，享受政府对公租房建设和运营的税费缴纳等减免政策（见图2）。

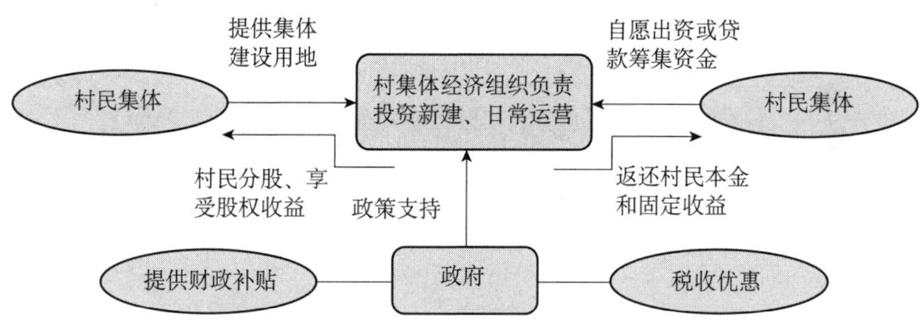

图2　集体土地新建模式运作机制

七宝镇联明雅苑是上海首批农村集体土地建公租房的试点项目。该项目总投资7000多万元，集体土地面积25664.92平方米，提供公租房404套。目前，该项目已偿还所有村民筹集的本金及利息，年租金收入除去运营成本后的剩余，按村民所持有股份比例分红。

（三）闲置非居住房屋改建

上海城区存有较多闲置老厂房，对这些房屋进行拆除重建或改造，相比新建公租房更节约土地。上海市《关于鼓励本市国有企业集团利用存量工业用地建设保障性住房的若干意见》，明确国有企业集团可以利用原来取得、现在产业结构已调整（或需调整）的工业用地，部分建设保障性住房。

该模式的实践项目主要有静安区汉森手帕厂厂房改造和浦东区上海平板玻璃厂厂区改造两个。两个项目尚未建成运营，其中，前者改建完成后可提供157套公租房，后者为2170套。

（四）社会代理经租

社会代理经租由社会机构筹集市场上符合公租房标准的出租房源，与业主签署长期租赁合同后，对住房进行统一装修，再出租给公租房保障对象。

塘镇镇政府曾与社会机构签订战略合作协议，拟以代理经租方式筹措公租房。虽该项目暂未被认定为公租房，但为社会代理经租方式开了先河。唐镇代理经租模式运作机制如图3所示。

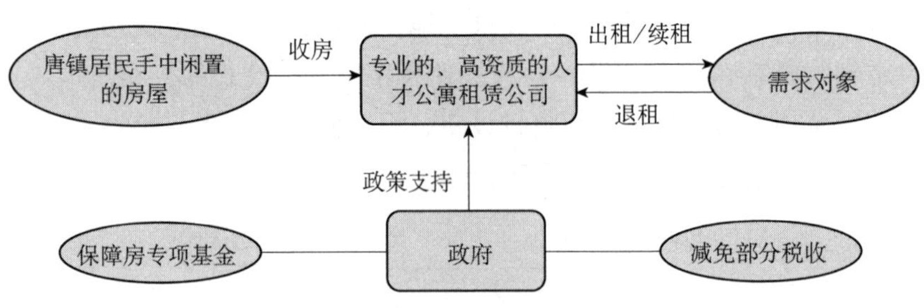

图3　唐镇代理经租模式运作机制

二、现有市场化筹措方式面临的问题

当前成功的市场化筹措项目具有个案特征性强、复制推广难的特征。前述的四种市场化筹措方式中，社会机构定向投资建设、集体土地建设均属于新建，是目前市场化筹措的主要方式；利用闲置非居住房屋属于改建；而代理经租为存量利用。

（一）新建方式面临的问题

新建方式的缺陷：一是成本投入巨大，盈亏较难平衡。浦东人才公寓和闵行联明雅苑运营之所以良好，在于土地成本为沉没成本，前者使用的是企业存量土地，后者利用的是集体土地；二是适于建设公租房的土地难觅。公租房建设项目要求周边公共设施配套完善、区域经济发展较快、人口导入量大等特征。

另集体土地的利用还需满足宅基地上个人建房总高度不得超过 10 米等规定。

（二）改建方式面临的问题

改建方式的问题在于非居住房屋改造为住房的难度大。抗震、采光、消防等均为硬性限制。老工业厂房的抗震等级多为六级左右，但居住类房屋则要求八级以上；如果改造为中通走廊式公寓住房，北侧面的采光无法达到要求。

（三）唐镇代理经租模式的缺陷

唐镇代理经租模式的失败原因主要为：一是运营标准高，住房质量验收标准高、装修立项时间长、入住人员审核时间长、收房有条件限制、管理分散等困难；二是公共基础设施配套不完善，这导致公司收储的公租房难以快速出租流转，企业难以继续运营，被迫成为租房经纪公司；三是扶持政策有限，目前该公司所获得的政策支持有限，主要为部分营业税的减免。

未来随着上海城市的发展，人口的导入、特别是高端人才引进的持续增长，公租房保障压力将会进一步增大。因此，公租房房源筹措方式改革迫在眉睫。推动公租房房源市场化筹措改革，有利于健全改善民生、共享成果的保障体系，有利于推动产业升级、科创兴城的发展战略，有利于深化开放竞争、可持续发展的市场改革。

三、市场化房源筹措模式选择与突破

“十三五”期间，上海应以“鼓励中低端住房租赁市场发展”为基本指导思想，遵循“体现差异、契合需求”的筹措目标、“政府指导、市场运作”的运行机制、“因地制宜、循序渐进”的制度安排三项基本原则，加快市场化手段筹措公租房房源模式建设。

（一）短期模式选择

短期内以政府主导与政府引导并重，以存量住房转化为主。具体模式如下：

第一类，可集中的保障房房源。即政府从保障房开发商那里以成本价集中购买或租赁滞销的共有产权房或配建的保障房房源，转化为公租房使用。

第二类，分散的拆迁安置房房源。即在拆迁安置房分配后，居民手中闲置的可用于出租的住房。

第三类，大户型的普通商品住房。根据对上海住房租赁市场的调查，满足公租房被保障人群需求的小户型房源供给严重不足。将大户型住房分割租赁成为解决供需结构性矛盾和群租问题的有效路径。

第四类，小户型的普通商品住房。主要指上海市区的老公房，通常以一室户、一室一厅和两室户为主，已经装修，基本满足公租房要求。此类住房无须第三方介入，可直接作为公租房的潜在房源。

上海公租房房源筹措短期模式的构成体系如图4所示。

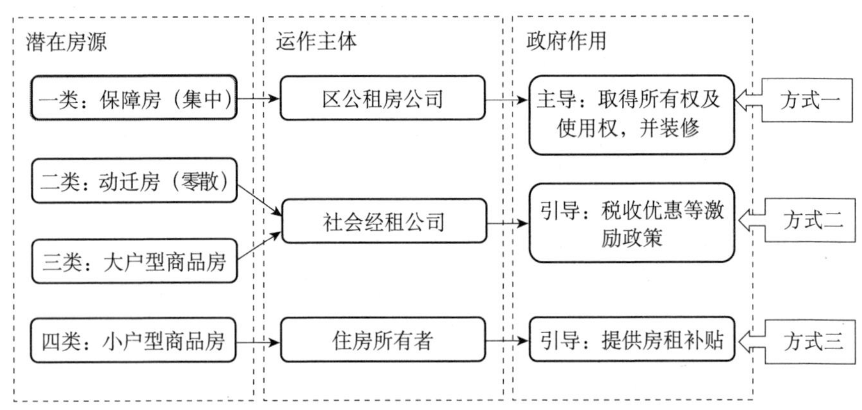

图4　上海公租房房源筹措短期模式的构成体系

根据以上四类公租房潜在房源的特点，需要由不同的主体来主导实施，建议采取图中三种方式，分别是：方式一：政府主导、区公租房机构代理经租；方式二：政府引导、社会机构代理经租；方式三：政府引导、所有者出租。

（二）长期模式选择

当上海公租房供求矛盾程度有所缓解，市场化筹措方式运营较为成熟时，可以尝试以政府引导作为房源筹措的基本模式，将产权稳定型房源与市场按需获取房源相结合。

在长期，上海公租房房源从产权性质和稳定性方面可以分为两大类：第一类是政府或园区等相关单位持有的稳定公租房房源（表2的前三种）；第二类是社会拥有产权、稳定性较低的公租房房源。第一类房源主要用于满足公租房保障对象中的户籍住房困难家庭（夹心层）等，这类家庭的住房需求相对稳定。第二类房源则有相对灵活的特点，可以随经济周期和上海引进人才需求量的变化而增减。两类房源的结合，在长期内使公租房房源兼具稳定和灵活的双重优势。

表 2　　公租房房源特点与目标保障群体

公租房房源类型	所有者	房源性质	稳定性	目标保障群体
现有政府公租房	政府	保障房	高	户籍住房困难“夹心层”家庭
单位（园区）公租房	企业	准保障房	高	园区及单位引进人才、来沪务工人员
方式一筹集公租房	政府	保障房	高	户籍住房困难“夹心层”家庭
方式二筹集公租房	社会	商品房	较高	引进人才
方式三筹集公租房	社会	商品房	低	引进人才

（三）配套措施建议

1. 完善制度设计

一是规范代理经租市场，制定经租准入及安全管理标准。二是实施适度且差异化的补贴标准，根据家庭困难与对城市发展的贡献创新补贴方式。公租房的一个重要目标，是解决上海所需引进人才和务工人员的阶段性住房困难。如果这些来沪人员对上海的发展建设做出较大的贡献，就应该为其贡献的发挥创造条件。三是制定非住宅用地改为公租房的技术规范，指导实际操作。四是利用街道及社区资源和信息技术平台，建立公租房补贴资格定期审核机制，提高审核的效率。

2. 推动金融创新

一方面，政府公租房公司可以采用公租房私募股权基金、试点住宅增值参与证券（Home Appreciation Participation Note，HAPN）等创新方式。另一方面，鼓励社会经租公司以上市等方式寻求资金，政府应着重培育大型租赁行业的龙头公司，采用鼓励其国内外上市或发行债券、不动产证券化产品等方式快速募集资金，扩大其房源规模，形成规模效应，也有利于租客的房源置换和提供更好的租赁服务。当然，也应同时注意避免行业垄断的发生。

3. 坚持财税支持

上海未来可以将非专营公租房租赁的代理经租公司纳入税收优惠体系，降低经营公租房的经租公司的企业所得税。

第十章

中国特色城镇住房保障管理体系

从2008年住房保障事业拉开大幕的那一刻起，到2017年的今天，经过近十年的大规模建设与发展，中国住房保障已渐成体系。在供给端，政府拥有大量保障性住房资产，社会拥有的保障房资源也已初具规模；在需求端，以提升低收入住房困难家庭住房可支付性能力的政策体系已基本形成。当大量保障房完工投入使用环节时，保障性住房的管理、分配、后期运营，特别是被保障家庭的进入与退出面临更大的挑战。住房保障的可持续运行，亟须建立现代化的管理体系。

第一节　住房保障法规：从缺失走向完善

我国住房保障取得一定成就的同时，在住房保障法规体系建设方面仍需加强，至今尚未建立全面规范的住房保障法规体系，制约了住房保障事业的有效可持续推进。

一、中国住房保障法律的缺失与不完善

中国住房保障工作自新中国成立以后就全面展开，但从管理手段看，还未上升到法律层面。就综合性法律而言，我国《宪法》和《民法通则》中没有关于公民住房权利的相关规定；就部门法律看，尚未出现一部关于住房保障的法律。多数住房保障的规定都是以政府文件的形式出台。各个时期中央关于住房

保障的相关政策如表 10－1 所示。

表 10－1　　各个时期中央关于住房保障的相关政策

时期	社会背景	住房供应特点	代表性政策
20 世纪 50～90 年代	计划经济时期，城镇居民的工作和生活主要由单位组织，企业单位办社会，各类福利与就业单位直接挂钩	新中国成立初期，老城中心贫民区治理以及新的工矿点配套住房建设，解决了基本居住问题；单位统包住房投资建设，以实物形式向职工分配，近乎无偿使用的福利性住房制度。后期也曾出现住宅商品化趋势	《关于职工宿舍居住面积和造价的暂行规定》（1954）；《民用建筑设计参考指标》（1957）；《关于城市出售住宅试点工作座谈会情况的报告》（1982）
20 世纪 90 年代至 2005 年	1992 年市场经济体制正式确立，随之进行了包括税收、国企、住房等一系列城市改革，减轻了政府行政成本，提高了市场运行效率	真正意义上的商品住房出现，停止住房实物分配，逐步实行住房分配货币化；建立和完善以经济适用房为主的多层次城镇住房供应体系；发展住房金融，培育和规范住房交易市场	《关于深化城镇住房制度改革的决定》（1994）；《城镇经济适用住房建设管理办法》（1994）；《城市房地产管理法》（1995）；《关于进一步深化住房制度改革　加快住房建设的通知》（1998）
2006 年以来	经济快速增长后，国家宏观经济面临投资过热、物价上涨的问题；房价高歌猛进，政府开始高度关注快速增长背后的民生问题	抑制房地产市场过热增长，缓解和解决中低收入家庭的住房困难，调整住房供应结构，建立市场经济体制下包括廉租房、公租房等在内的多层次住房供应体系	《关于调整住房供应结构稳定住房价格意见的通知》（2006）；《廉租住房保障办法》（2007）；《经济适用住房管理办法》（2007）；国务院《关于促进房地产市场平稳健康发展的通知》（2010）；国务院《关于坚决遏制部分城市房价过快上涨的通知》（2010）；国务院《关于进一步做好房地产市场调控工作有关问题的通知》（2011）；国务院《关于保障性安居工程建设和管理的指导意见》（2011）；《公共租赁住房管理办法》（2012）；住建部等《关于做好住房救助有关工作的通知》（2014）、住建部等《关于进一步做好棚户区改造工作有关问题的通知》（2016）、住建部等《关于做好城镇住房保障家庭租赁补贴工作的指导意见》（2016）

资料来源：在申明锐、罗震东，《英格兰保障性住房的发展及其对中国的启示》基础上修改，该文载于《国际城市规划》，2012 年第 4 期，第 28～35 页。

各级政府依据中央政府相关法律政策，结合各地实际，制定了住房保障地方性的相关规定。

尽管国务院在酝酿制定《城镇住房保障条例》，但迟迟未见发布实施，《住房保障法》更没有提到议事日程。无论从中国住房保障的实践看，还是从住房保障在社会经济发展中的重要性看，我国都亟须成体系地制定全国层面的住房保障法规。而且，从中央到地方已经颁布的相关文件和所进行的实践探索，已经为住房保障法规的制定奠定了基础。

二、住房保障法律建设的国际经验

世界各国在住房保障工作推进过程中，都强调立法先行。既通过法律明确政府在住房保障方面的责任，同时也界定中央与地方政府的职责分工。对于相关的住房保障机构也给予相应的法律地位。

英国城市化进程的时期发生较早，住房问题也出现得较早。在1919年颁布的《住房法》（The Housing Act of 1919）中，明确规定住房问题属于公共事务，应由国家对公共住房提供支持，地方政府应发展房屋租赁和销售市场以满足工作人群的住房需求。1919～1939年，英国通过一系列住房法案来促进这个目标。[①]《住房法》以相对完整的住房法律体系来明确地方政府对公民住房保障的责任和义务，确保每个公民的居住权得以实现。1985年，《住房协会法》出台并逐步修订，明确了住房协会在住房保障中的法律地位，大量由地方政府管理的公共住房逐步转到住房协会。住房协会成为新的公共住房的供给和管理者。[②] 2004年起，私营房地产商得以介入公共住房建设，《2008住房复兴法案》（Housing and Regeneration Act 2008）准许盈利机构登记成为公共住房提供者（John Thornhill，2010）。[③]从英国住房保障法律的发展历程可以看出，通过法律逐步明确了地方政府在住房保障方面的主要责任地位，同时给予其他机构在住房保障方面的法律地位。

德国为规范国内住房社会保障体系的运作，专门设立了严格的法律，对居民的居住权、住宅保障职责、住宅财税金融政策和房屋租赁双方权利义务等都

①③ 陈杰、曾馨弘：《英国住房保障政策的体系、进展与反思》，载于《中国房地产》2011年第8期，第53～65页。

② 李进涛、孙峻：《住房政策变化与市场背景策应：观照英国做法》，载于《改革》2013年第5期，第97～105页。

进行了详细的规定。德国的《民法》是住房保障的根本大法，规定了居住权是公民权利的重要组成部分，国家和政府必须保障公民的基本居住条件；同时，还明确了德国联邦政府与各州政府在住房建设与保障方面的职责等。①

1937年，美国国会通过了第一部公共住房法案，标志着政府开始对低收入者实施住房保障政策。在1949年出台的《全国住房法》中，明确提出美国住房政策的目标是“向全体美国人民提供体面、安全和可负担的住房”。这也成为历届美国政府公共住房政策的指导方针。美国制定了一系列法律条款保障低收入群体的住房。《合众国住房法》规定为低收入家庭修建公共住房制定长远计划。《国民住宅法》要求建立住房管理署，设立联邦存款和贷款保险公司，由政府提供低利息贷款，鼓励私人投资于低收入家庭公寓住宅。《开放住房法案》以帮助穷人成为房主，规定10年内为低收入家庭提供600万套政府补助住房，并禁止在购买和租用房屋时的种族歧视。②

日本政府也制定了大量法律、法规，形成了比较完备的住房建设和住房保障法律体系。按性质大体可分为三类：（1）引导住宅产业发展的综合性政策和法规。《住宅建设规划法》明确了中央政府和地方政府在住房供应方面的责任。（2）具体组织实施的政策法规。例如，组织住房建设五年及十年发展计划、规划的《住宅建设计划法》《公营住宅法》《地方住宅供给公社法》《土地区划整理法》等。（3）住宅产业技术、标准的法律法规。2005年6月，政府出台了《居住基本生活法》，以法律形式对未来5～10年的住宅目标、政策保障措施等进行明确规定，标志着日本住房建设已从重视数量建设转向全面提高生活品质和居住环境建设的新阶段。

三、中国住房保障法律体系的建构

（一）住房保障法律体系的建设原则

1. 明确政府和市场的关系

住房保障的实质是政府提供公共服务，以解决部分低收入住房困难群体的

---

① 薛德升、苏迪德、李俊夫、李志刚：《德国住房保障体系及其对我国的启示》，载于《国际城市规划》2012年第4期，第23～27页。

② 倪志纯、孙金虎、裴慧敏：《美国住房保障、监管制度及借鉴》，载于《宏观经济管理》2013年第3期，第88～89页。

住房问题。在强化政府公共服务职能的同时，更要避免政府干预对市场的过度伤害，寻找市场化与政府保障的最佳结合点。因此，住房保障法律需妥善处理政府干预和市场化的关系。

2. 统一性与灵活性相结合

由于各地区的社会经济发展状况存在差异，因而住房保障法律体系应注重全国统一性和地方性事务的特殊性，做到原则性和实践可操作性的有机结合，在统一的总体目标和制度框架下，给地方政府留有充足的操作空间。

3. 针对性与协调性相结合

既注重与相关法律的协调，又要有对问题的针对性。住房保障法应以《宪法》有关规定为依据，注重与《物权法》《城市房地产管理法》《土地管理法》等现行法律的衔接，并与《社会救助法》《社会保险法》等法律制度相协调，但又要针对本身面临的问题提出相应的法律依据。

（二）明确住房保障的制度基础

1. 明确住房保障的含义

在立法中要明确住房保障的含义。“保障性”主要体现在努力让住房困难且依靠自身努力无法改善居住条件的公民享有适当的居住条件。

2. 住房保障的基本原则

可分为四个方面：（1）保障公民的基本居住需要原则。明确享有基本住房保障是住房困难公民的权利，政府应予以保障。（2）政府主导、社会参与原则。住房保障是政府不可推卸的责任，同时也应注重调动社会各界资源的积极参与。（3）与经济社会发展状况相适应的协调发展、逐步推进原则，处理好需要和可能的关系、住房保障和防止福利陷阱的关系。（4）在全国统一的政策目标基础上因地制宜的原则。

3. 政府责任与职权划分

住房保障法应明确将住房保障纳入政府的公共服务职能，由政府负责。明确中央政府与地方政府住房保障事权、合理划分中央与地方政府财权、建立中央对地方的住房保障转移支付体系。

4. 住房保障的标准与体系

住房保障标准应与经济发展的阶段水平相适应，首先，要消灭低收入者因为经济困难而居住在环境恶劣的住所或无处容身，保障其基本的生活所需。然后，根据经济条件，逐步提高保障标准。建议住房保障法可规定住房保障的最低面积标准和对经济发达地区指导性保障面积标准，最低面积标准不应低于15平方米，指导性面积标准不高于当地居民人均住房面积水平，明确住房保障供给体系。

5. 保障性住房建设与管理要素保障

住房保障法应明确保障性住房建设与管理要素保障措施，包括机构设置、土地指标、资金筹措、政策支持。建立从国家、省、市、区负责建设与管理的机构，保障必备的人员配备。建立保障房用地指标与商品住房用地指标挂钩的制度。建立支持保障性住房建设的稳定的、低成本资金筹措渠道。明确对于中西部财政困难地区，国家通过中央预算内财政补助等方式给予支持。住房保障资金应当统一纳入财政专户管理，专项用于保障性住房的建设、筹集、维修和管理以及货币补贴的发放等。

6. 住房保障的准入与退出

住房保障的准入制度应包含：财产收入与住房状况申报，审核、公示及异议处理，轮候，保障性住房配置或者住房货币补贴发放。住房保障的退出制度应包含：复核的调整和退出，保障对象的主动退出，强制退出，异议，退出宽限和对拒不退出对象的处理。

7. 监督管理

我国应着力完善社会保障政府责任制度。在住房保障法中明确规定对县级以上人民政府住房保障工作实施情况的监督和考核机制，具体包括人大监督、上级政府对下级政府的监督和考核、监察和审计监督、社会监督等。

8. 法律责任

住房保障法应对弄虚作假骗取住房保障、逾期不退出保障房、单位和个人协助弄虚作假、国家机关及其工作人员渎职等情形做出严厉的法律规定。

第二节　住房保障组织定位：服务与资产运营并重

一、政府主导的非市场化功能定位

中国自2008年大规模开展的保障房建设以来，主要以新建为主提供实物保障。一方面，造成建设管理的组织功能定位，重融资与建设，轻运营与管理。另一方面，为推进住房保障的可持续发展，亟须对这巨额保障房资产形成自我造血机制。这就迫切要求住房保障机构进行功能转型，从建设型转向管理服务型。

应该说，部分城市在住房保障组织结构设计中结合各地实际进行了有益的探索，形成了上海、广州、黄石、芜湖、淮安等模式。

作为中国经济中心的上海，外来人口多，住房价格高，住房可负担性差，住房保障压力大。上海住房保障组织结构具有分工明确、市场化程度高的特点。(1) 行政性的住房保障管理与执行机构。市住房与城乡建设管理局主要负责：制定全市的住房保障发展规划和政策法规、保障房的分配、参与住房保障资金的管理以及公有住房租金的调整。(2) 市场化的保障房建设机构。截至2014年上海地产集团共开发建设保障房项目总建筑面积1100多平方米（住宅800多万平方米）。除上海地产集团及其下属公司外，其他市场化企业也参与全市保障性住房的建设。(3) 准市场化的保障房运营机构。2011年上海各区开始成立公共租赁房投资运营有限公司。公司以“国有独资、独立法人、封闭运作”为原则，采用市场化机制运作，主要负责各区面向社会的公共租赁住房投资、建设和运营、管理，着重体现公共服务功能，以保本微利为营运目标。

广州住房保障组织结构的设计，在中国城市中具有一定的代表性，属于典型的行政主导型。广州组建了由市长任组长的市保障性住房建设管理领导小组，是保障性住房管理的最高机构，主要负责监督保障房工作进度和解决重大问题；市住房保障办公室是其执行机构，主要职责是制订和执行保障房年度计划，以及进行建设、监督和管理等。该机构权力有限，缺乏相应的职权，如在保障性住房选址时，市住房保障办公室需要与规划、国土等部门协商（见图10-1）。[①]

湖北黄石、安徽芜湖、江苏淮安等城市在住房保障组织设计上也各具特色，但整体看基本展现出行政主导的特征，主要表现在：为了完成上级政府布置的住房保障任务，整体上组织设计围绕住房建设进行，使融资与土地等要素筹集、选址、规划设计等功能突出；而保障房的分配、退出、管理与运营功能不足。

二、构建服务与资产运营并重的住房保障组织体系

住房保障体系的良性和高效运行，需要准确的信息、科学的管理、充足的

---

① 魏宗财、陈婷婷、李郇、钱前：《新加坡公共住房政策可以移植到中国吗？——以广州为例》，载于《城市规划》2015年第10期，第91~97页。

供给和稳定的资金支持。从发达国家看，尽管在推进住房保障的历史进程中，理念会更新，制度体系也会调整，但总体上还是相对连贯和持续的，有许多经验值得借鉴。

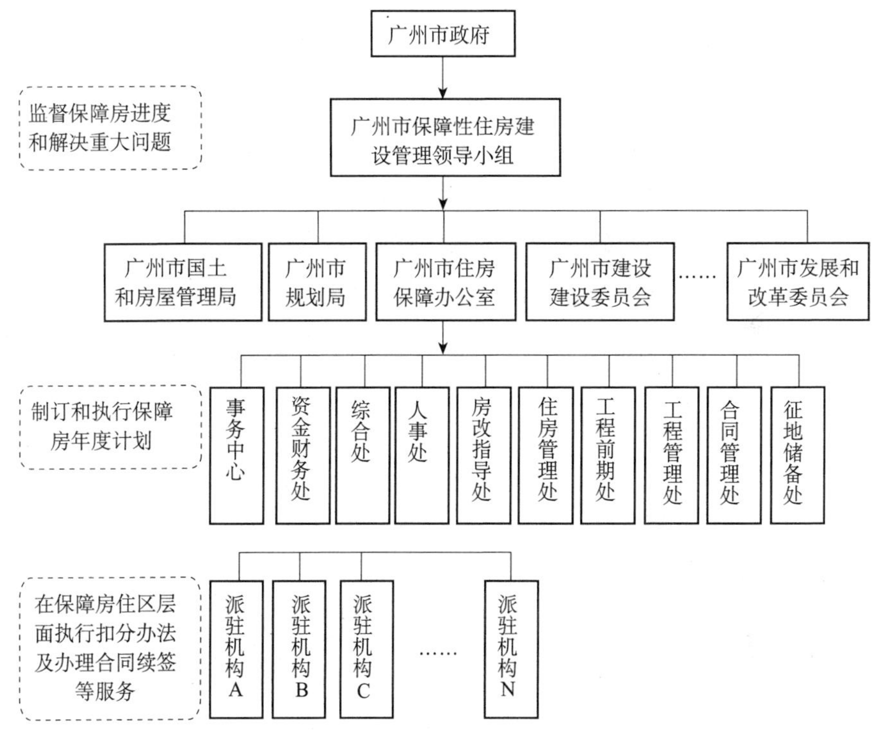

图 10－1　广州市住房保障组织结构设计

（一）分工明确、各司其职的住房保障机构

中低收入阶层住房问题，需要全社会关注和共同克服。住房保障组织体系的架构，一般由决策协调机构、具体执行机构和金融中介机构三个层次构成。

1. 决策协调机构

住房保障体系的高效运行，是一个极其复杂的系统工程，涉及财政、税务、土地、规划、司法等部门。为了有效协调各部门的工作，确保相关政策法令的执行，一些国家先后设立了高层次的决策协调机构，负责制定住房保障的规划和政策，合理配置土地、资金等资源，协调住房保障体制的运行。

2. 具体执行机构

除少数国家外，政府决策协调机构一般不直接参与住房市场，而是由专门的机构来具体执行有关政策和计划，以解决中低收入阶层的住房问题。具体执行机构主要包括国有住房公司和民间非营利组织两大类，其中，国有住房公司以地方政府所有为主；民间非营利组织则包含住房协会、私有企业、宗教或慈善机构的住房组织等。

3. 住房金融机构

由于住房价格偏高，中低收入阶层在短时间内难以完全通过自有资金来获得住房，于是开展住房信贷的住房金融机构成为解决居民购买住房资金缺口的重要渠道。一方面，鼓励个人储蓄和利用抵押贷款建、购房，由金融机构将量小分散、期限短暂的资金转化为数量较大、期限较长的资金；另一方面，政府给予中低收入家庭的资助性资金，也需要金融机构进行营运管理。

（二）服务与资产运营并重的中国住房保障组织设计重点

1. 建立独立的住房保障部门

目前，我国保障性住房管理主要由住房和城乡建设部门、国土部门、民政部门负责，存在多头管理现象，不利于保障住房政策的落实与问责。应当效仿发达国家的做法，设立垂直的住房保障管理机构，由其对住房保障的规划、建设、土地资金供给、房屋建设管理，形成统一建设、分配和管理的运行管理机制，使住房保障的融资机制、土地供给机制、分配机制、审核机制、监管机制、退出机制等能够有效运行。

2. 重视保障房资产的管理与运营

2008 年被称为中国住房保障元年。从这一年开始了新建为基本特征的保障之路，由于住房保障的责任主要来自上级政府的压力，使中国住房保障组织结构的设计主要是为了完成这一政治任务。以新建为主要方式的保障，要求其对组织结构设计侧重建设这一块。调研发现，各城市基本都设立了相应的国有企业专门负责保障性住房的建设。例如，黄石市众邦住房投资有限公司、芜湖市芜湖宜居投资（集团）有限公司。由于保障房建设资金的不足以及资金运营管理的专业性，很多城市通过这类公司为保障房建设融资，主要方式为发行企业债券、保障房建设用地的抵押贷款等。

在保障性住房大规模新建结束后，这类建设公司的职能必将发生转变，将由建设变成保障房资产的管理和运营，管理事务与资产运营压力明显增大，迫切需要加强管理与运营方面的机构建设与人员投入。

3. 完善住房保障政策性金融机构

比较发达国家住房保障组织结构的设计，政策性金融机构都是确保住房保障良好运行的重要支撑。中国保障性金融组织在提高中低收入家庭支付能力方面，主要以各城市的住房公积金为主。但由于中低收入家庭参保率较低，同时面对大中城市的高房价，购买住房的可能性较低，住房公积金对于改善中低收入家庭住房困难的贡献有限。这就要求应拓宽公积金使用范围，主要包括支付房租、异地购房等。

在保障房建设方面，主要的金融机构是国家开发银行的金融事业部。由于国家开发银行是按市场规律运行的主体，保障房建设投入的资金回收期较长，使其很难投入大量资金进入保障房建设。根据国外的经验，需要建立政策性金融机构，一方面财政给予补贴与优惠，另一方面需要能够吸引社会资金。

第三节　住房保障管理：行政化转向现代化

中国在工业化与城镇化进程中，伴随着经济发展、人口流动，大中城市居民住房支付能力不足问题将长期存在。同时，持续多年的保障性住房建设，已经累积了大量的存量住房。这两方面对中国住房保障管理提出了新的要求；或者说，中国住房保障在新的历史时期，面临新的形势，担负着新的使命。既面临如何有效管理巨额存量保障房资产的任务，又面临如何应对保障对象日益提高的住房保障需求的压力。这需要政府在住房保障管理理念与体系设计中有更多的考量。

一、中国住房保障管理的行政化

迄今为止，中国住房保障管理仍以行政化为特征，其本质在于上级政府对下级政府的行政考核。调研发现，为了达成每年保障性住房建设的数量，中央政府对各省级行政单位进行建设数量指标的下达和考核；同样，省级政府对下属各地市也进行指标下达与考核。如此严格的考核体系，保证了大规模保障性住房在短期内建成。在对建设量进行行政化管理的同时，对于保障房的分配、信息等方面也进行行政化考核（见表 10-2）。

表 10－2　　安徽省住房保障工作考核评分细则

大项与分值	小项与分值
目标任务（30 分）	全面完成省政府与各市政府签订的年度保障性安居工程开工目标任务的（15 分）
	全面完成省政府与各市政府签订的年度保障性安居工程基本建成目标任务的（10 分）
	全面完成省政府与各市政府签订的年度新增租赁补贴目标任务的（5 分）
政策措施（25 分）	资金落实（10 分）：（1）按规定使用和管理中央、省各类保障性安居工程补助资金的（4 分）；（2）按规定在地方财政年度预算、土地出让收入按规定比例提取、住房公积金增值净收益中，落实保障性安居工程建设资金的（4 分）；（3）中央代地方发行的债券和经中央批准试点发行的地方债券，优先用于保障性安居工程建设的（2 分）
	土地供应（10 分）：（1）本地区年度国有建设用地供应计划中，将保障性安居工程建设用地单列指标、优先安排，并落实到具体地块的（2 分）；（2）依法依规及时办理保障性安居工程建设用地手续的（3 分）；（3）保障性安居工程建设项目需要办理土地征收和农用地转用的，及时按项目单独组卷上报审批的（2 分）；（4）当年保障性住房、棚户区改造住房和中小套型普通商品住房用地不低于住房建设用地供应总量 70% 要求的（3 分）
	税费优惠（5 分）：（1）落实国家关于保障性安居工程建设免收各项行政事业性收费和政府性基金优惠政策的（3 分）；（2）落实保障性住房以及棚户区改造涉及的各项税收优惠政策的（2 分）
建设管理（15 分）	项目建设（7 分）：（1）保障性安居工程立项、用地、规划、施工等前期手续完备的（2 分）；（2）结合本地实际，落实 5% 廉租住房和 10% 公共租赁住房配建政策的（2 分）；（3）各类保障性住房和棚户区改造住房累计竣工率达到全省平均水平以上的（3 分）
	工程质量（8 分）：（1）保障性安居工程建设项目严格执行省保障性住房建设标准等规定的（4 分）；（2）工程质量和施工安全符合标准、总体受控的（4 分）
分配管理（10 分）	完善住房保障申请、审核、公示、轮候、复核制度，公布申请范围和条件，健全退出机制的（3 分）
	严格执行规定的审核、公示等程序，严把保障性住房准入审核关，做到分配公正、公平、公开的（2 分）
	保障性安居工程（含保障性住房和棚户区改造住房）分配率在全省平均水平以上的（2 分）
	建立健全保障性住房运营管理机制，规范租售和使用管理，运转有序的（3 分）
制度建设与基础管理（15 分）	规划计划（2 分）：制定 2013～2017 年棚户区改造规划的
	统计报告（3 分）：按照国家和省统计报表制度要求，及时、准确上报数据，无虚报、瞒报、漏报现象的
	基础管理（10 分）：（1）住房保障制度和配套措施健全，并做到政务公开（3 分）；（2）落实全省住房保障信息管理系统基础数据录入进度要求的（2 分）；（3）住房保障信息管理系统投入使用，保障性住房和住房保障档案健全，实行动态监管，并与相关信息系统衔接（3 分）；（4）按国家和省要求，公开本地保障性安居工程建设计划和开工、竣工项目、分配信息，并定期更新（2 分）

续表

大项与分值	小项与分值
工作绩效（5分）	工作实绩（3分）：工作成绩突出，措施得力，被省委、省政府领导同志批示肯定；年内在中央或省主要新闻媒体，或省委、省政府有关信息专刊上刊登经验、做法或成效；省在当地召开现场会的
	工作创新（2分）：结合地方实际，积极创新推动工作，取得明显成效的

这种自上而下的行政式考核，是全国范围内普遍存在的现象。这一模式的特点，从考核分值设计上就可以看出，与建设相关的项目包括目标任务、政策措施、建设管理等方面，共70分。与保障房运营管理有关的，包括分配管理与退出管理，共20分。可见，中国现阶段的住房保障侧重建设而轻运营；而且，无论保障房建设，还是住房保障的管理，均采用行政化管理。

二、国外住房保障管理现代化理念的借鉴

国外、特别是西方发达国家在住房保障等公共服务领域进行了大量的探索与革新，对这些实践的理论总结，对于中国建立现代化的住房保障管理体系意义重大。

西方发达国家鉴于民主政治的制约，政府承担了包括住房保障在内越来越多的公共服务领域的责任。为了更有效率地完成政府对选民的承诺，政府开始借助准政府组织，也被卡斯腾·格雷夫，马修·弗林德斯和桑德拉·凡·蒂尔（Carsten Greve，Matthew Flinders and Sandra Van Thiel，1999）①，称为准自治组织（Quasi-Autonomous Organization，QAO）来承担政府提供公共服务的责任。西方准政府组织是在基本法律框架下经由民选政治家的二次委托和授权而产生的，准政府组织与政府的关系是委托人与代理人的关系（Terry M. Moe，1984②）。准政府组织的产生能够降低成本提高效率。奥利弗·威廉姆森（Oliver E. Williamson，1981）③ 以及詹姆斯·马奇和约翰·奥尔森（James G. March and Johan P. Olson，1983）④ 从交易成本理论分析，准政府组织的产生是由于作

① Carsten Greve，Matthew Flinders，Sandra Van Thiel，Quangos. "What's in a Name? —Defining Quangos from a comparative Perspective." Governance 12.2（1999）：129-146.

② Terry M. Moe. "The New Economics of Organization." American Journal of Political Science 28.4（1984）：739-777.

③ Oliver E. Williamson. "The Economics of Organization：The Transaction Cost Approach." American Journal of Socialogy 87.3（1981）：548-577.

④ James G. March and Johan P. Olson. "Organization Political Life：What Administrative Reorganization Tells us about Government." American Political Review 77.2（1983）：281-286.

为理性行为主体的政府希望用最小的成本获得最大的收益，即用最小的代价实现公共行政的目标。克里斯托弗·胡德（Christopher Hood，1991）① 直接把公共行政等同于公共服务的制度安排。他认为，新公共管理的一个重要特征，就是在公共部门中引入竞争机制，以降低管理成本，提高服务质量，也就是"将市场竞争机制引入公共服务组织的运行过程中，实现公共服务市场化"。亨克·博格特（Henk J. Bogt，2003）② 认为，准政府组织大量增加可以提高政府效率，降低行政成本，辅助政府完成政策目标。从整个英国住房保障制度变迁的过程来看，恰恰展现了政府逐步从直接提供住房保障服务到借助准政府组织和其他社会组织完成保障任务的过程。

（一）"新型公共管理"的概念与特征

20 世纪绝大部分时期，英国公共服务管理被认为属于公共行政的范畴，而公共行政与商业管理是相独立的。而住房保障领域的管理理念也与一般的公共服务一样，也具有公共行政的特点，由聘任的专业人士在拥有绝对优势的公共服务部门进行管理，被认为是最有效率的。这种理念在最近的 30 年里，受到包括"新型公共管理""管理主义""现代化"这样一些新观念的巨大冲击。

"新型公共管理"出现于 20 世纪 80 ~ 90 年代，一般是指在调整公共和私人部门、专业人员和管理者、中央与地方政府之间关系的一系列改革。这一理念要求把居民和当事人当作公共服务的用户对待，在当前英国经济环境下有必要给公共服务机构重新定位。

新型公共管理力图推动公共行政转变为公共管理，将私人部门的管理理念与实践应用于公共服务领域。一些学者认为，基于公共服务的特点，公共服务领域的管理理念应以反映社会共同意愿为服务宗旨，而公共管理机构应依据公共意愿，来决定其管理项目和管理措施。

新型公共管理理念深受公共选择理论的影响。公共选择理论认为，鉴于公共服务部门机构庞大、权力垄断、潜在利益很大，但缺乏监管以及消费者选择有限的问题，政府对公共机构的管理应由集中的公共官僚模式转变为分散模式。公共机构应拆分为更小的单位，尽量在市场化运作下去满足服务对象的需求；

① Christopher Hood. "A Public Management for All Seasons?" Public Administration 69（1991）.

② Henk J. Bogt. "A Transaction Cost Approach to the Autonomization of Government Organizations：A Political Transaction Cost Framework Confronted With Six Cases of Autonomization in the Netherlands." European Journal of Law and Economics 16. 2（2003）：149-186.

减少其垄断地位，并控制其预算支出。

新型公共管理主要有以下四个类型：效率提升型、机构精简和分散型、追求卓越型、公共服务取向型。

20 世纪 80 年代，为了提高公共服务机构的效率，英国通过四项措施开始实施“效率提升型管理模式”：第一，对资金进行更严格的管制；第二，强化监督管理；第三，实行标杆管理；第四，通过建立新激励机制和组建治理机构，把专业人士与工会的权利转移给管理者和用户。“效率提升”模式引入后，绩效管理体系逐步建立起来，降低了公共服务机构的运营成本，降低了住房的空置率，使得住房保障公共机构由松散状态向竞争状态发展，更多关注底层民众的利益诉求。

“机构精简和分散型”模式侧重对基层机构的改革，主要包括：第一，以多个小部门的管理机构取代庞大的等级管理机构；第二，通过合同管理，将住房收购从英国公共服务体系中外包出去；第三，强调住房产品的灵活性与多样性，而不是标准化。这些措施的实行，带来了以下变化，住房部门开始分散运作，住房协会的权力增加而地方政府的权力减少，公共机构的管理结构从等级结构向网络结构转变。

“追求卓越型”模式以管理学中的人际关系理论为基础，强调公共服务机构应建立一种追求卓越的新型组织文化。这种新型组织文化的特点在于，注重赋权、鼓励学习、完善内在行为和塑造信仰。随着卓越管理模式的推进，英国住房部门开始建立由租户和委员会组成的“最佳价值”评估小组，住房部门的服务质量得到不断改进。同时，社会住房机构不再是被动地执行政府指令，而是积极提出部门规章的修改意见；英国公共服务机构开始关注组织目标的制定，企业形象的塑造，公关策略的建立，以及人力资源职能的强化。

“公共服务取向型”模式，突出公共管理的目的应以服务为宗旨。这一模式包括以下三点内容：第一，在兼顾成本的情况下，强调服务的质量；第二，关注全体国民的利益；第三，注重住房保障地方责任体系的构建与价值观的提升。在这一改革的推动下，英国住房协会逐步转变为以追求长期利益为目标，以住房租赁为主要业务的半私营部门，蜕变为一种全新的住房治理机构。

（二）管理主义与管理现代化的概念与特征

20 世纪 90 年代后期，随着英国工党执政时期的到来，公共服务领域的管理主义与管理现代化理念开始进入人们的视野。管理主义强调，在公共服务管理领域应采取科学管理的理念，通过引入商业机制，来提高服务效率，体现服务民众的宗旨。管理主义的特征，主要包括综合运用私人部门的各种管理模式，注重考核公共服务机构的绩效。

与管理主义一样，现代化管理理论认为，借鉴私人部门的管理经验有助于解决英国公共服务机构的效率。在此基础上政府开始加强对公共机构的监管评估，政府采用了公共服务协议（PSAs）来衡量公共机构的绩效。

管理现代化的理念主要体现在“最佳价值”模式上。这一模式是其核心部分，强调合作、集体商议和服务改进，认为服务供给机构不应参与市场竞争。这一模式不同于其之前的强制性竞标模式（CCT），在该模式下地方政府公共服务机构需要为项目参加竞标。“最佳价值”模式重视用户和一线职员对服务的评价，强调协作工作和合作管理。基于此，公共服务体系赋予住房私人维修承包商一定的服务评价权。同时也不再把竞争看做服务外包的必要条件。

最佳价值模式扩大了新型公共管理改革的范畴，把管理主义理念上升为国家政策。到 20 世纪末，英国住房协会已经采用了外部评估、组织发展管理和组织内部评估等一系列管理方法，具体包括人力投资者认证标准、ISO9000 标准、商业优势评估、组织价值观和宗旨、员工和董事会发展计划、社会审计、商业运作评估、作业成本制、风险管理和商业运作规划。最佳价值模式对于大型住房协会收益较大，而对小型房企成本较大，而且收益不高。若是能够降低成本，将使整个住房领域的管理发生根本性变化。

三、住房保障现代化管理体系的构建

（一）以新型公共管理理论为基础，转变管理理念

要从行政化管理理念中走出来，一方面借鉴国外的住房保障先进管理理念，另一方面注重总结市场中房地产物业企业的先进管理经验，建立面向保障对象，服务保障主体与客体，有效配置保障资源的、具有现代管理主义取向的价值体系。

（二）规范管理机制，标准化管理程序

建立保障房退出标准及管理执法程序，建立监管机构开展日常巡查、入户调查等工作的规范化操作标准；建立动态复核机制，制定不同对象家庭、企业

人才和外省市务工人员的资格动态监管制度；设立违规行为限制机制，对违规出租等家庭，采取暂停房屋网签、再购房、产权登记等限制措施，并纳入人民银行等个人信用管理体系；强化宣传引导机制，政府部门、产权运营单位、物业企业、社会媒体、居民群众等多方努力，开展对保障家庭的提醒告知，为合规、有序、文明使用保障房屋营造良好的社会氛围等。

（三）实现系统平台统一化

目前，很多城市已将住房保障信息系统与民政、公安、社保、公积金、房产、工商等部门的信息共享，下一步应继续加大信息共享力度，统筹考虑将银行、证券、保险等反映家庭资产与财产的信息纳入系统平台，在各类数据间、程序间形成一套完整的信息系统管理体系，对内提高各级管理部门的工作效率，对外提升为市民服务的水平和质量。

专题六　上海改善保障型居住区物业管理的思考：创新之路

上海全市已建的保障性大型居住区（简称“大居”）共达34个，可容纳80多万户、200多万人。建设已初具规模，后续居住管理、特别是小区物业管理是进一步完善“大居”建设需要关注的重点。

目前，上海“大居”的物业管理主要采取市场化模式，主要通过市场招标和企业申报后确定普通住房物业服务单位。在物业收费价格方面，政府在筹建保障性住房社区时，为了减轻居住者的日常负担，采取了两种定价方式。一是按住房所在地的商品房平均物业管理费定价，由政府进行适当补贴。二是政策引导确定物业收费价格，按照不高于商品房平均物业管理费的标准，实行政府指导下的基准定价，在该方式下政府不再另行补贴①。

两种定价方式各有利弊，前者有利于破解物业服务企业经费入不敷出的困局，满足居民物业服务需求，但同时也增加了政府支出；而后者可以减轻居住者生活负担，但容易导致物业公司提供的服务标准较低，无法满足入住居民对物业服务的需求，进而又抑制了其缴纳物业费的积极性。

由于“大居”的入住人群主要是低收入家庭，存在物业费收缴率低的困

---

① 吴鸿根：《构建上海物业管理保障体系研究》，载于《上海房地》2010年第3期，第51～53页。

境，为维持一定的物业服务标准，建议上海从三个方面优化和创新“大居”的物业管理。

一、从管理和运作两个层面优化物业管理模式

在管理层面，建立上海保障性居住社区物业管理中心，实施统一监管职能。拥有较大数量公共住房的国家和地区都设有对公共住房物业管理进行监管的机构。新加坡公共组屋由建屋局统一管理，建屋局下设 11 个区办事处负责区内组屋的管理和服务；香港地区房屋署下设屋邨管理处，作为房屋署主管公屋管理及维修保养的监督部门，主要负责监督所辖区域屋邨办事处和物业服务公司的工作。

这样做的优点在于，以物业管理为依托，能更好地实施产权监管。如对廉租房和共有产权房的转租、空置等行为可及时查处，免去层层信息传递不畅的风险。

在运作层面，选择适当的物管企业组织模式，确保物业管理顺利开展。保障房小区物业管理工作的组织模式，可分为政府直接管理和市场化运作两种。

第一种模式，在建成初期可采用政府直接管理为主，之后引入市场化的物业公司，过渡到两种模式相结合。这虽然一定程度上增加了政府的管理工作，但可大幅度提高政府对保障房的管理效率，降低物业管理成本。这本身也可作为政府对中低收入家庭的后续居住保障。

第二种模式，以市场化模式为主导，建成初期政府给予补贴。即“大居”的物业管理完全由私营物业管理公司负责，但鉴于建成初期入住率和物业费缴交率“双低”的现状，政府给予较大力度的补贴，如政府给予住户 6 ~ 12 个月的物业费免除期等。

二、对物业管理与服务进行分类分层

物业管理公司主要承担管理工作，管理和服务可以分离，清洁、保卫、绿化、日常维修及保养维护等服务由专业服务机构承担。具体而言，物业长期保养及维护可以由统一的保障性居住社区物业管理中心计划实施，物业日常维修由各“大居”统一的维修服务团队提供，清洁、保卫、绿化养护等服务由各小区物业机构提供，可以将“大居”物业管理的组织结构和服务分工归纳如图 1 所示。

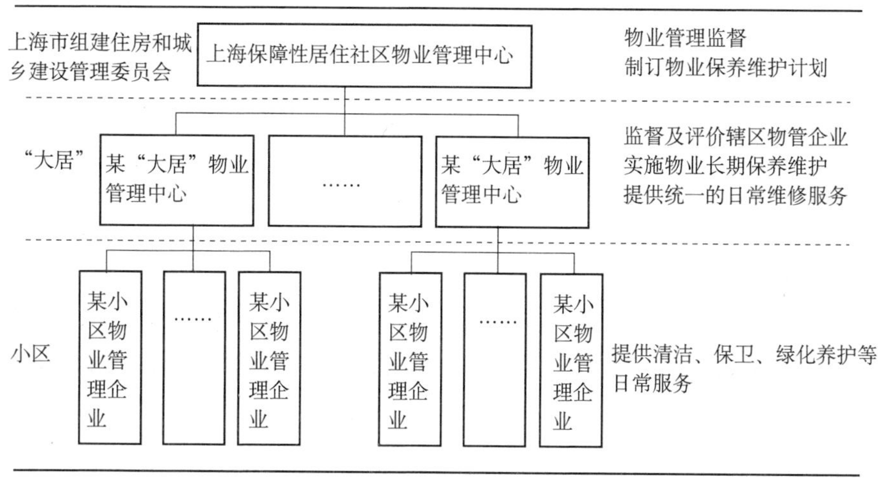

图1　“大居”物业管理的组织结构和服务分工

三、发挥居民在物业管理中的自治作用

加快成立“业主委员会”，行使其对物业服务的决策权。在居委会指导下成立业主委员会，充分发挥其在物业管理中的自治作用，包括根据物业管理服务水平的高低，确定相应的物业费标准；或者与物业管理机构商定具体的服务项目及标准（如楼道打扫的时间间隔长短、小区水景开启与否等），进而确定相应的服务价格等。

另外，在共有产权房小区中的国有资产代表需要进入小区业委会，以代表国有资产利益，确保国有资产的保值增值。

鼓励成立“互助委员会”，形成对小区物业管理的自发支持。香港地区的互助委员会在屋邨管理中发挥了积极的作用。20 世纪 80 年代初，香港开始重视居民组织在公屋管理中的作用，房屋事务经理与屋邨的互助委员会主席进行定期的非正式沟通。根据奎恩（Kuan，1983）等对 382 个公屋互助委员会的分析，互助委员会举办的活动主要包括康乐、治安、清洁、邻里关系等。

上海“大居”中居住的大多是本市户籍家庭，“上海人”的责任感和对来之不易的新家的热情，是互助委员会成立的基础。互助委员会可以通过自愿的清洁和治安等服务降低对有偿物业服务的需求，同时对加强保障房社区管理、改善邻里关系等也可发挥积极的作用。

参考文献

[1] Adams, Bill. "Macroeconomic implications of China urban housing privatization, 1998 ~ 1999." Journal of Contemporary China 18. 62 (2009): 881-888.

[2] Angel, Shlomo. "Housing policy matters: A global analysis." New York: Oxford University Press (2000).

[3] Andersson R, Turner L M. "Segregation, gentrification, and residualisation: From public housing to market-driven housing allocation in inner city Stockholm." International Journal of Housing Policy 14. 1 (2014): 3-29.

[4] Angel, S. and Mayo, K. "ASEANurban housing sector performance." In T. McGee and I. Robinson (eds.), The Mega-Urban Regions of Southeast Asia. Vancouver: UBC Press (1996): 109-132.

[5] Chotikapanich D, Crifhths W, Rao D. "Estimating and combining national income distributions using limited data." Journal of Business and Economic Statistics 25. 1 (2007): 97-109.

[6] Carsten Greve, Matthew Flinders & Sandra Van Thiel. "Quangos: What's in a name? —defining quangos from a comparative perspective." Governance 12. 2 (1999): 129-146.

[7] Christopher Hood. "A public management for all seasons ?" Public Administration 1. 69 (1991): 3-19.

[8] Chen, J., Yang, Z., & Wang, Y. P. "The new Chinese model of public housing: A step forward or backward?" Housing Studies 29. 4 (2014): 534-550.

[9] Deng Y, McMillen DP, Sing TF. "Prviate residential price indices in Singapore: A matching approach." Reg Sci Urban Econ 42. 3 (2012): 485-494.

[10] Forrest R, Murie A. "Selling the welfare state: The privatisation of public housing." Routledge (2014).

[11] Green and Maipezzi. "A primer on US housing markets and housing policy."

Washington DC: Urban Institute Press (2003).

[12] George, Galster. "Comparing demand-Side and supply-side housing policies: Sub-market and spatial perspectives." Housing Studies 12. 4 (1997): 561-577.

[13] Gibb, K. "Trends and change in social housing finance and provision with the European Union." Housing Studies 17. 2 (2010): 325-336.

[14] Henk J. ter Bogt. "A transaction cost approach to the autonomization of government Organizations: A political transaction cost framework confronted with six cases of autonomization in the Netherlands." European Journal of Law and Economics 16. 2 (2003): 149-186.

[15] Hwang B G, Zhao X, Ng S Y. "Identifying the critical factors affecting schedule performance of public housing projects." Habitat International 38 (2013): 214-221.

[16] Holliday, Ian. "Productivist welfare capitalism: Social policy in East Asia." Political Studies 48. 4 (2000): 706-723.

[17] Jensen, M., Affordability Indicators. In Vliet, W., (ed.). "The encyclopedia of housing." Thousand Oaks: Sage (1998): 11-12.

[18] Fuerst, Jim, and Jane Sims. "The misguided effort to 'Reform' public housing in America." Journal of Affordable Housing & Community Development Law 14. 4 (2005): 285.

[19] James G. March and Johan P. Olson. "Organization political life: What administrative reorganization tells us about government." American Political Review 77. 2 (1983): 281-286.

[20] Kelman, S. "A case for in-kind transfers." Economic and Philosophy 2 (1986): 35-73.

[21] LSEN, EO. "Housing programs for low-income households in means-tested transfer programs in the U. S." Chicago: University of Chicago Press (2003).

[22] Logan, John R., Yiping Fang, and Zhanxin Zhang. "The winners in China's urban housing reform." Housing Studies 25. 1 (2010): 101-117.

[23] Lim W, Chuang D F, Chue K M, et al. "Stroke literacy in Singapore: data from a survey of public housing estate residents." Ann Acad Med Singapore 43. 9 (2014): 454-463.

[24] Lee. P. , Murie, A. "The price of social exclusion" . London, National Federation of Housing Association (1995).

[25] Musterd S. "Public housing for whom? Experiences in an era of mature neo-liberalism: The Netherlands and Amsterdam." Housing Studies 29. 4 (2014): 467-484.

[26] Oliver E. Williamson. "The economics of organization: The transaction cost approach." American Journal of Socialogy 87. 3 (1981): 548-577.

[27] Pollack C E, Green Jr H D, Kennedy D P, et al. "The impact of public housing on social networks: A natural experiment." American Journal of Public Health 104. 9 (2014): 1642-1649.

[28] Room Graham. "Poverty in Europe: Competing paradigms of analysis." Policy and Politics 23. 2 (1995): 103-113.

[29] Shi, Wei. , Chen, Jie, & Wang, Hongwei. "Affordable housing policy in China: New developments and new challenges." Habitat International 54. 3 (2016): 224-233.

[30] Stephens, Mark. "Locating Chinese urban housing policy in an international context." Urban Studies 47. 14 (2010): 2965-2982.

[31] Sweeney, J. L. "Quality, commodity hierarchies, and housing markets." Econometrica 42 (1974): 147-167.

[32] Schwartz AE, Ellen IG, Voicu I, et al. "The external effects of place-based subsidized housing." Regional Science and Urban Economics 36 (2006): 679-707.

[33] Stone, M. "What is housing affordability? The case for the residual income approach." Housing Policy Debate 17. 1 (2006): 151-184.

[34] Samuelson Paul A. "The pure theory of public expenditure." Review of Economics and Statistics 36. 4 (1954): 387-389.

[35] Samuelson Paul A. "Diagrammatic exposition of a theory of public expenditure." Review of Economics and Statistics 37. 4 (1955): 350-356.

[36] Sullivan, Tony, and Kenneth Gibb, eds. "Housing economics and public policy." Science. Blackwell Science Ltd (2003).

[37] Shen, Jie, and Fulong Wu. "Restless urban landscapes in China: A case study of three projects in Shanghai." Journal of Urban Affairs 34. 3 (2012):

255-277.

［38］ Terry M. Moe. "The new economics of organization" American Journal of Political Science 28. 4 （1984）：739-777.

［39］ Wang，Ya Ping，and Alan Murie. "The new affordable and social housing provision system in China：Implications for comparative housing studies." International Journal of Housing Policy 11. 3 （2011）：237-254.

［40］ Wang J. "The developmental state in the global hegemony of Neoliberalism：A new strategy for public housing in Singapore." Cities 29. 0 （2012）：51-59.

［41］ Weicher，J. "Urban housing policy." in：Mieszkowski P.，Stroszheim M. （eds.），Current Issues in Urban Economics，John's Hopkins （1979）：469-508.

［42］ Yang，Zan，and Songtao Wang. "The impact of privatization of public housing on housing affordability in Beijing：An assessment using household survey data." Local Economy 26. 5 （2011）：384-400.

［43］ 艾斯平·安德森：《福利资本主义国家的三个世界》，法律出版社 2003 年版。

［44］ 陈洪波、蔡喜洋：《全球房地产启示录之稳定的德国》，经济管理出版社 2015 年版。

［45］ 陈章喜、林子毅、刘炫好：《住房保障影响城镇化进程的实证分析》，载于《西安财经学院学报》2013 年第 5 期。

［46］ 陈宏胜、李志刚：《中国大城市保障房社区的社会融合研究》，载于《城市规划》2015 年第 9 期。

［47］ 陈杰、张鹏飞：《韩国的公共租赁住房体系》，载于《城市问题》2010 年第 6 期。

［48］ 程大涛：《住房用地二元体制下地方政府建设保障房动力机制研究》，载于《浙江学刊》2013 年第 4 期。

［49］ 陈杰：《我国房价收入比的变动趋势与区域差异》，载于《价格理论与实践》2009 年第 6 期。

［50］ 蔡荣生等：《我国城镇住房保障政策研究》，九州出版社 2012 年版。

［51］ 崔光灿、姜巧：《上海共有产权保障住房运作模式及效果分析》，载于《城市发展研究》2015 年第 7 期。

［52］ 陈杰、农汇福：《保障房挤出效应的存在性及其时空异质性：基于省级面

板门限模型的证据》，载于《统计研究》2016 年第 4 期。
[53] 陈怡芳、高峰、于江涛：《德国、瑞士低收入家庭住房保障考察报告》，载于《财政研究》2012 年第 3 期。
[54] 陈杰、曾馨弘：《英国住房保障政策的体系、进展与反思》，载于《中国房地产》2011 年第 8 期。
[55] 崔光灿、姜巧：《城市廉租住房保障时间及家庭特征研究——基于生存分析视角》，载于《人口与经济》2016 年第 3 期。
[56] 董昕：《动态趋势与结构性差异：中国住房市场支付能力的综合测度》，载于《经济管理》2012 年第 6 期。
[57] 董昕：《中国政府住房保障范围的变迁与现状研究》，载于《当代财经》2011 年第 5 期。
[58] 丁祖昱：《中国房价收入比的城市分异研究》，载于《华东师范大学学报（哲学社会科学版）》2013 年第 3 期。
[59] 邓宏乾、陈峰：《中国住宅市场结构与房价的关系》，载于《开放时代》2007 年第 4 期。
[60] 邓红平、罗俊：《不完全信息下公共租赁住房匹配机制——基于偏好表达策略的实验研究》，载于《经济研究》2016 年第 10 期。
[61] 方蔚琼：《我国农民工城镇住房保障研究》，福建师范大学博士研究生学位论文，2015 年。
[62] 顾书桂：《论上海住房保障体系的局限性与土地财政转型》，载于《学术研究》2014 年第 3 期。
[63] 高培勇等：《新型城市化背景下的住房保障》，中国财政经济出版社 2012 年版。
[64] 郭玉坤：《中国城镇住房保障制度设计研究》，中国农业出版社 2010 年。
[65] 高波、陈建、邹琳华：《区域房价差异、劳动力流动与产业升级》，载于《经济研究》2012 年第 1 期。
[66] 高新、唐永忠：《美德两国住房保障制度之异同及其对我国的启示》，载于《北京交通大学学报》（社会科学版）2013 年第 2 期。
[67] 郭为公：《关于城市住房的居住基本标准》，载于《世界建筑》1994 年第 2 期。
[68] 黄海洲、汪超、王慧：《中国城镇化中住房制度的理论分析框架和相关政策建议》，载于《国际经济评论》2015 年第 2 期。

[69] 洪运：《重构农村住房保障制度的必要性与可行性》，载于《中国房地产》2009 年第 10 期。
[70] 胡丕勇、吴宇哲：《基于“住房券”的中国保障性住房政策构想》，载于《中国房地产研究》2009 年第 2 期。
[71] 韩立达、李耘倩：《我国廉租房制度发展演变及对策研究》，载于《城市发展研究》2009 年第 11 期。
[72] 黄大志、亚得列·雅蒲：《新加坡：从普遍提供公共住房到满足日益增长的私人住房需求》，载于《经济社会体制比较》2013 年第 4 期。
[73] 黄清：《德国低收入家庭及公务员的住房保障政策》，载于《城乡建设》2009 年第 4 期。
[74] 洪亮平、何艺方：《英国住房保障制度与政策评介》，载于《城市建筑》2013 年第 1 期。
[75] 侯军岐、员晓哲：《新阶段我国贫困与反贫困策略》，载于《西北农林科技大学学报（社会科学版）》2006 年第 9 期。
[76] 韩伟：《我国〈住房保障法〉的基本制度建构》，载于《北京社会科学》2011 年第 4 期。
[77] 郝生跃、卢玉洁、任旭：《“十三五”时期保障性住房建设可持续模式研究》，载于《经济纵横》2017 年第 1 期。
[78] 贾康、张晓云：《政府如何权衡“倒 U 曲线”演变中的机会公平与结果均平?》，载于《财政研究》2012 年第 7 期。
[79] 金姬：《合作建房：梦想照进现实》，载于《新民周刊》2013 年第 5 期。
[80] 蒋和胜、王波：《“十二五”以来我国保障性住房资金来源渠道分析》，载于《宏观经济研究》2016 年第 4 期。
[81] 况伟大：《中国存在住房支付困难吗?》，载于《财贸经济》2010 年第 11 期。
[82] 刘琳：《我国城镇住房保障制度研究》，中国计划出版社 2011 年。
[83] 廖俊平、高堃：《我国经济适用房与美国可支付住宅的政策比较》，载于《经济社会体制比较》2007 年第 1 期。
[84] 李俊夫、李玮、李志刚，薛德升：《新加坡保障性住房政策研究及借鉴》，载于《国际城市规划》2012 年第 4 期。
[85] 杨宏山：《政策执行的路径—机理分析框架：以住房保障政策为例》，载于《政治学研究》2014 年第 1 期。

[86] 刘定安:《新疆农村居民多维住房贫困研究》,新疆财经大学硕士研究生学位论文,2014 年。

[87] 罗楚亮、王亚柯:《城镇居民的住房贫困——基于 2000 年与 2005 年人口调查数据的经验研究》,载于《经济学动态》2013 年第 9 期。

[88] 李实等:《中国收入差距变动分析——中国居民收入分配研究Ⅳ》,人民出版社 2013 年版。

[89] 林荣茂:《论经济适用房制度的政策调整——土地划拨与货币补贴的福利、效率与产权分析》,载于《消费经济》2006 年第 8 期。

[90] 刘斌:《中国住房保障政策的经济效应实证研究》,西南财经大学博士研究生学位论文,2014 年。

[91] 廖俊平、高堃:《我国经济适用房与美国可支付性住宅的政策比较》,载于《经济社会体制比较》2007 年第 1 期。

[92] 刘祖云等:《穗港住房保障研究》,中国社会科学出版社 2013 年版。

[93] 李娟:《基于政府财政能力的住房保障适度水平研究》,载于《中国房地产金融》2008 年第 1 期。

[94] 李娜:《中国城镇适度住房保障水平研究——以北京市为例》,中国人民大学博士研究生学位论文,2006 年。

[95] 刘琳等:《我国城镇居民住房问题研究》,中国计划出版社 2011 年版。

[96] 柳德荣等:《美国财产税制度设计及其启示》,载于《经济体制改革》2011 年第 6 期。

[97] 林毓铭、杨小红:《重点城市的住房保障模式选择》,载于《社会保障研究》2015 年第 2 期。

[98] 刘琳等:《中国城镇住房保障制度研究》,中国计划出版社 2011 年。

[99] 李进涛、孙峻:《住房政策变化与市场背景策应:观照英国做法》,载于《改革》2013 年第 5 期。

[100] 穆怀中:《社会保障水平发展曲线研究》,载于《人口研究》2003 年第 2 期。

[101] 穆虹:《"十二五"期间住房保障投资的重点和难点》,载于《行政管理改革》2011 年第 9 期。

[102] [美] 迈克尔·谢若登著,高鉴国译:《资产与穷人——一项新的美国福利政策》,商务印书馆 2005 年版。

[103] 穆怀中:《社会保障适度水平研究》,载于《经济研究》1997 年第 2 期。

［104］马庆林：《日本住宅建设计划及其借鉴意义》，载于《国际城市规划》2012 年第 4 期。
［105］倪虹：《国外住房发展报告》，中国建筑工业出版社 2013 年版。
［106］倪志纯、孙金虎、裴慧敏：《美国住房保障、监管制度及借鉴》，载于《宏观经济管理》2013 年第 3 期。
［107］欧阳华生等：《我国住房保障适度性水平测算与分析：一个理论框架》，载于《上海金融学院学报》2012 年第 6 期。
［108］潘晓娟、吕洪业等：《外国住房保障制度》，国家行政学院出版社 2014 年版。
［109］潘爱民、韩正龙：《经济适用房、土地价格与住宅价格——基于我国 29 个省级面板数据的实证研究》，载于《财贸经济》2012 第 2 期。
［110］齐慧峰、王伟强：《基于人口流动的住房保障制度改善》，载于《城市规划》2015 年第 2 期。
［111］孙斌栋、刘学良：《美国混合居住政策及其效应的研究述评》，载于《城市规划学刊》2009 年第 1 期。
［112］上海市房地产科学研究院：《“十二五”后期上海住房保障发展态势和相关政策研究》，2014 年 11 月。
［113］石忆邵：《中国“城市病”的测度指标体系及其实证分析》，载于《经济地理》2014 年第 10 期。
［114］宋伟轩：《大城市保障性住房空间布局的社会问题与治理途径》，载于《城市发展研究》2011 年第 8 期。
［115］上海市房地产科学研究院：《上海住房保障体系研究与探索》，人民出版社 2012 年版。
［116］唐钧：《确定中国城镇贫困线方法的探讨》，载于《社会学研究》1997 年第 2 期。
［117］唐晓旺：《房地产供给侧改革与农民工市民化》，载于《中州学刊》2017 年第 2 期。
［118］汤勃、张炯：《国外住房保障制度之比较研究》，载于《法制与社会》2011 年第 9 期。
［119］唐黎标：《英国住房保障制度的启示》，载于《中国房地产金融》2007 年第 7 期。
［120］吴志宇：《我国农村多元化住房保障体系构建探析》，载于《现代经济探

讨》2012 年第 5 期。

[121] 魏宗财、陈婷婷、李郇、钱前：《新加坡公共住房政策可以移植到中国吗？——以广州为例》，载于《城市规划》2015 年第 10 期。

[122] 王一、张尚武：《法国〈社会团结与城市更新法〉对中国保障性住房建设的启示》，载于《国际城市规划》2015 年第 1 期。

[123] 王兆宇：《英国住房保障政策的历史、体系与借鉴》，载于《城市发展研究》2012 年第 12 期。

[124] 吴福象、姜凤珍：《租售比、房价收入比与房地产市场调控——基于区际差异化市场比较的实证分析》，载于《当代财经》2012 年第 6 期。

[125] 文林峰：《城镇住房保障》，中国发展出版社 2007 年。

[126] 王先柱、赵奉军：《保障性住房对商品房价格的影响——基于 1999 ~ 2007 年面板数据的考察》，载于《经济体制改革》2009 第 5 期。

[127] 王斌、高戈：《中国住房保障对房价动态冲击效应——基于 SVAR 的实证分析》，载于《中央财经大学学报》2011 第 8 期。

[128] 文时萍：《住房贫困问题是中国城市化的核心问题——基于中国如何跨越“中等收入陷阱”的思考》，载于《重庆交通大学学报：社会科学版》2014 年第 1 期。

[129] 王有佳：《上海“市民收入核对系统”使廉租房分配有了“准星”》，载于《领导决策信息》2008 年第 18 期。

[130] 吴鸿根：《构建上海物业管理保障体系研究》，载于《上海房地》2010 年第 3 期。

[131] 王贤磊：《我国保障住房供给问题的研究》，华中师范大学博士研究生学位论文，2013 年。

[132] 韦颜秋：《住房保障制度国际比较、借鉴及中国政策优化》，载于《城市发展研究》2014 年第 12 期。

[133] 谢宝富：《新加坡组屋政策的成功之道与题外之意——兼谈对中国保障房政策的启示》，载于《中国行政管理》2015 年第 5 期。

[134] 薛德升、苏迪德、李俊夫、李志刚：《德国住房保障体系及其对我国的启示》，载于《国家城市规划》，2012 年第 4 期。

[135] 姚玲珍：《中国公共住房政策模式研究》（修订版），上海财经大学出版社 2009 年版。

[136] 姚玲珍：《上海利用市场化手段筹措公共租赁住房房源研究》课题报告，

2015 年。
[137] 姚玲珍、唐旭君：《上海公共租赁住房退出机制研究》课题报告，2013 年。
[138] 严荣：《地方政府集中建设保障房的行为逻辑》，载于《同济大学学报社科版》2015 年第 2 期。
[139] 余宇等：《中国经济适用住房政策的效果评估与发展前景研究》，中国发展出版社 2012 年。
[140] 易宪容：《论住房市场的内在本质、功能边界与价格走势》，载于《江海学刊》2012 年第 3 期。
[141] 尹世洪：《当前中国城市贫困问题》，江西人民出版社 1998 年。
[142] 易成栋、张中皇：《中国城镇家庭住房状况分析——基于第五次和第六次人口普查资料》，载于《中国房地产》2015 年第 16 期。
[143] 杨同利、冯鸿雁、刘长滨、吴增玉：《住房消费支出的国际比较》，载于《建筑经济》2000 年第 12 期。
[144] 游源：《“砖头补贴”与“人头补贴”的对弈——关于我国经济适用房补贴方式的分析》，载于《中南财经政法大学研究生学报》2008 年第 11 期。
[145] 虞晓芬、傅剑、林国栋：《社会组织参与住房保障的模式创新与制度保障》，载于《城市发展研究》2017 年第 1 期。
[146] 杨瑛：《借鉴德国经验　加快建设以公租房为主的住房保障体系》，载于《城市发展研究》2014 年第 2 期。
[147] 杨阳：《住房保障财政支出国际比较与借鉴》，载于《地方财政研究》2009 年第 7 期。
[148] 阎明：《发达国家住房政策的演变及其对我国的启示》，载于《东岳论丛》2007 年第 2 期。
[149] 虞晓芬、金细簪、陈多长：《共有产权住房的理论与实践》，经济科学出版社 2015 年版。
[150] 余南平：《欧洲社会模式——以欧洲住房政策和住房市场为视角》，载于《华东师范大学出版社》2009 年。
[151] 虞晓芬、郑吴阳：《我国公共租赁房定价机制研究——杭州市公租房定价模式及其优势》，载于《价格理论与实践》2014 年第 2 期。
[152] 颜莉：《英国住房政策阶段性演进评析：对上海住房发展的启示》，载于

《国际城市规划》2016 年第 6 期。

[153] 张运书：《日本住房保障制度的法理分析与借鉴》，载于《现代经济探讨》2011 年第 6 期。

[154] 张跃松、肖雪：《新西兰公共住房实践：创新与启示》，载于《工程管理学报》2015 年第 4 期。

[155] 曾国安、胡晶晶：《论中国城镇住房保障体系改革和发展的基本思路与目标构架》，载于《江汉论坛》2011 年第 2 期。

[156] 张传勇：《房价对地区经济收敛的影响及其机制研究》，载于《统计研究》2017 年第 3 期。

[157] 张清勇：《中国住房保障百年：回顾与展望》，载于《财贸经济》2014 年第 4 期。

[158] 张清勇：《房价收入比的起源、算法与应用：基于文献的讨论》，载于《财贸经济》2011 年第 12 期。

[159] 朱亚鹏：《中国住房保障政策分析——社会政策视角》，载于《公共行政评论》2008 年第 4 期。

[160] 张跃松：《基于 VAR 模型的保障性住房对普通商品房挤出效应分析》，载于《中央财经大学学报》2013 年第 7 期。

[161] 郑思齐、张英杰：《“十二五”期间保障房建设如何“保障”》，载于《探索与争鸣》2013 年第 4 期。

[162] 中华人民共和国财政部：《中国财政年鉴》，2014 年。

[163] 中华人民共和国统计局：《中国统计年鉴》，2003 ~ 2015 年。

[164] 中国发展研究基金会：《中国城镇化进程中的住房保障问题研究》，中国发展出版社 2013 年版。

[165] 赵奉军：《公共租赁房企业化运营中的政府角色》，载于《中国房地产》2012 年第 7 期。

[166] 住房和城乡建设部住房保障司、住房公积金监管司：《国外住房金融研究汇编》，中国城市出版社 2009 年版。

[167] 张锐：《我国政府住房保障支出水平分析》，载于《山西财经大学学报》2007 年第 1 期。

[168] 朱天华：《我国城镇居民住房保障制度体系研究》，河北大学博士研究生学位论文，2015 年。

[169] 中南财经政法大学房地产研究所课题组，《中国保障性住房投融资方式创新研究》，载于《湖北省住房保障课题成果汇编》，第 247 页。

[170] 赵净：《典型国家的住房保障货币补贴制度及对我国的启示》，载于《经济研究参考》2016 年第 37 期。